OEUVRES

COMPLÈTES

D'ÉTIENNE JOUY.

TOME I.

ON SOUSCRIT A PARIS:

Chez JULES DIDOT AINÉ, rue du Pont de Lodi, n° 6,
BOSSANGE père, rue de Richelieu, n° 60;
PILLET aîné, imprimeur-libraire, rue Christine, n° 5,
AIMÉ-ANDRÉ, quai des Augustins, n° 59;
Et chez L'AUTEUR, rue des Trois Frères, n° 11.

ŒUVRES
COMPLÈTES
D'ÉTIENNE JOUY,

DE L'ACADÉMIE FRANÇAISE;

AVEC DES ÉCLAIRCISSEMENTS ET DES NOTES.

Essai sur les mœurs.
TOME I.

PARIS
IMPRIMERIE DE JULES DIDOT AINÉ,
RUE DU PONT DE LODI, N° 6.
1823.

DISCOURS PRÉLIMINAIRE.

Il est dans la vie des écrivains deux occasions à saisir; l'occasion d'entrer dans la carrière et celle d'en sortir : cette dernière est la plus difficile et la plus importante; elle suppose dans l'athlète, comme dans le coursier qui termine un arrêt ferme et sur place, plus de vigueur et plus d'haleine que dans celui dont la course se prolonge indéfiniment par l'effet d'un premier élan qu'il ne peut ni soutenir ni maîtriser.

Soit qu'averti par l'âge, à l'exemple d'Entelle, il dépose le ceste qui commence à peser à son bras, soit que pour échapper à la persécution, il s'impose, après d'honorables travaux, une retraite prématurée, l'écrivain philosophe arrivé au terme qu'il s'est prescrit ne doit pas craindre de jeter les yeux en arrière, sur le chemin qu'il a parcouru, sur les écueils qu'il a trouvés dans sa route, sur les palmes qu'il a pu cueillir, et sur les trophées mêmes que ses rivaux y ont élevés.

Il doit se regarder comme digne d'envie, l'homme de lettres qui peut dire : Je laisse quelques traces utiles de mon passage; jamais le fiel n'a coulé de ma plume; elle est pure de jalousie, de mensonge et d'adulation ; jusque dans ses jeux mêmes elle a respecté ce que doivent respecter les hommes, la justice, la morale, et la patrie : je n'ai point divinisé la puissance, préconisé la bassesse, encensé la sottise en faveur; je n'ai flatté ni les préjugés des grands ni ceux du peuple; le génie et la vertu n'ont pas eu de plus ardent admirateur; le talent rival m'a trouvé sans envie; le talent naissant m'a trouvé bienveillant et serviable, et si quelques unes de mes pensées me survivent, elles ne perpétueront, j'ose le croire, ni des tableaux de honte, ni des maximes d'esclavage, mais des préceptes utiles et de nobles souvenirs.

Au moment de publier mes œuvres, de déposer mon bilan intellectuel (pour me servir de cette heureuse expression de M. Lacretelle aîné), qu'il me soit permis de parcourir de nouveau, par la pensée, cette lice qui va se fermer pour moi, de rassembler autour de mes propres ouvrages la mémoire de mes illustres contemporains, et, suivant l'expression anglaise, de recommencer dans mon imagination mes travaux, mes peines, et mes plaisirs passés.

. . . . and fight over again.

Quand j'embrassai la profession des lettres, la plus noble, ou la plus vile, suivant qu'on l'honore, ou qu'on la prostitue par son caractère, deux grandes réputations littéraires s'asseyaient sur la tombe récente de deux grands écrivains: *Le Brun*, l'esprit le plus caustique, le poëte le plus audacieux dans l'expression, laissait loin derrière lui, pour la verve et l'enthousiasme lyrique, J.-B. Rousseau, plus pur, plus sage, et plus harmonieux; *Chénier*, génie d'une trempe si forte et si souple tout à-la-fois, dont l'âge mûr avait rajeuni le talent, venait d'expirer au milieu de sa gloire, comme un météore qui jette son éclat le plus vif en s'éteignant au plus haut de sa course: sa perte fit souvenir de son frère, de cet *André Chénier*, trop peu apprécié, même aujourd'hui, et dont on a dit, avec justice, que chacune de ses idylles est un chef-d'œuvre de Parrhasius ou d'Apelle, que ces maîtres n'auraient pas terminé.

Commander au langage, varier l'expression

à l'infini, combiner les mots avec un art extrême, fondre en vers élégants les pensées les plus prosaïques : tel était le caractère particulier du talent de *Delille*, l'un des poëtes qui fait sans doute le plus d'honneur à notre Parnasse moderne, mais dont les défauts et les qualités mêmes n'ont pas été sans dangers. Son école a produit des poëtes distingués, au premier rang desquels il faut compter *Fontanes*, *Esmesnard*, MM. *Parceval-Grandmaison*, *Campenon*, et *Baour-Lormian*. La lyre de ce dernier, qu'on a comparée à la harpe éolienne, rend des sons si purs, si doux, si constamment mélodieux, que ses détracteurs n'ont pas manqué d'y voir un défaut, où ils n'auront jamais le bonheur de tomber.

La muse élégiaque pleure encore sur la tombe de *Parny* : en m'appelant à lui succéder, l'Académie française m'offrait une occasion de payer mon tribut d'éloge à la mémoire du Tibulle français; des circonstances politiques, dont j'aurai occasion de rendre compte, ne m'ont pas permis de prononcer ce discours en séance publique; il trouvera sa place dans un des volumes de cette collection, consacré aux *Variétés littéraires et philosophiques*.

Deux élèves du chantre d'Éléonore, *Millevoye* et *Dorange*, avaient précédé leur maître au tombeau; la perte du premier fut d'autant plus vivement sentie, qu'il avait déja tenu une partie des promesses brillantes qu'il avait faites.

A cette même époque *Ducis* régnait sur la scène tragique avec toute l'autorité de son âge, de son caractère, et de son génie. Ce vieillard, inspiré comme Homère, s'était créé, par l'imitation même, un talent original, tout à-la-fois épique et tragique, naïf et sublime, sombre et impétueux, auquel la tragédie est peut-être redevable parmi nous des plus belles scènes qui existent sur aucun théâtre : malheureusement la muse, prodigue envers Ducis, de tant d'autres dons, lui avait refusé l'art de former un plan, de disposer un sujet, et d'en ordonner les différentes parties : Ducis à qui Chénier dispute la quatrième place, comme auteur tragique, prendrait peut-être rang avant nos trois grands maîtres, s'il eût atteint dans ses tragédies le degré de perfection où il s'est élevé dans quelques scènes.

Élève du vénérable Ducis, qui devait lui survivre, *Legouvé*, dans la force de l'âge et du talent, s'avançait vers la tombe; il y descendait au bruit des applaudissements qu'avaient obtenus presque tous ses ouvrages, et qu'avaient particulièrement mérités ses tragédies d'*Abel*, des *Frères ennemis*, et d'*Epicharis et Néron*.

Si la fin déplorable de *Fabre d'Eglantine*, et la perte plus récente de *Colin-d'Harleville*, avaient attristé la muse de la comédie, elle se consolait avec M. *Andrieux*, esprit de la famille de Voltaire, pour la finesse, la clarté, la grace et la malice; avec M. *Duval*, écrivain si habile dans les combinaisons de la scène, et qui a prouvé que sans s'appeler *drame*, la comédie pouvait s'enrichir d'un intérêt doux et puissant; avec M. *Picard*, peintre naïf des mœurs nouvelles, qui n'est jamais ni médiocrement vrai, ni médiocrement gai. M. *Etienne* n'avait point encore composé les ouvrages qui lui ont acquis une si haute et si juste réputation, dans la double carrière du théâtre et de la politique.

Ne craignons pas de le dire, cette époque que l'impuissance jalouse a qualifiée de stérile, léguera à la postérité des noms dignes d'être associés par elle aux grands hommes des deux siècles précédents.

A côté de ceux que j'ai déja cités comme auteurs dramatiques, elle placera :

M. *Lemercier*, doué d'une imagination hardie, d'une fécondité rare, et dont l'originalité a dépensé tant de talent avec plus de gloire encore que de succès;

M. *Raynouard*, poëte tragique dont les premiers essais ont révélé à la France un beau talent, déja mûri par l'âge, et que des travaux d'une autre espèce classent parmi les plus savants grammairiens;

M. *Arnault*, auteur de plusieurs tragédies écrites sous l'inspiration d'une pensée énergique et d'un grand caractère : tous ses ouvrages, fruits d'un élan intime et d'une émotion involontaire, portent l'empreinte d'un écrivain formé à l'école de Corneille, et, par une singularité qui ne doit pas étonner des hommes accoutumés aux caprices du talent, le même auteur a composé des fables neuves après celles de La Fontaine, et qui, sans établir entre elles aucune autre comparaison, ne seront pas plus imitées que celles du bon homme.

Un premier ouvrage d'une grande beauté permet de croire que M. Arnault se continuera dans la personne de son fils, M. *Lucien Arnault*, auteur de la tragédie de Régulus.

La prose alors n'était ni moins féconde ni moins brillante; on voyait s'éteindre *Bernardin de Saint-Pierre*, dont le nom et les ouvrages rappellent à la pensée je ne sais quelle heureuse combinaison de grace, d'élégance, et de sensibilité, où se confondent Théocrite et Jean-Jacques, Buffon et Virgile.

On ne peut penser au chantre de *Paul et Virginie* sans se rappeler l'auteur d'*Atala* et des *Martyrs*: peu d'imaginations poétiques ont reçu de la nature des facultés plus brillantes; le *nec mortale sonat* lui convient plus qu'à tout autre écrivain de son époque; malheureusement il n'a pas connu l'art de régler la fougue d'un style ambitieux; et, dans l'impatience de produire et de briller, l'auteur du *Génie du Christianisme* s'est jeté, loin des routes d'une saine philosophie où l'appelait son siècle, dans les régions mystiques où son rare talent s'est égaré dès les premiers pas.

Si je passe de la prose romantique à laquelle ce dernier écrivain a donné trop d'éclat, à la prose plus sévère que réclame l'histoire; trois hommes de lettres contemporains, MM. *Daru*,

Jay, et *Michaud*, se placent en première ligne.

Le premier s'est montré également pur et sévère, comme poëte, comme littérateur, et comme homme d'état. Historien consciencieux, il sait à-la-fois amasser, choisir ses matériaux, et juger les faits en philosophe, après les avoir déduits avec une patience de recherches et une force de tête dont bien peu d'esprits sont capables.

Dans son histoire *du ministère du Cardinal de Richelieu*, M. Jay a fait preuve au degré le plus remarquable de cette impartialité sans laquelle l'histoire ne peut jamais être qu'une satire ou un panégyrique : à l'exemple de Voltaire, c'est moins le portrait d'un homme que le tableau d'une époque qu'il s'est proposé, dans un ouvrage écrit avec autant de fermeté que d'élégance et de précision.

Il faut savoir plus de gré à M. Michaud qu'à tout autre, d'avoir laissé les préjugés de secte à la porte du temple, et d'avoir écrit savamment et sagement l'*Histoire des Croisades*, c'est-à-dire de la plus extravagante expédition que le génie des conquêtes et celui du fanatisme aient jamais inspirée.

En me contentant de nommer parmi les historiens vivants les plus célèbres, MM. *Sismond-Sismondi*, *Ségur*, *Villers*, et *Dulaure*, on voit assez que mon intention est d'énumérer les talents et non d'assigner les places; mais peut-être s'étonnera-t-on que je ne range pas dans cette même catégorie M. *Charles Lacretelle* qui se présente avec les titres les plus nombreux et les plus importants. C'est que ces titres ne sont pas toujours des droits, et que douze volumes d'histoire écrits sous l'influence continuelle de l'esprit de parti, ou de l'autorité régnante, ne me semblent assurer à leur auteur d'autre célébrité que celle de l'historiographe Varillas, dont Ménage a dit, pour tout éloge: « qu'il excellait à raconter des faits évidem-« ment faux, et à calomnier agréablement.» Néanmoins pour être juste envers M. Lacretelle, qui ne l'a point été envers ses plus illustres contemporains, on doit dire que son *Histoire des Guerres religieuses* mérite une honorable exception.

    Dans cet espace que je parcours de la pensée et qui embrasse les vingt années du consulat et de l'empire, tous les astres de la gloire se levaient à-la-fois sur la France, et formaient sa brillante auréole. MM. *Garat*,

Lacretelle aîné, Daunou, Volney, Say, De Tracy, philosophes penseurs, écrivains profonds et habiles, fondaient parmi nous l'école nouvelle des sciences morales et politiques, et s'enorgueillissaient de compter dans leurs rangs une femme, en qui la nature, par une sorte de privilége qu'elle n'a encore accordé qu'une fois, s'était plu à réunir et à combiner tous les sentimens délicats et tendres d'un cœur féminin, avec toutes les facultés d'un homme supérieur : j'ai nommé madame *de Staël.*

Delille, vivant encore, avait choisi son successeur au collége de France; M. *Tissot,* professeur éloquent, écrivain profond, et poëte harmonieux, occupait avec honneur la chaire qu'avait illustrée si long-temps le chantre des Jardins.

M. *Saint-Victor* avait chanté l'*Espérance* et les *Voyages du poëte,* en vers pleins de charme et d'harmonie.

M. *de Béranger* préludait sur la lyre d'Horace à ces chants patriotiques qui depuis lui ont acquis tant de gloire, et dans lesquels il n'a eu ni modèle ni rivaux.

M. *Emanuel Dupaty* n'était encore qu'un des premiers dans un genre agréable; l'esprit, la grace, et la délicatesse, qui brillaient dans ses productions légères, n'annonçaient pas l'auteur de deux poëmes satiriques où la postérité retrouvera la gaieté spirituelle et maligne de Boileau, jointe à la vigueur de Juvénal.

M. *de Longchamps* s'était annoncé par deux comédies, le *Séducteur amoureux*, et la *Fausse honte* : ces deux ouvrages promettaient à la scène française un successeur du spirituel Marivaux, exempt des défauts nombreux qu'on reproche à ce dernier.

Parmi les hommes de lettres qui appartiennent à la même génération, sinon par leur âge, du moins par leurs écrits, on comptait encore M. *Hoffman* : intelligence si heureusement et si diversement dotée, mais trop dédaigneux de sa propre gloire qu'il ensevelit dans les journaux ;

M. *Lemontey*, que de simples observations sur les *Mémoires de Dangeau* élèvent à la dignité d'historien ;

M. *Aignan*, poëte et littérateur érudit, auquel plusieurs ouvrages de philosophie, et de politique, et principalement sa traduction complète des œuvres d'Homère, assurent une réputation durable ;

M. *de Pradt*, doué d'une facilité merveilleuse, et plus remarquable par la vivacité de son esprit, par l'abondance de ses discours, que par la pureté de son style;

M. *de Norvins*, esprit original, dont la réputation littéraire se fonde sur un tableau de la révolution, où l'auteur excelle à rassembler, à comparer, et à juger les faits, avec autant de précision que d'énergie, et sur un poëme *de l'Immortalité de l'ame*, qui n'a besoin, pour être apprécié à sa juste valeur, que de temps plus calmes et de lecteurs plus attentifs.

Pour donner une idée de l'état de la science à cette même époque, il suffit de prononcer les noms de *Lagrange, Laplace, Monge, Haüy, Lacépède, Bertholet, Fourcroix, Cuvier, Delambre, Thénar, Fournier, Arragho, Chaptal*, etc. Dans quel autre temps, en quel autre pays vit-on fleurir à-la-fois un aussi grand nombre de savants du premier ordre?

Je ne parle point de la science militaire, ses progrès n'étaient prouvés que par des prodiges.

Les arts emportés par la gloire des armes avaient pris un essor inconnu jusqu'à nos jours. *David*, reproduisant dans leur noble pureté l'immortelle grandeur des temps anciens, n'était pas seulement le premier peintre de l'Europe, il était le fondateur d'une école d'où sont sortis MM. *Gérard, Girodet, Gros, Guérin, Prudhon, Le Thiers, Horace Vernet*, et plusieurs autres élèves qui ne s'étaient pas encore placés, comme ceux-là, au rang des plus grands maîtres.

Les graveurs *Berwick, Tardieu, Massard, Galle, Masquelier*, etc., se montraient dignes d'associer leurs burins aux plus célèbres pinceaux.

La sculpture, dans son élan moins rapide, n'en comptait pas moins avec un juste orgueil les noms de *Chaudet, Lemot, Charles Dupaty, Bosio, Cartelier, Moitte*, qui n'avaient de rival en Europe que le seul Canova.

Tant de beaux monuments dont s'embellissait Paris, l'arc de triomphe du Carrousel, les ponts d'Austerlitz et d'Iéna, la colonne de la place Vendôme, les abattoirs, des fontaines dignes de l'ancienne Rome, des greniers d'abondance, l'escalier du Louvre, proclamaient les noms de *Percier*, de *Fontaine*, de *Chalgrin*, de *Brongniard*, à qui la France est redevable du plus bel édifice (la Bourse) que le génie de l'architecture ait élevé dans les temps modernes.

Grétry et *Monsigny* mourants laissaient pour successeurs dans l'art de la musique, *Chérubini*, *Méhul*, *Spontini*, *Catel*, *Dalayrac*, *Boyeldieu*, *Le Sueur*, et *Berton*, qui assuraient à nos deux scènes lyriques une gloire rivale de celle des plus grands compositeurs allemands et italiens.

MM. *Pierre* et *Firmin Didot*, que plusieurs ouvrages classaient honorablement parmi les littérateurs, avaient porté l'art typographique au plus haut point de perfection qu'il ait encore atteint : *Héran* et *Crapelet* marchaient sur leurs traces.

Au Théâtre Français, des talents admirables, *Monvel*, *Molé*, M.lles *Contat*, *Mars*, *Duchesnois*, se disputaient le prix de la déclamation théâtrale, où *Talma* se créait une gloire à part.

Mais au milieu de tant de supériorités acquises dans les armes, dans les sciences, dans les lettres et dans les arts, la supériorité maritime est la seule qui manquât à la France; cette prépondérance, que l'Angleterre avait conservée, semblait devoir tarir pour nous toutes les sources du commerce : il est à remarquer cependant que l'industrie nationale s'enrichissait en quelque sorte des pertes que le commerce extérieur avait faites.

L'Europe continentale, devenue française par la conquête, était tributaire des fabriques de toute espèce, des manufactures en tout genre qui se multipliaient sur tous les points de l'empire, et au perfectionnement desquelles la chimie appliquée aux arts industriels par MM. Chaptal et Bertholet contribuait si puissamment.

Mais déja j'ai franchi cette mémorable période de l'empire, où la France n'eut à envier d'autre bien que celui de la paix, et d'autre gloire que celle de la liberté : des débris de la plus grande renommée militaire à laquelle une nation soit jamais parvenue se forme une ère nouvelle, qui promet à la France, après des revers inouïs, comme ses triomphes, l'inappréciable bienfait du système représentatif.

Des talents de l'ordre le plus élevé ont repris leur place, et du haut de la tribune nationale, les *B. Constant, Foy, Manuel, Royer-Colard, Camille-Jordan, Chauvelin, Bignon, La Fayette, Girardin, Lameth, Méchin, Lainez, Sébastiani, Casimir-Perrier, Lafitte, Kératry,* élèvent leur voix puissante, et balanceront du moins quelque temps les destinées de la patrie.

La presse trahit heureusement le secret des délibérations de la chambre des Pairs, et les noms de MM. *Boissy-d'Anglas, Lanjuinais, de Lally-Tolendal, de Pontécoulant, Daru, de Ségur, de Broglie,* rappellent les plus beaux jours de l'assemblée constituante, dont quelques uns d'entre eux ont fait partie.

Le jeune barreau s'est associé à ce triomphe de l'éloquence, et les *Dupin, Mauguin, Barthe, Merilhou, Berville, Moquart,* rendent à toute la dignité des temps antiques la noble profession d'avocat dont Servan et Lacretelle aîné avaient les premiers parmi nous mesuré la hauteur.

Cette nouvelle impulsion donnée aux idées patriotiques se communique aux talents déja connus, et fait éclore de jeunes espérances que l'on s'empresse d'accueillir.

M. *Le Brun*, qu'une ode très remarquable avait déja signalé à l'attention publique avant sa sortie du Prytanée, enrichit le théâtre de deux tragédies qui assurent un successeur aux maîtres actuels de la scène: inspiré par la gloire nationale, il avait chanté nos triomphes en vers dignes de son illustre homonyme; son poëme lyrique *sur la mort de Napoléon* est le plus noble et le plus beau monument que le talent et la reconnaissance aient élevé à cette sublime infortune.

L'auteur de la bonne comédie du *Médisant* et d'un recueil de *Proverbes Dramatiques*, supérieurs à ceux de Carmontelle, préparait de nouveaux ouvrages.

M. *Viennet* au sortir des camps, saisit sa plume brillante et féconde, trace au théâtre, d'un pinceau ferme, le portrait de Clovis, et fait entendre à l'Athénée des chants pleins de verve et de patriotisme.

M. *Hippolyte Bis*, qu'une tragédie de *Lothaire*, non représentée, avait déja fait connaître avantageusement, fait jouer sa tragédie d'*Attila*; une scène de premier ordre, et une versification forte et hardie, réunissent tous les suffrages des connaisseurs.

M. *Casimir Lavigne* voit la France attentive aux premiers accords de sa lyre harmonieuse, et les acclamations qu'ont excitées ses *Messéniennes* le suivent au théâtre et dans le concours académique, où il obtient une triple couronne.

Après une éclipse de plusieurs années, reparaissent deux jeunes écrivains, MM. *Victorin-Fabre* et *Soumet*, dont les premiers essais avaient été couronnés par l'Académie et que de nouvelles palmes attendaient à leur retour.

M. *de La Martine* soupirait harmonieusement des vers mélancoliques, qu'une muse étrangère semblait avoir inspirés.

Dans un ordre de littérature qui suppose des études plus profondes, et où le triomphe n'est ordinairement que le fruit des années, MM. *Pagès* et *Guizot* avaient marqué par des succès leurs premiers pas dans cette carrière d'une haute polémique, où triomphait sans rivaux M. B. Constant.

On voyait, avec plus de surprise encore, M. *Victor Cousin* passer immédiatement des bancs de l'école à la chaire de professeur, et développer avec une prodigieuse sagacité l'origine, les principes et les dogmes de toutes les sectes philosophiques et religieuses : à vingt-huit ans le traducteur de Platon en est devenu l'émule.

Le talent précoce de M. *Villemain*, qui s'était révélé avec le même éclat, s'est produit avec plus de bonheur; l'auteur du *Cours de*

Philosophie a perdu sa chaire; l'auteur de la Vie de Cromwel, avant trente ans avait pris possession du fauteuil académique.

Autour de ces princes de la jeunesse littéraire se groupent plusieurs réputations naissantes auxquelles je me plais à prédire de brillantes destinées.

L'exil et le malheur ont révélé à M. *Cauchois-Lemaire* le secret de son propre talent. Dialecticien habile, doué d'une pensée forte, d'un style ferme et caustique, il n'a besoin que d'échapper au piége des abstractions pour prendre rang parmi nos premiers écrivains politiques.

Déja M. *Salvandi* s'était distingué dans la même carrière par quelques productions dignes d'éloge.

M. *Buchon* s'est fait connaître par des recherches savantes, par des connaissances variées et par une étude approfondie des langues étrangères; M. *Châtelain*, par deux romans politiques, d'une gaieté piquante, et d'une philosophie voltairienne.

Dans un excellent abrégé de l'*Histoire de France*, M. Bodin fils a fait preuve des qualités qui constituent le véritable historien; on reconnaît en lui un jeune élève de cette école écossaise dont Voltaire est le chef et le fondateur.

Sous la modeste initiale dont il signe des articles insérés dans le *Courrier Français*, M. *Mignet*, auteur des *Etablissements de Saint-Louis*, marche à vingt-cinq ans sur les traces des Constant, des Bignon, des Pagès.

Je dois nommer avec honneur, entre nos jeunes publicistes les plus distingués, MM. *Léon Thiessé*, *Thiers*, et *Laserve*.

Je ne crains pas d'indiquer encore parmi les jeunes gens que je crois appelés à de hautes destinées littéraires, l'auteur, pour la seconde partie, d'un *Essai sur le grand Opéra français*, que l'on trouvera dans cette collection de mes œuvres : M. *Ph. Chasles* réunit deux qualités qui semblent s'exclure, une érudition vaste, et une imagination vive; l'emploi de ces deux facultés, modérées par le jugement et dirigées par le goût, promet au jeune écrivain de brillants succès dans la longue carrière qui s'ouvre devant lui.

J'aurai achevé, non le tableau, mais la nomenclature de nos richesses littéraires dans la période de temps que mes écrits embrassent, en citant les noms de plusieurs femmes qui ont concouru à son illustration.

N'inscrire ni madame de *Stael,* ni madame de *Genlis* en tête de cette liste honorable, c'est avoir marqué la place de la première au rang des hommes les plus distingués de l'époque, et celle de la seconde parmi les écrivains dont le talent et le caractère n'ont point de sexe, et qui se déclarant ennemis des plus hautes renommées, semblent abjurer leurs droits à l'indulgence. Madame de Genlis en a cependant de très réels à la réputation d'écrivain élégant et pur; cette qualité précieuse transmettra sans doute à la postérité quelques uns de ses innombrables ouvrages.

Mais indépendamment de ces deux femmes célèbres, d'une manière si différente, combien d'autres se recommandent à l'estime de leurs contemporains! Madame *Cottin,* sans rivale dans l'art de peindre et d'exprimer la plus tendre des passions; mesdames de *Flahaut* et *Montolieu,* que distingue une si grande délicatesse de sentiment et de style; madame *Gay,* dont le dernier ouvrage[1] se fait remarquer par un esprit d'observation qui n'est point le par-

---

[1] *Les malheurs d'un amant heureux.*

tage ordinaire des femmes; madame *Elise Voyart*[1], qui a trouvé le secret de donner du charme à l'érudition et d'instruire en expliquant les mystères de la toilette.

Celle que l'on a si long-temps appelée la dixième muse, madame *Deshoulières,* surpassée par madame *Dufresnoy*, a trouvé des rivales dangereuses pour sa gloire dans mesdames *Babois, d'Hautpoul, Desbordes-Valmore*.

Après avoir jeté un coup d'œil rapide sur notre situation littéraire, si je cherche à me rendre compte du caractère actuel de notre littérature, je vois qu'elle obéit invinciblement à l'impulsion philosophique que lui ont imprimée les grands hommes du siècle précédent.

La littérature agrandie par eux, quelles que soient désormais la direction qu'elle prenne et la route qu'elle parcoure, doit se proposer un but utile; le plaisir lui-même a son utilité dans la vie, mais on ne doit jamais le chercher hors des limites que lui imposent les devoirs plus positifs de la morale et de la patrie. Cette règle, dont je ne crois pas m'être écarté dans mes écrits les plus frivoles, est sans doute la cause principale de l'indulgence avec laquelle ils

[1] Auteur de la *Vierge des Ardennes* et de l'*Art de la toilette*.

ont été accueillis; je crois cependant y reconnaître subsidiairement un autre élément de succès, dans une espèce d'instinct d'observation dont il me semble que la nature m'a pourvu.

Dans l'*Ermite* et dans ses suites, j'ai marché directement au but vers lequel je me sentais entraîné; pendant quinze ans je me suis étudié, comme Hogarth, à retracer, dans une suite d'esquisses et de portraits particuliers, la physionomie générale de nos mœurs.

Ce genre d'essais n'avait point de modèle en France. Mercier (auquel je rends d'ailleurs toute justice) ne pouvait en servir. Fertile en observateurs de l'homme et de la société, la littérature française qui opposait avec un si juste orgueil Montaigne, Molière, Labruyère, Duclos, Voltaire, Montesquieu, Vauvenargues, aux philosophes moralistes de tous les temps et de tous les pays, n'avait trouvé personne qui voulût ou qui daignât, à l'exemple d'Addison et de Steele, consacrer sa plume à peindre sur place et d'après nature, avec les nuances qui leur conviennent, cette foule de détails et d'accessoires, dont se compose le tableau mobile des mœurs locales. La tâche était difficile, mais le succès n'était point sans gloire, et cet espoir a suffi pour me déterminer à tenter l'entreprise.

Le même sentiment d'observation m'a guidé dans mes œuvres dramatiques. Ce qui fait le caractère de notre âge, c'est une tendance fortement prononcée vers la grandeur politique, vers la liberté légale et le dévouement à la patrie; j'ose croire, qu'à défaut d'autre mérite, ces hautes vertus de l'homme et du citoyen se montrent fortement empreintes dans chacun de mes ouvrages. Mes tragédies de *Tippoo, Bélisaire, Sylla, Julien,* ont été inspirées par le siècle; j'ai l'espoir qu'elles seront adoptées par lui.

En soumettant au public deux grandes comédies, sous le titre *des Mœurs du temps*, et *des Intrigues de cour,* je regrette que la censure ne m'ait pas permis de les lui offrir protégées par toutes les illusions de la scène, et par le talent des acteurs; mais si le lecteur n'y voit qu'un tableau fidèle des objets qu'il a maintenant sous les yeux, s'il n'y trouve qu'une critique décente et mesurée des vices, des travers, et des ridicules de l'époque actuelle, l'injustice et la mauvaise foi du comité de censure qui éloigne du théâtre ces deux ouvrages, ne sera qu'un trait de plus à ajouter un jour à mes peintures.

Dans le genre de l'opéra même, qui semble plus étranger que tout autre à l'esprit d'observation, je me suis appliqué à saisir et à nuancer les mœurs des divers peuples que j'ai mis en scène; les *Bayadères*, les *Abencérages*, *Fernand-Cortez*, et *Velléda*, ont été plus particulièrement composés dans ce système.

Le théâtre de l'Opéra, pour lequel j'avais une prédilection particulière, dont j'ai cherché à rendre compte dans un ouvrage qui fait partie de mes œuvres, a été pour moi l'objet de quelques études. Je crois mes préceptes meilleurs que mes exemples; cependant ceux-ci pourront encore être utiles à mes successeurs. En évitant autant qu'il a été en moi ce style fade et lâche dont on semblait avoir fait le privilége de la scène lyrique, j'ai tâché d'y conserver cette mollesse et, si j'ose m'exprimer ainsi, cette *morbidesse* de versification, qui facilite et prépare le travail du musicien. J'ai cherché par toutes sortes de moyens, et principalement en faisant du chœur, même de celui de la danse, un personnage à la manière des Grecs; j'ai cherché, dis-je, à donner plus d'unité, plus d'intérêt à l'action dramatique, sur un théâtre où les seuls noms que l'on ait à citer, Quinault, Hoffmann et Guillard, ont laissé tant de choses à faire et tant de palmes à cueillir.

Je n'ai point encore acquis le droit de parler des ouvrages inédits que je soumets pour la première fois au jugement du public : mais il m'est permis de terminer par cette seule remarque sur l'ensemble de mes œuvres : on y trouvera le reflet le plus direct des mœurs, des habitudes, des pensées, des sentiments, et des opinions qui ont agité la France pendant les trois grandes époques où elles ont été écrites.

Il faut l'avouer : ces trois époques ont été plus fécondes peut-être en tableaux et en contrastes que presque toutes celles dont se composent nos précédentes annales. Entre les mœurs des salons d'autrefois dont on retrouvera des traces dans l'Ermite; entre ce luxe et ces brillantes contradictions de l'Empire, et le conflit de passions et de haines qui a marqué la restauration; entre ces frivolités et ces grands mouvements politiques, que d'étranges rapprochements! que de bizarres oppositions! Echo fidèle des mœurs de mon temps, je me suis associé à ses passions, à ses desirs, et à ses espérances :

et si les habitudes du boudoir, de l'antichambre, et du salon, sont fidélement copiées dans l'Ermite, j'espère que dans mes œuvres dramatiques on reconnaîtra quelques unes des hautes pensées qui agitent le poëte.

L'arbitre des réputations, c'est la mort. La renommée s'assied sur les tombes pour y distribuer le blâme ou la gloire : il semblerait donc qu'un auteur dût laisser à ses héritiers le soin de ses œuvres complètes, et qu'il dût s'abstenir de les publier de son vivant ; mais après tant de révolutions politiques dont nous avons été acteurs ou témoins, après tant d'oscillations convulsives, peut-on s'assurer qu'il ne viendra pas un temps où l'on exigera des enfants comme condition du repos de leur vie, de flétrir, de mutiler, ou de brûler les œuvres inédites de leur père ? Napoléon est mort à Sainte-Hélène : les jésuites ont reparu en Europe ; le présent ne répond jamais de l'avenir ; il faut tout prévoir.

OBSERVATIONS

SUR

LES MOEURS FRANÇAISES

AU COMMENCEMENT DU 19ᵉ SIÈCLE.

VOLUME I.

AVANT-PROPOS[1].

L'ERMITE DE LA CHAUSSÉE-D'ANTIN, ET LE LIBRAIRE.

LE LIBRAIRE.

Mille pardons, monsieur; vous étiez à travailler: je vous dérange, mais je ne vous tiendrai pas longtemps.

L'ERMITE.

A qui ai-je l'honneur de parler?

LE LIBRAIRE.

Je suis libraire, monsieur, et je viens faire une proposition à *l'Ermite de la Chaussée-d'Antin.*

L'ERMITE.

Qui vous a dit, monsieur, que ce fût moi?... Comment savez-vous...

LE LIBRAIRE.

Je ne suppose pas que vous ayez cru pouvoir rester long-temps caché sous votre nom pseudonyme. L'incognito d'un journaliste est impossible à garder: tous les amours propres sont ligués contre lui, et le plus souvent le sien est du complot.

---

[1] Préface de la première édition.

L'ERMITE.

Sans compter l'intérêt des libraires, qui n'est ni moins actif, ni moins clairvoyant.

LE LIBRAIRE.

C'est un devoir pour nous de savoir à quoi nous en tenir sur l'équivalent des monogrammes, dont presque tous les articles de journaux sont maintenant signés; et par état nous devons connaître la valeur de toutes les lettres de l'alphabet depuis A jusqu'à Z.

L'ERMITE.

Maintenant, monsieur, en supposant que vous ayez deviné juste, de quoi s'agit-il?

LE LIBRAIRE.

De vos articles; on en parle beaucoup dans le monde.

L'ERMITE.

Dans lequel, s'il vous plaît? car chacun a le sien.

LE LIBRAIRE.

Je veux dire qu'il n'est bruit que de vos bulletins, au cabinet de lecture de la rue de Grammont, au café Tortoni et dans la grande avenue du Luxembourg: vous arriverez à la célébrité.

L'ERMITE.

J'ai choisi un chemin bien étroit.

LE LIBRAIRE.

Mon Dieu! pour qui les connaît, les sentiers valent mieux que les grandes routes.

L'ERMITE.

Au fait.

LE LIBRAIRE.

Je viens vous proposer de réunir vos feuilletons en un volume, et de m'autoriser à les publier pour mon compte.

L'ERMITE.

Réunir des articles de journaux! y pensez-vous? Ces bluettes littéraires ne sont faites que pour amuser le lecteur pendant qu'il déjeune, ou pour l'endormir quand il se couche; encore, la plupart du temps, ne remplissent-elles que la dernière partie de leur destination. Elles n'ont qu'un jour à vivre, et je ne vois pas la nécessité de les enterrer ensemble.

LE LIBRAIRE.

Ne cite-t-on pas plusieurs collections du même genre échappées à la rigueur de cet arrêt, *le Pour et le Contre, le Spectateur, le Tuteur, le Babillard, le Fainéant*, etc.?

L'ERMITE.

Sans doute, mais on sait aussi que ces ouvrages avaient pour auteurs l'abbé Prévost, Addison, Steele, Johnson, et que les petites choses, comme le dit ce dernier, n'ont de valeur que de la part de ceux qui peuvent s'élever aux grandes.

LE LIBRAIRE.

Vous traitez les mêmes matières.

L'ERMITE.

Pourquoi pas? Racine et Maisonneuve ont tous deux fait des tragédies. Addison a peint les mœurs et les usages de Londres au commencement du dix-huitième siècle; j'essaie de donner une idée de celles de Paris au commencement du dix-neuvième : voilà d'abord un point de ressemblance; je ne suis embarrassé que des autres.

LE LIBRAIRE.

Où est la nécessité de comparer? Une simple esquisse au trait, quand elle est bien tracée, bien fidèle, peut encore trouver sa place dans le cabinet d'un amateur, à côté du tableau d'un maître. Au surplus, le succès de cet ouvrage me regarde; je suis libraire, et puisque je l'espère, c'est que j'en suis sûr.

L'ERMITE.

S'il en est ainsi, je vous autorise très volontiers, monsieur, à recueillir et à publier, sous le titre de *l'Ermite de la Chaussée-d'Antin,* mes Observations sur les mœurs et sur les usages parisiens, pendant l'année 1811.

LE LIBRAIRE.

Et celles que vous ferez paraître par la suite; car je prends l'engagement d'en publier tous les ans un volume.

L'ERMITE.

Je fais mieux que de souscrire à cette clause; je je vous laisse le droit d'y renoncer du moment où vous n'aurez plus d'intérêt à la tenir.

L'ERMITE

DE

LA CHAUSSÉE-D'ANTIN.

N° 1ᵉʳ. [17 AOUT 1811.]

PORTRAIT DE L'AUTEUR.

Multa ferunt anni venientes commoda secum.
Hor., *Art. poet*

Il y a des avantages qui sont le fruit des années.

Nosce te ipsum était la maxime favorite des anciens philosophes : avant tout, ils voulaient qu'on se connût soi-même. Ce précepte d'éthique pourrait trouver son application jusque dans la manière de faire un journal. On se demande pourquoi, dans toutes nos feuilles publiques, les articles qui concernent la France, et Paris en particulier, sont, pour l'ordinaire, les plus courts et les plus insignifiants; par quelle singularité on saisit avec tant d'empressement l'occasion de parler d'une coutume chinoise, de citer les mœurs des Orientaux, de rechercher l'origine d'une invention étrangère, de disserter sur les ruines d'un monument grec ou égyptien, tandis qu'on tient si peu de compte des objets qui nous environnent, des circonstances, des événements, auxquels nous sommes le plus immédiatement intéressés.

Si l'importance des nouvelles politiques n'absorbait pas depuis long-temps l'attention générale, peut-être aurait-on déja remarqué qu'un article *Paris* laisse à desirer quelque chose de plus que l'annonce d'une soirée littéraire, du nettoiement de l'égout de la rue du Ponceau, du phénomène d'un veau à deux têtes, ou du pavage de la rue des Quatre-Vents. Cette réflexion m'a conduit à chercher les moyens de recueillir une foule de détails domestiques, de circonstances fugitives, d'évène ments journaliers, auxquels il est possible d'ajouter un nouveau degré d'intérêt en les rattachant à des souvenirs politiques ou littéraires : la diversité des mœurs, parmi les habitants de cette immense capitale, est le résultat nécessaire d'une population considérable et d'une extrême civilisation; on peut y puiser le sujet d'un grand nombre de petits tableaux dont l'histoire ne dédaignera pas de faire un jour son profit : la fondation d'un nouvel établissement, les diverses destinations données à un ancien édifice deviennent souvent l'occasion de recherches et de rapprochements curieux.

Tels sont les divers éléments dont j'eus l'intention de composer un *Bulletin moral de la situation de Paris*. Ce travail, exigeant une masse de faits qu'on ne peut recueillir ni dans le même temps, ni dans le même lieu, devait être l'objet d'un article hebdomadaire, qui paraîtra régulièrement le samedi de chaque semaine. Dans cette intention, j'écrivis la lettre suivante aux rédacteurs d'un journal alors en crédit.

Messieurs,

Quand vous me connaîtrez mieux, vous ne serez pas étonnés que je sois instruit de la proposition que je vais vous faire; vous avez formé le projet de mettre sous les yeux de vos lecteurs un *Bulletin hebdomadaire* de la situation de Paris. Vous ne savez pas encore à qui vous en confierez la rédaction. Sans autre préambule, je vous offre mes services. Quelques mots sur ma personne, mon histoire et mon caractère, vous prouveront, je crois, que j'ai, sinon le talent, du moins l'instinct de la tâche que je veux entreprendre.

Avant de vous dire mon âge, sur lequel vous pourriez d'abord élever quelques objections, je dois vous prévenir qu'il n'y a pas un jeune homme à Paris (je n'en excepte pas le plus jeune clerc de l'étude la mieux achalandée) qui fasse en une semaine autant de courses que j'en fais chaque jour dans cette capitale. Après cela, je ne dois plus craindre de vous avouer que je suis né le 25 juillet 1741. Il y a des gens qui en concluent que j'ai mes soixante-dix ans complets: c'est possible; les années sont les bienfaits du temps, et je ne compte point avec mes amis.

Une curiosité insatiable fut le premier sentiment qui se manifesta en moi; aussi, dès l'âge de treize ans, me suis-je mis à courir le monde. J'en ai fait le tour avec notre célèbre navigateur Bougainville; j'ai parcouru les trois continents; j'ai visité presque toutes les nations du globe, et je n'avais encore que trente ans lorsque je revins en France. Rassasié de voyages, comme *Scarmentado*, je me mariai à mon retour, comme il avait fait: je ne suis pas sûr d'avoir eu le même sort; aussi n'ai-je pas trouvé *que le mariage fût l'état le plus doux de la vie*. Disons toute la vérité: mon ménage était un enfer. Je me plaignis, j'exhalai ma bile dans un roman où je fis le portrait d'une femme vaine, tracassière, acariâtre; la mienne s'y reconnut, et, sur ce motif, plaida contre moi en séparation; j'eus le bonheur de perdre mon procès. Me voilà libre.

Je ne songeai plus qu'au moyen d'arranger ma vie conformément à ce besoin d'indépendance, à cet instinct de curiosité, qui font la base de mon caractère, et auxquels je ne pouvais me livrer nulle part plus entièrement, plus agréablement qu'à Paris : dès-lors je me décidai à n'en plus sortir. Je louai une jolie maisonnette hors des barrières, du côté de Clichy, tout auprès de la chaussée que M. le duc d'Antin venait de faire construire. (C'est de là, je dois le dire en passant, que me vient ce sobriquet d'*Ermite de la Chaussée-d'Antin,* que l'on me donna d'abord avec quelque raison, et que l'on m'a conservé depuis par habitude.) Je crois avoir vécu depuis deux siècles quand je pense aux changements qui se sont opérés autour de moi depuis quarante ans que j'habite, non pas le même logement, mais sur le même terrain. Je puis dire, à la lettre, que Paris est venu me chercher : la prairie s'est couverte d'édifices alignés en forme de rue; ma maisonnette, que je louais cent écus par an, s'est transformée en un hôtel magnifique, où le propriétaire a bien voulu me conserver un logement dans les combles; je le paie, il est vrai, quatre fois autant que la maison entière que j'occupais auparavant; mais on tient à la place où l'on s'est bien porté pendant près d'un demi-siècle.

Maintenant, messieurs, que vous savez à peu près qui je suis, il me reste à vous apprendre ce que je fais : rien, absolument rien; je vais, je viens, je regarde, j'écoute, et je tiens note le soir, en rentrant, de tout ce que j'ai vu et entendu dans ma journée, dont je vais, en peu de mots, vous faire connaître l'emploi.

Je me lève à cinq heures du matin pendant l'été, et à sept heures en hiver. Comme il n'y a de gens éveillés à cette heure-là, dans Paris, qu'à la Halle et dans les autres marchés, c'est dans un de ces endroits que je porte mes premiers pas. L'habitude qu'on a de m'y voir fait qu'on ne prend de moi aucun ombrage : j'apprends là tous les secrets du métier; comment, avec quelques beaux fruits, on en compose des paniers; comment on rend aux légumes flétris une apparence de fraîcheur; par quelle adresse on *implante* des fleurs sur l'arbuste qui a perdu les siennes. Je vois arriver les maîtres-d'hôtel, les cuisiniers de grandes maisons, et je sais mieux que leurs maîtres ce que leur coûtent les provisions qu'ils emportent. En sortant de là, je vais ordinairement faire un tour sur les quais, et m'assurer du nombre et de la nature des arrivages; après quoi, je me rends au Palais-Royal, où je déjeune alternativement au café de Foi, au café de Chartres, ou au café Valois, suivant qu'il me plaît d'entendre déraisonner sur la politique, sur les finances et sur le commerce. Vers midi, j'entre au cabinet de lecture de M. de Laage, rue de Grammont, où je parcours les papiers publics.

Bien ou mal informé de ce qui se passe pour le moment en Europe, je pars de là pour faire ma visite habituelle à une vieille amie du faubourg Saint-Germain, madame de Lorys, avec laquelle je manque rarement de faire, avant dîner, une promenade en voiture au bois de Boulogne. Madame de Lorys, qui a passé sa vie à la cour, et qui n'a d'autre défaut que de croire fermement qu'on ne peut vivre ailleurs, me raconte une foule d'anecdotes piquantes sur les personnages les plus célèbres de l'époque actuelle et des temps antérieurs : j'en compose un *Ana*, qui vaudra peut-être ceux de M. Cousin d'Avalon. En revenant, elle me dépose au café Tortoni : j'ai l'habitude d'y prendre, avant dîner, une glace avec un vieux docteur italien très instruit, et qui ne parle jamais de Rome sans ôter son chapeau [1].

Le régime physique et moral que je me suis prescrit, joint à l'indispensable besoin que j'ai d'aller tous les soirs au spectacle, m'a fait renoncer aux dîners d'invitation, qui ne valent pas, après tout, les soupers d'autrefois. Je passe successivement en revue tous les restaurateurs ; et, sans attacher à la science gastronomique autant d'importance que M. G*** de la R*** [2], je puis cependant raisonner d'une manière très satisfaisante sur les découvertes qu'on a faites depuis le temps où je dînais à trois livres par tête à l'hôtel d'Angleterre, avec tout ce qu'il y avait alors de mieux dans Paris. Comme j'ai mes entrées dans tous les spectacles, pour des raisons que je pourrai vous déduire en temps et lieu, il n'est pas rare qu'on me voie dans la même soirée à l'Opéra, au théâtre Feydeau, et à

---

[1] Le docteur Corona.
[2] M. Grimod de la Reynière.

la Comédie-Française. C'est d'ailleurs, je vous en préviens, le seul trait de ressemblance que j'aie avec M. de R*** [1]. Je connais, non pas la filiation, mais la succession de tous les comédiens des grands théâtres; j'ai assisté à tous les débuts d'acteurs et d'actrices, à tous les succès et à toutes les chutes, depuis l'année 1769 : vous voyez que je suis en mesure de vous donner des anecdotes et des nouvelles de coulisses. Quant aux modes, qui entrent nécessairement pour quelque chose dans une revue de la nature de celle que vous annoncez, il est probable que vous me croyez très étranger à cette partie : vous penserez tout autrement quand vous saurez que j'ai chez moi la collection complète des costumes français, depuis la saie des Sicambres, nos aïeux, jusqu'au frac écourté des jeunes gens du jour; que j'ai conservé un modèle de tous les habits, de tous les chapeaux, de toutes les perruques, que j'ai portés moi-même pendant cinquante ans; et que le tout, bien étiqueté, est rangé chez moi, par ordre chronologique, dans un muséum d'une espèce toute nouvelle.

Sur cet exposé, c'est à vous, messieurs, de juger si je suis tout-à-fait au-dessous du travail dont je desire être chargé.

J'ai l'honneur d'être, etc.

---

[1] Le chevalier de Reuilhe.

N° II. [31 AOUT 1811.]

LE PARRAIN.

Stultum me fateor.
Hor., sat. III, liv II.
J'avoue ma folie.

En lisant, il y a quelques mois, le petit poëme du *Parrain magnifique*, que j'ai placé, jusqu'à nouvel ordre, sur un rayon particulier de ma bibliothèque, à côté des poésies d'*Ossian*, de *Clotilde*, etc., je ne m'attendais pas que je dusse éprouver bientôt moi-même les angoisses du chanoine dont j'avais ri de si bon cœur. Tant il est vrai

Qu'il ne se faut jamais moquer des misérables !

Je me crois obligé de faire part au public de ma déconvenue ; c'est un lampion que je place au profit des autres sur la pierre où je me suis heurté.

Mercredi dernier, à onze heures du soir, j'étais établi chez moi, dans un excellent fauteuil que j'ai fait faire sur le modèle de celui de notre abbé

M*** [1]; et je parcourais, suivant mon usage, avant de me coucher, quelques unes de ces brochures du jour qu'on lit avec aussi peu de soin qu'elles ont été faites, lorsque mon domestique m'annonça M. le comte de V***, principal locataire de l'hôtel que j'habite.

J'aurai tout aussi-tôt fait de rapporter notre conversation que d'exposer le motif de sa visite : « Mille pardons, mon voisin, de venir vous importuner à cette heure; mais il y a telle circonstance qui autorise une indiscrétion. — Heureusement votre ton me rassure; sans cela, monsieur le comte, je craindrais qu'il ne vous fût arrivé quelque malheur. — Au contraire; ma femme est accouchée. — D'un garçon. — On vous l'a dit? — Non, mais je m'en suis douté, ce matin, à l'air d'importance de toutes les femmes de l'hôtel que j'ai rencontrées en sortant. — La remarque est fine. — Je ne voudrais pas parier que Sterne ne l'eût faite avant moi : quoi qu'il en soit, je vous fais mon compliment sur l'événement heureux que vous voulez bien m'annoncer vous-même. — Ce n'est là que le prétexte de ma visite; en voici le motif : Ma femme a ses petites superstitions tout comme un autre, et l'ouvrage de M. Salgues [2], que j'ai pris soin de lui faire lire, ne

---

[1] Morellet.
[2] *Des préjugés répandus dans la société*

l'a point encore guérie de ses préjugés. Quelques jours avant ses couches, elle a été chez mademoiselle Lenormand, et la nécromancienne de la rue de Tournon lui a prédit *qu'elle aurait un garçon dont la destinée serait, de tout point, semblable à celle du parrain qu'on lui choisirait.* Maintenant il faut que vous sachiez que ma femme, à qui madame de Lorys, notre amie commune, a fait part des moindres détails de votre histoire, vous regarde comme le prototype de la félicité humaine, et qu'en conséquence elle croit assurer le bonheur de son fils en vous priant par ma voix d'en être le parrain. »

Cette proposition me parut assez bizarre; je l'éludai aussi long-temps qu'il me fut possible; mais je finis par me rendre à l'idée qu'il y avait quelque chose de respectable jusque dans la faiblesse d'une mère, et qu'après tout on n'exigeait de moi qu'un acte de simple complaisance.

Le baptême devait se faire le surlendemain; je n'avais pas tenu d'enfant depuis l'année 1775; l'usage pouvait être changé: je courus chez madame de Lorys pour avoir des renseignements sur mes nouvelles fonctions. Plus soigneuse de ma réputation que de ma bourse, elle me donna des instructions dont j'ignorais les suites, et des adresses de marchands dont j'ignorais les prix.

Je me rends d'abord chez Tessier, parfumeur à la

Cloche d'Or (j'allais autrefois chez Fargeon); je montre la note de madame de Lorys; on me présente une corbeille de baptême d'un goût exquis, il est vrai; mais quatre-vingts francs ! Je me serais récrié sur le prix si je n'avais pas été prévenu qu'on ne marchande pas à la *Cloche d'Or.* La jeune dame du comptoir, avec laquelle il est embarrassant d'avoir à démêler des intérêts pécuniaires, arrange dans la corbeille, avec une grace toute particulière :

Six douzaines de paires de gants superfins et assortis; *deux éventails,* l'un brodé en acier, l'autre en écaille blonde et à lorgnette;

Un bouquet de fleurs artificielles qui auraient défié l'œil d'un botaniste ;

Quelques sachets, deux flacons d'essence de rose, un collier de pastilles du sérail: et me présente le tout avec une facture à vignette, montant à quatre cent vingt francs. Je trouvai la somme énorme; j'étais tenté de laisser la maudite corbeille; mais une mauvaise honte d'écolier me retient: je tire, un à un, vingt-un napoléons de ma bourse, je les compte sur le comptoir d'acajou, et je sors de l'élégant magasin, bien résolu de n'y rentrer de ma vie.

Mon emplette était payée, je voulais du moins m'en faire honneur; je retournai chez madame de Lorys pour la lui montrer. C'est fort bien ! me dit-elle, la corbeille est de bon goût et *sans luxe,* la marraine en sera contente. Voici maintenant les autres bagatelles dont vous avez besoin, et que j'ai voulu vous choisir moi-même :

« Pour l'accouchée, une *veilleuse de vermeil* de chez Odiot, et une *jatte en porcelaine* de chez Dagoty : j'ai payé ces deux objets vingt louis; mais c'est le moins que vous puissiez offrir à une femme qui jouit de cinquante mille livres de rente.

« Pour la garde, une *garniture de bonnet en valenciennes*, cinq louis; c'est pour rien.

« Pour la nourrice, *ce schall en mérinos;* c'est tout ce qu'il faut.

« J'avais bien envie de prendre en passant, chez Dubief, *un hochet pour enfant;* mais c'est encore une affaire de huit ou dix louis; et, dans votre position, vous n'êtes tenu qu'au strict nécessaire.... »

Pour le coup, j'éclatai : « Comment, madame, il est *nécessaire* que je me ruine pour tenir l'enfant d'une femme que je connais à peine, et qui croit aux prédictions de mademoiselle Lenormand! — Il ne fallait pas accepter; vous l'avez fait, il s'agit de vous en tirer honorablement. »

Je n'avais rien à répondre à cela; et, pour me punir moi-même de mon étourderie, je voulus m'en imposer toutes les conséquences; enfin, de compte fait, et me conformant à l'usage, après avoir offert à la marraine, à l'accouchée, à la garde, à la nourrice, les présents achetés pour elles, après avoir donné un cierge au curé, une offrande au vicaire, un pour-boire au bedeau, au suisse, et au sonneur; après avoir fait l'aumône aux pauvres de la paroisse; après avoir soldé le mémoire de Berthellemot, dont la poésie, par parenthèse, a beaucoup renchéri les bonbons, il s'est trouvé que l'honneur d'être parrain de l'enfant de madame la comtesse de V..... me coûtait deux mille trois cent soixante-quinze francs vingt centimes; et que pour compensation de mes dépenses, je me trouvais avoir un filleul qui ne portera pas mon nom, (excepté moi..... et Pascal, qui voudrait aujourd'hui consentir à s'appeler Blaise?) mais qui viendra bien exactement me rendre visite à ma fête; une jeune et jolie commère à qui je ne pourrai que souhaiter la sienne, et une paire de besicles en or, auxquelles je serai forcé de faire mettre d'autres verres. Grace à ces dons mutuels, je me trouvais tenir à la famille de M. de V....., et l'on me retint à dîner sans *cérémonie*.

Toutes les conditions de ce titre furent bien remplies : l'arrivée d'un héritier avait mis la maison en désarroi : le cuisinier, le maître d'hôtel, et le premier laquais, partageant l'émotion générale, s'étaient donné congé pour toute la journée. On servit froid, à huit heures du soir; le nouveau-né criait dans la pièce voisine, et l'accoucheur arriva au milieu du repas : mon hôte brûlait de voir sa femme et son enfant; je m'aperçus que mon rôle touchait à sa fin ; et, quitte envers mes voisins, envers mon filleul, et même envers tous les fournisseurs de cette pompe baptismale, je remontai chez moi méditer sur les moyens de simplifier les baptêmes.

N° III. [14 SEPTEMBRE 1811.]

LES TARTUFES.

O pestis! o labes!
Quelle honte! quel fléau!

Nos mœurs, à tout prendre, valent mieux que celles des anciens; c'est un fait, et je ne serais pas fâché qu'on me le contestât, pour avoir occasion de le prouver. Dussé-je me faire lapider par nos Daciers modernes, je ne résisterai pas long-temps, je le sens bien, au besoin que j'ai de m'élever contre cette superstition scolastique, poussée au point d'offrir sans scrupule, comme objet d'étude à la jeunesse, des ouvrages où tous les charmes du style, où toutes les couleurs de la poésie, sont employés à peindre les plus honteux déréglements; contre ce respect scandaleux de l'antiquité, qui autorise les traducteurs à faire passer dans notre langue cette foule d'idées obcènes, d'aveux révoltants, dont la manifestation, même à talent égal, appellerait sur un auteur moderne le mépris public et la vindicte des lois. Ceux qui ne pensent pas qu'il suffise de répondre aux inculpations dirigées contre Anacréon, Catulle, Horace, contre le modeste Virgile lui-même, comme répondait madame Dacier aux reproches dont Sapho était l'objet : *Elle avait beaucoup d'ennemis;* ceux-là, dis-je, rejetteront sans doute en grande partie, sur les mœurs générales du temps où vivaient ces grands personnages, ce que leurs mœurs particulières ont eu de plus répréhensible ; dès-lors nous commencerons à nous entendre, peut-être même finirons-nous par être du même avis.

Les anciens ont tout exagéré, les vertus et les vices ; il leur est souvent arrivé de faire comme certaines gens, qui ne quittent pas un bon mot qu'ils n'en aient fait une sottise : il est rare qu'ils quittent une vertu sans en avoir fait un vice : c'est ainsi qu'ils ont poussé l'amour de la patrie jusqu'au plus révoltant fanatisme ; le respect des lois jusqu'à l'oubli des sentiments naturels ; et l'amitié !.... Il est des choses qu'on ne doit pas même indiquer.

En convenant que les anciens ont eu beaucoup de vices qui nous sont étrangers, j'ai presque dit inconnus, il faut avouer, pour être juste, qu'il en est un, sinon le plus odieux, du moins le plus méprisable ; sinon le plus effrayant, du moins le plus à craindre, l'hypocrisie, *puisqu'il faut l'appeler par son nom,* qui semble appartenir plus particulièrement à nos temps modernes.

Ce mot, que je prends ici dans son acception la

plus étendue, doit s'entendre du masque de toutes les vertus. Molière a peint (ou pour me servir d'une expression anglaise qui rend mieux ma pensée), a *stigmatisé* le tartufe de religion. Un auteur, qui n'aurait eu besoin que de vivre et de multiplier ses ouvrages pour obtenir un rang honorable parmi les héritiers les moins éloignés de notre immortel comique, M. Chéron a tracé avec beaucoup de talent, quoique sur un canevas étranger, le portrait du *Tartufe de mœurs;* mais Beaumarchais, dans son *autre Tartufe,* n'a montré qu'une odieuse figure de fantaisie.

Boileau prétendait que chaque demi-siècle, et presque chaque lustre, aurait besoin d'une comédie nouvelle sur l'hypocrisie : « Il n'y aurait pas à craindre, ajoute d'Alembert, si le peintre était digne du sujet, que les portraits se ressemblassent, tant l'hypocrisie est habile à changer de forme; audacieuse et entreprenante quand elle se croit protégée; souple et insidieuse quand elle craint d'être reconnue; humble et rampante quand elle se croit démasquée. »

Il m'en coûte de le dire, mais il est certain qu'à aucune autre époque ce vice n'a été plus commun[1]; j'y vois pourtant cette différence, que l'hypocrisie était autrefois un état, et qu'elle n'est plus aujour-

---

[1] Nous verrons douze ans plus tard.

d'hui qu'un rôle dans la société. On le joue aussi long-temps qu'il convient aux circonstances; on y renonce brusquement aussitôt qu'elles ont changé : c'est un habit de *caractère* que l'on ne porte que pendant la durée du bal. De nos jours, l'hypocrisie prend toutes les formes, sans même en excepter les plus odieuses, et je connais plus d'un de ces tartufes ou *fanfarons de vices*, comme les appelait Louis XIV, qui tirent parti des mauvaises qualités qu'ils n'ont pas.

Parmi les nombreuses variétés de l'espèce, la plus dangereuse est celle de ces faux bons hommes dont *Mérange* est le modèle le plus achevé. Il est vrai que la nature l'a merveilleusement servi, et qu'il lui doit une partie de ses succès. Mérange est un gros homme, au front découvert, à la figure vermeille et arrondie : son geste est brusque, ses manières sont ouvertes, quelquefois bourrues; il court à vous du plus loin qu'il vous voit, vous prend la main et vous la secoue à vous démettre le poignet. Sur quelque chose que vous l'interrogiez, sa réponse commence toujours par ces mots : *A vous parler franchement...* Avec lui, jamais de compliments, jamais d'éloges à craindre; c'est un vrai quaker : il déteste la flatterie, et, quant à la politesse, il répète à tout propos que la véritable est dans le cœur. Si par hasard on a quelque intérêt à démêler avec lui, « il s'en rapporte entièrement à vous, car il n'entend rien aux affaires, » et c'est pour cela qu'il vous renvoie à son avoué, le plus avide et le plus chicaneur de tous les hommes. Sa bourse est toujours au service de ses amis, ce qui fait qu'elle est ordinairement vide; mais s'il ne peut vous obliger lui-même, du moins s'empresse-t-il de vous indiquer un honnête usurier, auquel il a recours au besoin.

Maintenant, comment se fait-il qu'avec un caractère de franchise si bien établi, Mérange n'ait pas un ami, pas une connaissance qui ne se plaigne d'avoir été sa dupe? *A vous parler franchement*, à mon tour, c'est que Mérange n'est rien moins que ce qu'il paraît; sous ces dehors agrestes, sous ces perfides apparences d'un bourru bienfaisant, il cache une ame basse, un cœur sec et un esprit rusé : c'est un *tartufe de franchise*.

Merville est le type d'une autre classe de tartufes dont la société est inondée depuis quelque temps. « Il ne connaît de bonheur qu'avec une fortune médiocre, de vertu que dans une condition privée; l'ambition, de quelque nature qu'elle soit, n'est à ses yeux qu'une source de tourments, de besoins et de privations. » Il faut l'entendre parler des avantages de la médiocrité, des plaisirs de la vie domestique! Comme il prouve admirablement « que la faveur des cours est ce qu'il y a au monde de plus fragile! qu'on ne peut faire aucun fond sur l'amitié des grands, et encore moins sur leur reconnaissance! » De combien de citations d'Epictète, de Sénéque, de Montaigne, il appuie ces vérités nouvelles! Si quelqu'un lui fait remarquer le contraste de sa conduite et de ses principes, en lui objectant qu'il n'est point d'antichambre un peu considérable où l'on ne soit sûr de le rencontrer, point d'audience de ministre où il ne se trouve, point de cercle où il ne se montre en habit brodé, Merville ne manque point d'excellentes raisons pour motiver ses inconséquences : c'est toujours le besoin d'obliger qui le conduit dans ces lieux, d'où son caractère et ses goûts l'éloignent. Depuis long-temps je commençais à craindre d'avoir été la dupe du sage et modeste Merville : l'aventure que M. D..... m'a racontée, il y a quelques jours, a fini par m'ouvrir les yeux. Bien convaincu, comme il le lui avait entendu répéter, que Merville avait beaucoup de crédit, mais qu'il ne l'employait qu'à être utile aux autres, M. D.... l'alla trouver un matin, et s'ouvrit à lui sur le desir qu'il avait d'obtenir une place près de vaquer par la mort de celui qui l'occupait : il lui en fit bien connaître tous les avantages, et lui en détailla toutes les convenances. Merville promit de s'occuper sans délai de cette affaire, et tint parole; il sollicita la place, et l'obtint.... pour lui-même.

Je n'ai fait qu'indiquer vaguement deux esquisses : on sent tout ce qu'un pareil cadre pourrait renfermer de portraits, si quelque peintre habile se chargeait de crayonner, d'après les originaux que je pourrais lui fournir, tant d'autres tartufes de morale, de politique, de philosophie, et de littérature.

N° IV. [21 SEPTEMBRE 1811.]

LA VIE DE CHATEAU.

See what delights in sylvan scenes appear!
Pope, *Pastoral.*

Connoissez les délices de la vie champêtre.

Boileau aura beau dire :

Paris est pour un riche un pays de cocagne,
Sans sortir de la ville il trouve la campagne.

Réduite à sa juste valeur, cette exagération poétique signifie seulement qu'à Paris, avec une grande fortune, on peut renfermer entre deux rues et quatre murailles un certain nombre d'arbres rabougris, de carrés de gazon, de plates-bandes de fleurs, et faire arroser le tout par un maigre filet d'eau acheté à la voie, et circulant dans une ornière de plâtre : telle est la campagne qu'on peut trouver *sans sortir de la ville.* Quant à celle qui se compose de vastes plaines, de prairies couvertes de troupeaux, de forêts que les ruisseaux arrosent, de montagnes que les torrents sillonnent, où l'on respire un air pur, où l'on ne connaît que les travaux rustiques et les plaisirs champêtres, quant à cette campagne, dis-je, quelque puissant, quelque riche que l'on soit, il faut se résoudre à sortir des barrières, et même de l'atmosphère de la capitale, si l'on veut en goûter les délices. Je ne les ai jamais appréciées plus vivement que dans le petit séjour que je viens de faire à ma ferme (je me rappelle le temps où je disais à ma terre); et comme on ne parle jamais mieux des objets qui plaisent que lorsqu'on est encore sous leur influence, je demande la permission à mes lecteurs, avant de me remettre à parcourir Paris, mes tablettes en main, de jeter un coup d'œil en arrière sur les lieux que je quitte, et de profiter des derniers beaux jours pour parler de la campagne et de tous les plaisirs dont la sagesse et l'opulence peuvent y trouver la source.

En entrant dans le *Bocage* (c'est le nom de cette partie de l'ancienne Normandie où mon bien est situé), je me suis étonné, pour la centième fois de ma vie, qu'un aussi délicieux pays, à soixante lieues de la capitale, ne soit pas couvert de châteaux et de maisons de plaisance. Le voyageur Moore, dans ses *Lettres sur la France,* pourrait bien avoir raison lorsqu'il reproche aux Français de ne pas mettre assez d'importance et de réflexion dans le choix des lieux où ils forment des établissements. La difficulté des communications, que les riches propriétaires font valoir comme excuse, ne suffit pas pour justifier leur indifférence; une partie des sommes que plusieurs d'entre eux dépensent si follement ailleurs pour tourmenter un terrain rebelle, pour y feindre des montagnes et des rivières, pour les surcharger de fabriques ridicules, suffirait ici pour ouvrir des routes commodes à travers un pays qui me semble créé pour le plaisir des yeux.

La foudre était tombée sur les bâtiments de ma ferme : je venais pour réparer le dommage que j'aurais pu, en toute conscience, laisser à la charge du fermier, puisqu'il avait pris sur lui, contre mes ordres positifs, d'ôter le paratonnerre que j'avais fait poser sur le corps-de-logis principal; il est vrai qu'il me donna pour raison « que ce n'était pas la mode du pays, et que ses voisins se moquaient de lui en voyant cette grande broche de fer au-dessus de son logis; » mais je ne lui tenais aucun compte de pareilles excuses, et j'aurais certainement plaidé, si j'eusse été assez jeune pour commencer un procès en Normandie.

Plus on réfléchit, plus on observe, et plus on se convainc de la fausseté de la plupart de ces jugements portés sur une nation entière par quelques écrivains, et adoptés sans examen par les autres. Quel est le Français qui ne croit pas faire partie du peuple le plus mobile, le plus inconstant de la terre? Et cependant, pour peu que l'on observe, que l'on recherche le caractère de notre nation ailleurs que dans la capitale, où il se dénature si facilement, on reconnaîtra que, loin d'être enclins au changement, les Français sont, de tous les peuples de l'Europe, le plus esclave des préjugés et le plus asservi à la routine. C'est parmi les gens de la campagne, et principalement dans les provinces de l'ouest, que la vérité de cette remarque est plus sensible. Les paysans de la Basse-Normandie sont aujourd'hui ce qu'ils étoient du temps de Guillaume-le-Conquérant : leur manière de parler, de se loger, de se vêtir est, à très peu de chose près, la même; la civilisation n'a fait parmi eux aucun progrès sensible, et l'on ne s'en aperçoit pas moins à la pureté qu'à la rusticité de leurs mœurs.

Trop voisin du château de Pont... pour pouvoir me dispenser d'y faire une visite de politesse, je fus accueilli par l'honorable possesseur de cet antique manoir, comme un ancien ami de son père. Il vouloit absolument que je demeurasse au château; Mme de P... insista sur cette proposition de la manière la plus obligeante; elle trouvait des réponses à toutes mes objections : « Eh bien! madame, lui dis-je en riant, il me reste à vous faire un aveu contre lequel ne tiendra point votre bonne volonté : j'ai passé la première partie de ma vie sur mer, où l'on contracte d'assez mauvaises habitudes, j'achève l'autre dans la retraite, où l'on ne s'en corrige guère;

puisqu'il faut le dire, en toute humilité, je *fume*. — Tant mieux! me répondit-elle, nous avons ici le pavillon des fumeurs, et vous tiendrez compagnie à mon oncle l'amiral, qui fume comme Jean-Bart, et qui se donne bien de la peine pour ne pas jurer autant. » Il y a des prévenances qui ont force de loi; dès le soir même, je vins m'installer au château. C'est une vie délicieuse que celle que l'on y mène; et comme le bonheur dont on jouit dans cette famille est moins le résultat de l'opulence que de la réunion des qualités, des talents et des goûts les plus aimables, quelques traits de ce tableau peuvent trouver ici leur place.

Si je faisais un roman, j'aurais du temps et du papier devant moi; je pourrais, au risque d'ennuyer mon lecteur, lui faire, en style à la mode, la description d'un des lieux les plus beaux, les plus variés, les plus pittoresques qu'il soit possible de rencontrer; mais le temps et l'espace me pressent; et je dois me borner à dire que le site où se trouve placé le château de P.... ne laisse rien à desirer à l'imagination la plus féconde et la plus riante. On n'y jouit pas de cette liberté extrême que l'on a depuis quelque temps la prétention d'offrir et de trouver à la campagne, mais de toute la liberté qui se concilie avec les habitudes et les plaisirs des autres. La société se compose de douze personnes, dont cinq appartiennent à la famille de M. de P***, et parmi les étrangers se trouvent quelques uns des artistes les plus distingués de la capitale. Les hommes se lèvent de bonne heure : ceux-ci pour aller à la chasse, à la pêche; celui-là pour étudier, le crayon à la main, quelques effets de paysages, et nous autres invalides, pour voir encore une fois naître l'aurore. On se rassemble à dix heures pour déjeuner; c'est le moment où paraissent ces dames : quelques unes se lèvent plus tôt; mais, pour l'ordinaire, elles descendent ensemble. Après le déjeuner, chacun s'occupe et s'amuse, suivant ses goûts, dans un vaste salon dont la salle de billard n'est séparée que par des colonnes. Tandis que les uns s'exercent à ce jeu, que Mme de P*** brode ou fait de la tapisserie, que les jeunes personnes, autour du piano, écoutent M. Catel qui parcourt la partition de *Didon* ou d'*Armide*, Mlle Pauline de N*** achève le portrait au crayon de son grand-oncle l'amiral, qui se plaint qu'on le tient trop long-temps *en panne*.

Depuis une heure jusqu'à cinq, on ne doit aucun compte à la société de la manière dont on emploie son temps; c'est une partie de la journée que les maîtres de la maison consacrent aux soins domestiques et aux intérêts des habitants du lieu.

La cloche du dîner rappelle tout le monde au salon. Madame de P*** ne s'y présente pas avec cette recherche de toilette qui en impose l'obligation aux autres; mais en cela, comme en toute autre chose, elle donne l'exemple d'une simplicité pleine de goût, de grace, et d'élégance. Il est commun de trouver, même à la campagne, des tables plus splendides que celle de M. de P***, mais il en reste bien peu en France de celles où l'on fait des repas aussi gais, par la raison qu'il devient chaque jour plus rare de pouvoir réunir quatre femmes charmantes, sans la moindre rivalité; des hommes d'esprit, sans aucune prétention; des vieillards d'une humeur égale, et des jeunes gens de la gaieté tout à-la-fois la plus folle et la plus décente. Après le dîner, s'arrangent les parties de promenade; les uns s'emparent des bateaux; les promeneurs solitaires s'égarent sur les montagnes; les moins dispos ne quittent pas les longues allées du parc; mais la troupe la plus nombreuse suit ordinairement la dame du château, bien sûre que ses pas se dirigent toujours du côté où il y a des secours, des consolations à donner, et des bénédictions à recevoir.

Le moment du retour est celui de l'arrivée du courrier : les lettres, les journaux que l'on reçoit, les nouvelles que l'on apprend et que l'on se communique, en donnant un nouveau mouvement à la conversation, décident du caractère qu'elle conservera le reste de la soirée. Le dernier jour que j'ai passé à P...., il ne fut question que de la comète. Le précepteur des enfants, M. l'abbé Grivel, qui est presque aussi habile en astronomie que M. Trissotin, commençait à effrayer ces dames, en leur démontrant, à sa manière, qu'un jour ou l'autre, notre terre ne pouvait manquer d'être mise en poudre par le choc d'un de ces astres vagabonds, lorsque madame de Saint-C*** vint nous lire le *post-scriptum* d'une lettre que venait de recevoir sa femme de chambre. La mère de cette jeune fille lui écrivait, mot pour mot : [1]

« Ta maîtresse et toi, vous avez bien mal pris
« votre temps pour aller à la campagne; on *montre*
« à Paris une comète superbe; j'ai déja été la voir
« trois fois sur le Pont-des-Arts; et comme ça ne
« vient que tous les mille ans, à ce qu'ils disent, je
« suis bien fâchée qui tu aies manqué une si belle
« occasion. »

La simplicité de cette bonne femme, qui s'imaginait que la comète ne se voyait qu'à Paris, nous fit tant rire, qu'il fut impossible à l'abbé de ramener la discussion au point de gravité où l'avaient montée ses raisonnements.

C'est ordinairement par un petit concert que se termine une journée dont tous les moments ont été utilement ou agréablement employés. Lorsque la soirée est belle, on fait de la musique en pleine campagne; et peut-être faut-il avoir entendu la voix ravissante de madame A*** de Saint-C***, la basse

---

[1] Le fait est *historique*.

harmonieuse de M. de La Marre, sous l'azur d'un beau ciel, dans le calme de la nuit et des bois, pour se faire une idée de toute la puissance d'un art qui prête un nouveau charme aux beautés de la nature.

N° V. [30 septembre 1811.]

LETTRE

D'UN BOURGEOIS DU MARAIS

A L'ERMITE DE LA CHAUSSÉE-D'ANTIN [1].

Nicole dit quelque part que dans le monde, civilisé comme il l'est aujourd'hui, il n'y a rien de plus heureux qu'un bourgeois qui a dix mille livres de rente. Tout le monde travaille pour ses besoins et pour ses plaisirs : c'est pour lui que les villageois quittent chaque jour leur demeure pour apporter à la Halle les plus beaux fruits de la saison; c'est pour lui qu'il se forme tous les jours des cuisiniers chargés d'apprêter les mets les plus délicats; c'est pour lui qu'on bâtit les hôtels les plus commodes: lorsqu'il voyage, il est par-tout attendu, et trouve partout des gens empressés de le recevoir et de le servir; lorsqu'il est malade, on court au-delà des mers chercher des remèdes pour le guérir.

---

[1] *Cette lettre n'est point de l'Ermite.*

Voilà sans doute, M. l'Ermite, un bourgeois
bien heureux: eh bien! je suis ce bourgeois-là, et je
bénis le ciel tous les jours. Habitant de Paris, né
dans un siècle de merveilles, la vie n'est pour moi
qu'un magnifique spectacle; je jouis de tout ce que
je vois, de tout ce que j'entends, et, ma canne à la
main, je descends doucement le fleuve de la vie,
comme disait dernièrement un poète de notre quartier. C'est pour ma commodité qu'on perce des rues
de toutes parts, et qu'on agrandit les places publiques; c'est pour moi que deux cents fontaines versent leurs eaux, qu'on élève par-tout des monuments;
c'est pour moi que le génie des arts enfante ces
prodiges, et que cinquante mille ouvriers travaillent
jour et nuit à orner la capitale. Convenez donc,
M. l'Ermite, qu'il n'y a point d'être plus heureux
qu'un bourgeois de Paris qui a dix mille livres de
rente, et qui a le loisir de tout voir.

Nous autres bourgeois, nous sommes naturellement curieux, et les journaux ne sont pas une de
nos moindres jouissances: nous n'avons pas besoin
d'envoyer des courriers vers le Danube, vers le
Dniéper, à Londres, à Vienne, à Pétersbourg, pour
savoir ce qui s'y passe. Quoique les nouvelles des
journaux ne soient pas toujours regardées comme
authentiques, je les crois cependant comme mot
d'Évangile, et je ferais volontiers comme ce bourgeois de la rue Saint-Denis, qui alla se mettre au lit

parcequ'il avait lu dans la *Gazette* qu'il s'était cassé la jambe.

J'ai l'esprit paresseux, et ce qui me charme le plus dans la lecture des journaux, c'est le feuilleton, où l'on trouve des jugements tout faits sur toutes les matières. Je ne sais comment faisaient les Grecs et les Romains, qui n'avaient point de feuilletons. La civilisation était alors bien peu avancée; aussi les dames romaines, et sur-tout les dames grecques, allaient fort peu le soir dans le monde, où elles n'avaient presque rien à dire : j'aime à croire que les modes étaient encore dans l'enfance, et que le goût en littérature n'était guère plus avancé. En effet, comment pouvait-on juger les vers d'Euripide, de Sophocle et de tant d'autres? Je crois qu'on disait sur tout cela bien des sottises, et je me persuade que l'antiquité n'a été réellement bien jugée que depuis que le monde a des feuilletons.

Les bourgeois de Paris sont bien plus heureux que ceux d'Athènes; ils trouvent par-tout des gens qui se donnent la peine de penser pour eux. J'éprouve des moments de délices, quand je songe que s'il paraît une pièce nouvelle, s'il s'élève un monument, s'il arrive sur notre horizon une comète, vingt journalistes sont chargés de m'en rendre compte. Lorsqu'un livre ou une brochure vient de paraître, ils s'empressent de les lire pour moi, et de m'avertir de ce que je dois en croire. Convenez donc, M. l'Ermite, qu'il n'y a point d'être plus heureux qu'un bourgeois de Paris qui n'a rien à faire, et qui a dix mille livres de rente.

Je trouve les journaux si commodes, que je ne fais presque plus d'autre lecture. Marmontel disait qu'on trouvait de tout dans les livres; on peut en dire autant des journaux : j'y trouve tout ce que je veux savoir; je vois tout par les yeux des journalistes; c'est d'après eux que je pense, c'est d'après eux que je forme mes opinions; je me garde bien de parler d'une chose avant que les journaux en aient parlé: il m'est arrivé une fois ou deux de blâmer ou d'approuver un ouvrage d'après moi-même, et le lendemain, en lisant le journal, j'étais tout honteux d'avoir hasardé un avis qui n'était pas celui du feuilleton. Maintenant, quand je vais voir un monument nouveau, je reviens lire mon journal pour savoir si je dois l'admirer : quand j'ai entendu Talma, j'attends que le feuilleton me dise qu'il a bien joué.

A présent que les journaux ne parlent plus des théâtres des boulevards, je n'entends plus rien aux mélodrames, et j'ai fait le serment de ne plus y aller; je n'assiste plus aux premières représentations, car je veux savoir d'avance les endroits où je dois rire et pleurer. Vous voyez, M. l'Ermite, que, grace aux feuilletons, mon esprit reste dans un parfait repos, et que mes plaisirs ne me donnent pas la moindre peine. Convenez donc qu'il n'y a pas d'être plus heureux qu'un bourgeois de Paris qui a dix mille livres de rente, et qui n'a rien à faire.

Il me reste cependant un grand embarras : il est beaucoup de choses dont les journaux ne parlent point, et je me trouve quelquefois dans une incertitude qui devient pour moi un supplice : je suis fort aise, M. l'Ermite, de savoir que vous avez entrepris un Bulletin d'Observations sur les mœurs de la capitale; je pourrai savoir à quoi m'en tenir sur ce point. Quelques uns de mes voisins du Marais se sont étonnés que vous ayez placé votre ermitage à la Chaussée-d'Antin; pour moi, j'en suis charmé : ce quartier est si loin de nous, que, sans vous, nous ne pourrions en avoir de nouvelles. Je me rappelle qu'un vieux président du Marais, pour achever l'éducation de son fils, l'avait envoyé passer quelques jours au Palais-Royal et à la Chaussée-d'Antin; quand le jeune homme revint dans ses foyers, son père ne le reconnut point, et il ne reconnut point son père, tant son éducation était achevée !

J'espère, M. l'Ermite, que vous nous direz ce qui se passe dans votre quartier, et que vous nous informerez aussi de ce qui se passe dans le nôtre. Dites-moi, je vous prie, si, à la Chaussée-d'Antin, on estime beaucoup l'*Ogresse* des Variétés; au Marais, elle jouit encore d'une grande réputation; je voudrais bien que cet engouement vous parût bizarre et de mauvais goût. Vous n'avez rien dit encore de la comète; cependant, si j'en crois quelques uns de mes voisins, elle exerce une grande influence sur les choses d'ici-bas : c'est la comète qui dessèche les fontaines, et qui occasione la sécheresse; lorsque les bonnes femmes sont malades, c'est la comète qui leur a donné la fièvre; lorsqu'on bâille aux dernières œuvres de Mme de Genlis, c'est encore la comète qui en est cause. J'avoue que j'ai besoin de voir de pareilles opinions consignées dans un journal pour y ajouter foi. Il court encore d'autres bruits alarmants sur la comète; je ne serai tranquille que lorsque vous m'aurez dit qu'elle passera sans nous faire de mal. Rassurez-moi, je vous prie, et faites que je puisse dire : *Il n'y a point d'être plus heureux qu'un bourgeois du Marais qui a dix mille livres de rente, et qui n'a pas peur des comètes!*

Un Bourgeois du Marais.

N° VI. [5 octobre 1811.]

RÉPONSE

A UN BOURGEOIS DU MARAIS.

> L'homme le plus heureux est celui qui croit l'être.
> FÉNÉLON.

Je me garderai bien, mon cher monsieur, de chercher à vous prouver qu'*avec vos dix mille livres de rente* vous n'êtes pas l'homme le plus heureux de la terre ; vous me répliqueriez par mon épigraphe, et je n'aurais pas un mot à répondre. Mais il est bon de vous prévenir que votre bonheur, du moins celui dont vous me faites la peinture, n'est pas tout entier dans votre caractère : il tient en grande partie au quartier que vous habitez, et vous ne pourriez en franchir les limites sans courir le risque de perdre les douces illusions dans lesquelles vous avez tant de raisons de vous complaire.

Si je cédais à l'envie très peu charitable d'établir un parallèle entre les besoins, les occupations, les plaisirs du *Marais* et ceux de la *Chaussée-d'Antin*, vous verriez que ce revenu de *dix mille livres de rente*, qui vous donne tant de relief dans la rue *Boucherat*, vous laisserait bien inconnu dans celle du *Mont-Blanc*, et qu'il vous faudrait renoncer à toutes ces petites jouissances de la vanité auxquelles tout *bon bourgeois* attache tant de prix.

Vous paraissez croire, monsieur, que dans mon bruyant ermitage je ne me fais pas une idée bien exacte des délices de la place Royale ; vous êtes dans l'erreur. Je connais depuis long-temps ce quartier vénérable, que la médiocrité, les préjugés, et les juifs ont choisi pour asile. Je suis bien convaincu qu'avec vos dix mille livres de rente vous y goûtez tous les agréments de la vie (du Marais). Je vous vois installé, pour vos cent écus, au premier étage de l'ancien hôtel de quelque conseiller de la grand'-chambre. Votre appartement n'a pas été décoré par Boulard ; mais, en revanche, il est orné de glaces de Venise, avec bordures à facettes, en verres coloriés, de grands panneaux à personnages, à la manière de Vateau, et des dessus de porte de Coypel ou de Boucher. Un meuble de tapisserie en camaïeu garnit votre chambre à coucher. Le matin, à neuf heures, vous déjeunez en famille avec du café que vous faites bouillir avec le lait ; ce qui vous donne le moyen de tirer parti du marc. Ce repas donne le temps à votre *valet de chambre* de laver la demi-fortune et de panser le cheval ; après quoi, quittant la casaque de *palefrenier*, ce maître Jacques endosse la redingote de *cocher;* et, après avoir fait les fonctions de *laquais*, en vous ouvrant la portière, il vous conduit au jeu de paume de Charrier, où vous passez agréablement une heure ou deux à compter des *chasses*. A deux heures, avant de rentrer au logis, vous manquez rarement d'aller lire les journaux au Jardin Turc. La canne entre les jambes, assis sur une des banquettes rembourrées de la terrasse, vous lisez bien lentement, et en remuant les lèvres, un journal qu'attendent vingt personnes qui ont acquis, en déjeunant, un droit que vous vous arrogez par habitude.

La tête bien meublée des progrès des Serviens, des séances de la diète de Hongrie (que vous confondez quelquefois avec les débats de la chambre des pairs), vous rentrez chez vous faire un dîner simple et modeste, qui ne serait peut-être pas du goût de M. Grimod de la Reynière. La frugalité de ce repas ne laisse point de tenter quelque ami qui vient de l'Estrapade pour en prendre sa part. Deux ou trois douairières de la rue Paradis ou de la Perle viennent régulièrement, tous les soirs, faire votre boston; et c'est ainsi que s'achève, à neuf heures, une journée dont tous les moments ont été si utilement et si agréablement employés.

Je ne vous ai entretenu aujourd'hui que de vos plaisirs d'habitude; une autre fois je parlerai de vos plaisirs accidentels; je vous rappellerai vos réunions de famille, vos dîners en ville, vos petites débauches chez Bancelin ou au Cadran-Bleu, à la suite desquelles il vous arrive quelquefois de vous cotiser pour avoir une loge au nouveau mélodrame. Vous voyez que j'ai des notions assez positives sur votre manière d'être; vous ne doutez pas que je ne sois au moins aussi bien instruit de la vie que mène un homme opulent dans le quartier que j'habite : je vous en mettrai sous les yeux une peinture fidèle, et ce sera votre affaire ensuite de prononcer quel est le plus heureux d'un riche financier de la Chaussée-d'Antin, ou d'*un riche bourgeois du Marais, qui n'a pas peur de la comète.*

J'ai l'honneur de vous saluer.

N° VII. [14 octobre 1811.]

MAISON D'ÉDUCATION.

DISTRIBUTION DE PRIX.

*Grandia sœpè quibus mandavimus hordea sulcis
Infelix lolium, et steriles dominantur avenœ.*
Virg., ecl v

L'ivraie domine où nous avons semé le bon grain

Si jamais je fais un traité d'éducation (envie qui peut me prendre comme à un autre), je poserai en principe que les garçons doivent recevoir une éducation publique, et les filles une éducation privée; et j'en déduirai cette conséquence immédiate, que le ressort de l'émulation, d'un effet sûr, d'une utilité si incontestable pour les uns, a nécessairement de grands inconvénients pour les autres. Ainsi, je blâmerai et j'approuverai tour-à-tour ces exercices publics, ces distributions de prix solennelles, qui terminent avec tant d'éclat l'année scolastique, suivant que j'envisagerai cet usage dans l'application qu'on en fait aux écoles de l'un et de l'autre sexe.

Quand je me reporte aux premières années de

ma jeunesse, ce n'est pas sans une bien vive émotion que je me rappelle toutes les circonstances dont ces fêtes de collége étaient jadis accompagnées : l'appareil de ces quatre facultés en robe, la gravité des échevins, la joie bruyante des élèves lauréats, la satisfaction plus douce, mais non moins vive, de leurs parents, cette proclamation des vainqueurs au bruit des applaudissements et des fanfares; ces larmes des mères, en pressant contre leur cœur l'enfant couronné qui venait se jeter dans leurs bras. Ce tableau touchant, que je retrouve dans mes souvenirs, à quelques changements près, est encore sous mes yeux; et si les objets se retracent un peu moins agréablement à ma vue qu'à ma mémoire, c'est que j'ai quinze ans dans un cas, et soixante-dix dans l'autre; c'est que je me souviens d'avoir été jeune acteur dans ces fêtes, dont je ne suis plus aujourd'hui qu'un vieux témoin.

Un souvenir en réveille un autre : je ne me retrouve pas plus tôt au collége du Plessis, que je revois ma sœur au couvent de l'Assomption, d'où elle ne sortit que trois mois avant son mariage. Peut-être l'éducation des filles, dans ces maisons religieuses, était-elle par trop *somptuaire;* elle se bornait à quelques principes de grammaire et d'arithmétique, à la connaissance de l'histoire sacrée, et aux éléments de l'histoire profane : les talents agréables étaient plus négligés encore que les études sérieuses; mais, en revanche, les jeunes personnes, au sortir du couvent, auraient pu, comme Arachné, défier Minerve elle-même dans tous les ouvrages à l'aiguille. C'est dans l'intérieur du cloître, sans faste et sans éclat, que l'on distribuait aux pensionnaires, à la fin de l'année, des prix aussi modestes que les travaux dont ils étaient la récompense. Les choses se passent bien différemment aujourd'hui : je viens de recueillir, à ce sujet, quelques observations dont je veux faire part à mes lecteurs.

J'étais, il y a quelques jours, en visite chez madame la comtesse de V***, où je vais assez souvent depuis la naissance de ce fils dont j'ai l'honneur d'être parrain. « Vous arrivez à propos, me dit-elle, et vous m'accompagnerez : je vais à une distribution de prix chez la maîtresse de pension de ma fille. — De votre fille, madame ?.... Je ne croyais pas.... — Comment ! je ne vous ai pas encore parlé de ma fille, de ma petite Laure ? Elle a près de douze ans; c'est un petit prodige : elle aura je ne sais combien de prix; je veux que vous l'interrogiez. » Tout en parlant, madame de V*** me conduisait à sa voiture : nous y montons, et nous arrivons, dans un des faubourgs de Paris, à l'*Institution* de mademoiselle L***.

Le péristyle intérieur d'un très bel hôtel avait été transformé en théâtre, et la cour était couverte de gradins sur lesquels étaient rangées deux ou trois cents personnes : on eût dit une première représentation d'Opéra. Une des institutrices, faisant fonction de maîtresse des cérémonies, vint au-devant de nous, et nous conduisit à la place qui nous était réservée. Bientôt après, cinquante ou soixante jeunes filles se montrèrent en public sur un théâtre, dont la plupart d'entre elles semblaient avoir l'habitude. Madame de V*** crut devoir me faire remarquer que toutes les élèves portaient l'*habit de la maison*, c'est-à-dire une robe de couleur bleu tendre, garnie de rubans blancs. Cet usage, ajouta-t-elle, a pour but de faire disparaître l'inégalité des fortunes. Je ne pus m'empêcher de sourire en remarquant que la fille de cette dame portait une robe de lévantine bleu tendre, d'une forme très élégante ; qu'un peigne en cornaline relevait ses cheveux ; qu'un rang de perles ornait son cou, et qu'un schall de cachemire était jeté sur le dossier de sa chaise, tandis que celle de ses compagnes qui se trouvait assise auprès d'elle était vêtue d'une simple robe de toile, de la couleur uniforme, avec un ruban bleu dans les cheveux. Je demandai le nom de cette jeune personne, dont la grace et la figure paraient délicieusement la toilette ; j'appris qu'elle se nommait Amélie R*** ; qu'elle était fille d'un brave militaire tué à Iéna ; qu'elle devait entrer à Écouen, et qu'en attendant elle était reçue à demi-pension dans la maison de mademoiselle L***.

Les exercices tardaient à commencer, et, pour mettre le temps à profit, je m'amusai du manége des maîtres, qui passaient et repassaient entre les rangs des spectateurs pour recevoir quelqu'à-compte sur le tribut d'éloges qu'ils croyaient mériter. Je suivis des yeux la maîtresse de la pension; je la voyais accabler de révérences et de compliments les mères dont les équipages étaient à la porte; mêler quelques mots de reproches aux éloges des enfants dont les parents étaient venus en remise; saluer à peine ceux qu'elle avait vu descendre de fiacre; ce qui me fit conjecturer que ceux à qui elle ne disait rien devaient être arrivés à pied.

Une symphonie annonça l'ouverture de la séance. Des harpes, des pianos, des solféges, des cartons de dessins, étaient rangés sur les côtés du théâtre: la planche noire destinée aux démonstrations mathématiques occupait le fond; le milieu était réservé pour la danse. L'honneur d'être venu avec madame de V*** me valut, de la part de la maîtresse, celui de commencer les examens. Je fus invité à interroger les élèves: la fille du militaire fut la première sur qui je jetai les yeux; et j'ouvrais la bouche pour lui adresser la parole, lorsqu'une maîtresse de quartier me fit observer que cette jeune personne, n'étant pas destinée à continuer ses études dans le pensionnat, se trouvait par cela même exclue du concours: je fus obligé de me contenter de cette raison, qui n'était probablement pas la véritable. Madame de V*** m'avait prié d'examiner sa fille; et l'un des professeurs, en s'avançant sur la scène, avait eu soin de prévenir l'auditoire que ces demoiselles répondraient sur la *grammaire*, les *mathématiques*, la *physique*, la *botanique*, et l'*histoire :* en conséquence, et croyant mettre la jeune élève bien à son aise, je l'interrogeai sur les *parties du discours*; malheureusement ce n'était pas, comme Petit-Jean, son commencement qu'elle savait le mieux; elle balbutia quelques mots inintelligibles, et pour mettre fin à son embarras, je passai à l'histoire de France: je la priai de me dire quels étaient les événements principaux du règne de Henri IV; elle me parla de la *bataille de Pavie* et du *siège de La Rochelle*. Bien convaincu que je ne l'avais pas encore placée sur son terrain, je hasardai quelques questions sur la physique et la botanique; et cette fois, grace à certains mots techniques de *calice*, de *pistil*, de *corolle*, de *fluide*, de *gaz*, et d'*électricité*, qu'elle entremêla dans ses réponses de manière à me prouver qu'elle n'en avait pas une idée bien nette, elle excita dans l'assemblée un murmure d'admiration, un concert d'applaudissements, qui l'accompagnèrent jusqu'à sa place.

Les arts d'agrément eurent enfin leur tour, et l'amour-propre des élèves et des maîtres y trouva un ample dédommagement: les dessins furent jugés charmants; ils l'étaient en effet : il ne s'agissait plus que de savoir la part qui devait en rester à l'écolière. Le pas du schall, le bollero, la gavotte, furent dansés avec une perfection qu'on croirait ne devoir trouver qu'à l'Opéra. La petite Laure enleva tous les suffrages dans l'air *Voi che sapete*, de Mozart; et tout le monde convint qu'elle y mettait une expression dont la comparaison n'était pas à l'avantage de madame Barilli. La maîtresse de pension ne manqua pas de profiter de ces moments d'enthousiasme pour procéder à la distribution des prix. On apporta sur l'avant-scène deux coffres pleins de livres, et trois grandes corbeilles remplies de couronnes. Personne ne pleura, il y en eut pour tout le monde, et Laure eut, pour sa part, trois grands prix, deux seconds, et cinq *accessit*. La seule Amélie avait été oubliée dans cette distribution générale. On se rappela cependant qu'elle avait obtenu le prix de sagesse : elle s'avança, les yeux baissés : on lui remit un simple nœud de rubans, et l'air de décence et de satisfaction avec lequel cette aimable enfant reçut un prix si modeste, me confirma dans l'idée que ce prix-là, du moins, n'avait pas été donné à la faveur.

N° VIII. [19 OCTOBRE 1811.]

ÉLOQUENCE
DU BARREAU MODERNE.

> Les plus grands clercs ne sont pas les plus fins
> RÉGNIER, sat. III

Quelques extraits de lettres de mes correspondants, insérés dans les journaux, beaucoup d'autres lettres qui m'ont été adressées directement, me prouvent qu'il n'y a point dans ce monde, principalement dans cette ville, de vérités indifférentes, et que ce n'est pas sans querelles, peut-être même sans combats, qu'il me sera permis de remplir ma charge de *vieux chroniqueur*. Il y a tout au plus trois mois que je suis entré en fonctions, et j'ai déjà tout un quartier de Paris sur les bras. Les esprits du Marais sont tellement prévenus contre moi, que je ne me hasarderais point à y voyager sans escorte. Mon correspondant de la rue Boucherat m'insinue, il est vrai, dans un fort joli petit apologue oriental, que je puis détourner l'orage en m'expliquant sur la *Chaussée-d'Antin* avec la même franchise dont j'ai fait preuve en parlant du *Marais*: c'est un engagement que j'ai pris, et je n'attends, pour le remplir, que la rentrée des fonds que j'ai placés sur une maison de mon voisinage. Peut-être ne voit-on pas très clairement, au premier coup-d'œil, le rapport qu'il y a entre une lettre-de-change et un feuilleton; c'est une énigme que j'abandonne à la sagacité de mes lecteurs.

En attendant, et au risque de me faire des querelles d'une autre nature, je vais publier la lettre que m'adresse un jeune avocat, et quelques mots de la réponse que j'ai cru devoir lui faire.

A l'Ermite de la Chaussée-d'Antin.

« La différence entre vous, M. l'Ermite, et les ermites vos prédécesseurs, est tout à votre avantage et au nôtre. Au fond de leurs déserts, sur le haut de leurs rochers, ces vertueux cénobites n'étaient, après tout, bons à rien et à personne. S'il arrivait que, jugeant de leurs vertus, de leur réputation, et de leur sagesse par leur longue barbe, on vînt leur demander des secours ou des conseils, ils vous répondaient comme le rat de la fable :

Les choses d'ici bas ne me regardent plus.

Par un esprit de religion beaucoup mieux entendu, au lieu de fuir les hommes comme des pestiférés, vous êtes venu vous placer au centre de la contagion; au lieu de prier pour les malades, vous cherchez à les guérir, et vous ne refusez à personne les secours de vos lumières et de votre expérience. J'en ai besoin aujourd'hui pour diriger les premiers pas que je fais dans une carrière où je vois plusieurs routes ouvertes. Bien qu'avocat, je termine mon préambule, et je vais au fait.

Je suis avocat *stagiaire* au barreau de Paris, où je m'exerce depuis deux ans au grand art de la parole : malheureusement les premières observations que j'ai eu occasion de faire sont de nature à me décourager. Je m'aperçois que j'ai, dans l'état que j'embrasse, trois espèces de personnes à contenter : mes clients d'abord, qui veulent, avant tout, que je leur fasse gagner leur cause; mes confrères, qui ne permettent pas qu'on s'écarte des formes; et le public éclairé, qui n'admet point de plaidoyer sans éloquence. Comment remplir cette triple tâche?

Je ne dois pas vous dissimuler que Démosthènes et Cicéron ont eu beaucoup de part à ma vocation pour le barreau, et que c'est en quelque sorte sous leurs auspices que je suis entré au Palais. Leurs exemples fameux enflammaient mon imagination; je ne rêvais que *Philippiques*, que *Catilinaires;* et, sans me croire appelé à défendre d'aussi grands intérêts, je me promettais d'employer d'aussi grands moyens. Je dévorais tous les traités d'éloquence: je savais par cœur la rhétorique d'Aristote et les Discours sur l'éloquence de Fénélon; j'aurais pu disputer avec l'abbé Gédoyn sur les institutions oratoires de Quintilien; enfin, tout en désespérant quelquefois de faire oublier les deux grands orateurs grec et romain, je me flattais encore de placer mon nom à côté de ceux des d'Aguesseau, des Servan, des Lacretelle, des Lally, et de quelques autres orateurs dont s'honore la France. Que je fus cruellement et promptement désabusé! Je n'eus pas fait deux tours dans la grand'salle, que je vis à quel siècle, à quels lieux, à quels hommes j'avais affaire.

« Croyez-moi, me dit un vieux praticien avec qui je conversais sur la marche et les modèles que je me proposais de suivre, laissez là tous vos déclamateurs de tribunes et toutes ces billevesées grecques et latines dont vous vous êtes farci la mémoire; c'est de la jurisprudence française que l'on demande, et c'est dans l'étude d'un avoué qu'il faut apprendre la véritable langue de notre barreau, la seule qu'on entende aujourd'hui. C'est là qu'on s'instruit à rédiger de bonnes requêtes dont le style n'a rien de commun avec celui de l'*Oratio pro Murenâ*. » Convaincu, sinon persuadé, par mon vieux Mentor, je reléguai sur les plus hauts rayons de ma bibliothèque tous ces auteurs si chers à mes premières années, et je m'engouffrai tout vivant dans les *in-folios*. Au bout de quelque temps je sus, tout comme un autre, invoquer les *grands principes de l'ordre social*, remonter jusqu'au *droit naturel* pour en déduire les principes du droit des gens, d'où découlent, comme chacun sait, ceux du *droit politique*, et finalement du *droit universel*. Je ne tardai pas à être initié dans tous les secrets de la jurisprudence positive, et à parler très couramment la langue de la procédure, où je fis des progrès si rapides, qu'on pouvait croire, en écoutant mes plaidoiries, qu'on assistait à la lecture d'un exploit d'assignation ou d'un procès-verbal. Il fallait entendre comme je hérissais mes discours de ces expressions dans lesquelles réside aujourd'hui une grande partie de l'art oratoire: *Icelui*, disais-je élégamment, *n'a pas obtempéré à la réquisition d'icelle; l'acte est encommencé, il est idoine....; le susdit, assigné à comparoir, doit fournir des soutènements....; à quoi faire il sera contraint par voie de droit; faute par lui de ce faire, il sera déclaré forclos*, etc.

De pareils talents me tirèrent bientôt de mon obscurité, et j'eus le plaisir de m'entendre citer comme l'espoir et l'ornement du barreau. Pour mettre le sceau à ma réputation, je me fis présenter dans la société des gens de lettres, à la gloire desquels je ne me croyais pas étranger; de nouvelles mortifications m'y attendaient. Ces messieurs n'entendaient pas ma langue, et prétendaient que mes plus beaux plaidoyers étaient écrits en jargon de pratique.

Vous voyez, M. l'Ermite, dans quelle perplexité je me trouve : j'attends de vous une règle de conduite au moyen de laquelle je puisse concilier les intérêts de mes clients, l'estime de mes confrères, et le desir que j'ai d'être un jour de l'Institut.

J'ai l'honneur d'être, etc.

L. S.

Réponse.

Monsieur, la gloire et la fortune sont deux choses fort desirables; mais lors même que l'on parvient à les atteindre toutes deux, ce n'est du moins jamais en les poursuivant à-la-fois. Décidez-vous donc! Suivez-vous la carrière du barreau pour vous y faire un nom? ne comptez point vos clients, mais choisissez vos causes : chargez-vous de ces belles questions d'état, d'un intérêt puissant et général; consacrez vos talents, votre temps et vos soins, à défendre l'orphelin victime de la fraude, la veuve sans appui, l'innocence persécutée; osez même disputer éloquemment à la justice des lois quelques uns de ces grands coupables dont le crime involontaire est trop souvent la suite d'un grand besoin ou d'une grande passion ; que votre nom s'associe à toutes les causes nobles et intéressantes dont le public s'occupe, et j'ose vous promettre que vous obtiendrez cette double réputation d'avocat et d'homme de lettres, qui paraît être l'objet de vos desirs. Mais si vous êtes plus pressé d'argent que de gloire, si vous êtes dans l'intention de courir après les clients au lieu de les attendre, renoncez pour jamais à l'éloquence : méditez le Code, le praticien Denisart, la Coutume, et le Droit écrit; ne sortez plus des chambres de première instance; plaidez pour un remboursement de loyer, pour les réparations d'un mur mitoyen; discutez

> Le foin que peut manger une poule en un jour.

Attachez-vous aux *fins de non-recevoir*, aux *appels*, et aux *consignations*, et vous verrez les clients assiéger votre porte; votre caisse, votre cuisine, et votre bourse se remplir à vue d'œil. Mais quelque parti que vous preniez, rappelez-vous, je vous en prie, au nom de la raison et de Voltaire, que chaque genre doit conserver le style qui lui est propre; que le *quousque tandem* serait une apostrophe très ridicule en réclamant une aune de drap; et que le seul moyen de plaire aux gens de goût et de bon sens est de ne pas chercher à être orateur quand il ne faut être qu'avocat; mais aussi de ne pas s'en tenir aux formules du Palais, quand la nature et l'intérêt de la cause permettent des mouvements oratoires.

Tels sont, monsieur, les seuls conseils que je puisse vous donner du fond de ma cellule, je les terminerai par cette réflexion, pour que vous ne m'accusiez pas un jour de vous avoir induit en erreur : c'est que le Poussin est mort pauvre après avoir peint le *Déluge* et la *Femme Adultère*, et que Boucher a fait fortune à peindre des *dessus de portes*.

J'ai l'honneur d'être, etc.

L'Ermite de la Chaussée-d'Antin.

N° IX. [21 OCTOBRE 1811.]

SECONDE LETTRE

D'UN BOURGEOIS DU MARAIS

A L'ERMITE DE LA CHAUSSÉE-D'ANTIN [1].

Monsieur l'Ermite, on ne vous pardonne point, dans la rue de Boucherat et dans la rue de la Perle, ce que vous avez dit des habitants du Marais : votre lettre, où vous parlez de notre manière de vivre, a fait une révolution dans notre petite société, qui m'accuse de l'avoir trahie. Je connais trois ou quatre femmes qui ont la prétention de donner le ton à la place Royale, et qui vous arracheraient les yeux si vous veniez dans notre quartier. Ma maison est déserte depuis qu'on me soupçonne d'avoir des intelligences avec la Chaussée-d'Antin : on ne fait plus mon boston ; on va dîner sans moi chez Bancelin ; mes voisins m'évitent lorsqu'ils vont aux mélodrames, et je suis obligé de passer mes soirées à contempler la comète. Dites-moi donc, M. l'Er-

---

[1] *Cette lettre n'est pas de l'Ermite.*

mite, ce que je dois faire de mes dix mille livres de rente?

En vérité, vous avez eu grand tort de parler, comme vous avez fait, des habitants du Marais! Le Marais a bien des titres à faire valoir : le Marais rassemblait la meilleure compagnie de Paris, quand la Chaussée-d'Antin n'était encore qu'un désert; on y faisait même d'assez jolis vers, il y a plus d'un siècle, si l'on en croit Chapelle et Bachaumont :

> Tout bon habitant du Marais
> Fait des vers qui ne coûtent guère.

Quoi que vous en disiez, M. l'Ermite, j'étais le plus heureux des hommes avec mes dix mille livres de rente et ma demi-fortune : je croyais au bonheur aussi fermement que je crois aux gazettes; et, quoique le bonheur ait la réputation de mentir comme certains journaux, je suis sûr qu'il trompe moins au Marais qu'à la Chaussée-d'Antin : il est des prétentions de tous les genres; j'avais celle d'être heureux. Votre lettre a tout détruit; mais vous avez de la charité : vous réparerez le mal que vous m'avez fait; vous direz quelque bien des habitants du Marais, afin que je puisse faire encore mon boston, aller dîner chez Bancelin, et me montrer au mélodrame.

Vous savez que chacun est heureux à sa manière : Varron, le plus savant des Romains, comptait plus de trois cents espèces de bonheur. il est possible que le progrès des lumières en ait doublé le nombre : vous voyez donc que les habitants du Marais ont à choisir. Des gens bien informés, qui nous sont arrivés dernièrement de la Chaussée-d'Antin, nous ont assuré que l'ennui se glisse quelquefois jusque dans les hôtels de la rue Caumartin : les habitants de ce quartier ont l'amour-propre de paraître heureux, et font tout ce qu'ils peuvent pour faire croire qu'ils le sont en effet. On m'a dit qu'on y dépensait des millions pour acheter de la gaieté qui ne se vend point : les gens qui paient le plaisir si cher ne sont pas des gens faciles à amuser, et ne sont pas surtout aussi heureux qu'on l'imagine. Vous savez, M. l'Ermite, ce qu'il vous en a coûté pour un baptême où, par parenthèse, vous ne vous êtes pas beaucoup amusé.

Les journaux déclament quelquefois contre la comédie larmoyante ; ils devraient s'en plaindre aux habitants de la Chaussée-d'Antin qui ne rient jamais, et que nos beaux esprits prennent pour modèles de la bonne compagnie. Le drame s'est accrédité depuis que la mélancolie est à la mode parmi les gens qui donnent le ton. Thalie était plus piquante et plus gaie, du temps que les auteurs faisaient leurs comédies au Marais.

Nous autres, bourgeois du Marais, nous avons peut-être un autre avantage sur ceux de la Chaussée-d'Antin : dans notre vie uniforme et tranquille, nous sommes assurés de nous retrouver le lendemain comme nous étions la veille. Il y a trente ans que j'habite la même maison, que j'ai les mêmes amis et les mêmes voisins; la Chaussée-d'Antin a-t-elle beaucoup de riches bourgeois qui puissent en dire autant? Que de belles maisons y sont comme des auberges, où chaque soir arrivent des hôtes nouveaux qui dorment tant bien que mal, et repartent tristement le lendemain! Les gens qui étudient Barême sont quelquefois ceux qui font les plus mauvais calculs, et qui se trompent le plus sur les moyens d'être heureux; quoiqu'ils soient plus riches que les bourgeois du Marais, il manque plus de choses aux habitants de la rue du Mont-Blanc qu'à ceux de la rue Boucherat. Il me prend fantaisie, à ce sujet, de vous répéter un conte que j'ai retenu : « Dans une sécheresse qui avait ravagé les plaines de l'Inde, un génie bienfesant apparut à deux bergers, et leur dit : Vous m'avez demandé de l'eau, je veux vous en donner; mais dites-moi la quantité qu'il vous en faut. Un des bergers répondit : Je vous supplie de me donner un petit ruisseau qui ne tarisse jamais en été, et qui ne déborde jamais en hiver. L'autre berger fut moins sage, et demanda au génie de détourner le Gange sur ses terres. » Ne trouvez-vous pas, M. l'Ermite, que le second berger est un bourgeois de la Chaussée-d'Antin, qui n'est point content s'il n'a fait couler chez lui tout l'or du Pactole ; et que le premier est le bourgeois du Marais, qui est heureux avec dix mille livres de rente?

Mais je m'aperçois que je moralise, ce qui prouve que je commence à m'ennuyer ; aussi, M. l'Ermite, pourquoi avez-vous fait déserter ma maison ? L'Écriture dit quelque part qu'il n'est pas bon que l'homme soit seul ; c'est une vérité pour les bourgeois du Marais comme pour ceux de la Chaussée-d'Antin. Faites donc, M. l'Ermite, que je revoie mes voisins de la rue Chapon et de la rue Boucherat, et que je puisse encore faire mon boston avec mes voisines de la rue de la Perle.

Un Bourgeois du Marais.

N° X. [AOUT 1811.]

LE NOUVEAU PARIS.

> Les petites choses ont leur mérite.
> *Inest sua gratia parvis.*

Je ne suis pas de ces vieillards *qui toujours plaignent le présent et vantent le passé;* je me défends tant que je puis des erreurs chagrines de la vieillesse, qui sont presque aussi loin de la vérité que les brillantes illusions du jeune âge. Je vois les progrès partout où ils sont, et grace au ciel, j'en vois beaucoup; mais est-il vrai, comme le prétendent certains philosophes *gris de lin*[1], que nous soyons parvenus au plus haut point de civilisation; qu'il n'y ait plus pour nous de progrès possibles dans l'art de vivre en société! Est-il bien sûr que nous avons effacé jusqu'aux moindres traces de cette barbarie dont l'Europe est sortie depuis si peu de temps? Je ne le pense pas: nous avons beaucoup fait, nous faisons chaque jour davantage; cependant, *hodiè manent*

---

[1] Nom d'un personnage des Contes moraux de Marmontel.

vestigia ruris. Pour le prouver (si c'était là l'objet dont je voulusse m'occuper aujourd'hui), je commencerais par l'examen de quelques objets matériels contre lesquels je réclame, à part moi, depuis bien long-temps : je poserais en fait, par exemple, que c'est encore *un vestige* de barbarie que ces longs et vilains tuyaux de plâtre élevés au faîte de nos maisons, et destinés à donner passage à la fumée; je ferais rougir nos architectes de n'avoir pas encore trouvé le moyen de suppléer à ces constructions bizarres qui n'ont ni forme, ni proportion, ni solidité, et dont le moindre inconvénient est de détruire tout l'effet, toute la symétrie des plus beaux édifices; je dirais qu'à Paris la hauteur prodigieuse des maisons ajoute aux dangers qui résultent partout de la construction des tuyaux extérieurs de cheminées; que, pour peu que le vent souffle avec violence, il en résulte une grêle de plâtras, de débris, qui ne laissent pas d'incommoder les passants. Après avoir établi que cette ville est peut-être aujourd'hui, de toutes les grandes capitales du monde, celle qui renferme le moins de pauvres, je me trouverais forcé de convenir que c'est pourtant celle où les livrées de la misère affligent davantage le cœur et les yeux. Il faut avoir eu, comme moi, le courage de visiter, du bas en haut, quelques maisons de la rue de *la Bûcherie* ou de celle *des Marmousets,* pour savoir, au juste, dans combien de pieds cubes d'air méphytique un homme peut vivre douze heures sans être asphyxié; pour bien connaître... Mais je ne pousserai pas plus loin cette digression critique, dont je ferai quelque jour mon sujet principal. Je n'ai fait dans ma journée que des remarques agréables; c'est une occasion de louer, et je ne m'en refuse jamais le plaisir quand elle se présente.

On ne taxera pas d'égoisme les sentiments d'admiration et de reconnaissance que j'éprouve à la vue des palais somptueux, des monuments utiles qui s'élèvent de toutes parts : il est douteux que je les voie achever, il est certain que je n'en jouirai pas long-temps; mais ils contribueront à la gloire de mon pays, au bien-être des générations qui me suivent :

Cela même est un fruit que je goûte aujourd'hui ;
J'en puis jouir demain, et quelques jours encore.

Cette main active et bienfaisante qui exécute ou prépare de si grands travaux, ne dédaigne pas ces petits détails qui concourent si puissamment au bonheur de la société. Avec quel plaisir je remarquai hier, en me promenant, le soin que l'on prend de faire disparaître ces petits fossés pratiqués le long du boulevart, dans l'espace qui sépare les arbres, et dont la vue me rappelait la chute que j'y ai faite l'année dernière dans une nuit obscure!

Ces espèces de *sauts-de-loups* viennent d'être remplacés par des bornes élégantes, lesquelles, en atteignant le même but (celui d'empêcher les voitures d'arriver jusqu'au pied des arbres), présentent un coup d'œil plus agréable, et, ce qui vaut mieux encore, offrent aux hommes de peine un point d'appui pour eux et leur fardeau.

J'aurai quelque jour maille à partir avec nos architectes modernes; je l'ai fait pressentir en commençant cet article. En attendant, je dois convenir que l'art qu'ils professent est un de ceux où les progrès du goût (qui n'est autre chose, en architecture, que la grace unie à la commodité) sont le moins contestés et le plus sensibles. Pour s'en convaincre, il suffit de comparer, je ne dis pas ces espèces de casemates de la Cité, mais ces grands hôtels construits sous les règnes de Henri IV, de Louis XIII et même de Louis XV, avec les édifices de même genre dont se composent les nouveaux quartiers de Paris. Admire qui voudra, dans les uns, ces lourdes façades vermiculées, surchargées de colonnes à fûts brisés, d'ornements empruntés sans choix aux cinq ordres d'architecture : je préfère la simplicité, l'élégance de style, qui distinguent les autres. C'est principalement dans quelques détails que l'architecture moderne l'emporte sur l'ancienne, et même sur l'antique. Je ne pense pas, en effet, qu'on puisse rien imaginer de plus élégant, de meilleur goût, que ces portes nouvelles, ornées de boucliers, de faisceaux d'armes ; que ces escaliers de dégagement, si légers, si simples, si faciles, dont la cage est quelquefois enfermée dans un espace où l'on aurait d'abord cru ne pouvoir placer qu'une échelle. Je m'arrête souvent pour examiner ces rampes d'acajou, dont les barreaux sont autant de javelots de bronze, séparés de distance en distance par des trophées de même métal, et d'une exécution parfaite. Je remarque avec plaisir que partout, même dans les maisons les moins opulentes, les parquets remplacent les carreaux de briques, si froids, si sales, et dont la vue, pour être supportable, exige les soins journaliers d'un frotteur.

L'ange Ituriel, qui voulait que Persépolis (Paris) fût détruit, [1] parceque la rusticité dégoûtante d'une partie de la ville, le défaut de fontaines, de marchés publics, offensait ses yeux, n'aurait plus aujourd'hui les mêmes raisons. Chaque jour cette *capitale du monde* devient plus digne d'une dénomination qui lui fut donnée par le grand Frédéric. Les marchés, autrefois si barbarement établis, pour la plupart, au milieu des rues et des carrefours, ont été l'objet des plus heureuses réformes. On n'est plus obligé

---

[1] *Baboue, ou le monde comme il va*   VOLTAIRE.

de faire un long détour pour éviter cette rue Traversière, occupée jadis, dans toute son étendue, par les sales établis des marchandes de légumes et de poisson, réfugiées aujourd'hui dans le bel et vaste emplacement des Jacobins. Le quai de la Ferraille, le passage le plus fréquenté de Paris, n'est plus obstrué, trois fois par semaine, par les marchandes de fleurs, beaucoup plus convenablement placées le long du quai Desaix. Avant peu, l'autre extrémité du Pont-Neuf sera débarrassée de la longue file d'échoppes de marchands de volailles, pour lesquels on construit un marché spacieux sur l'emplacement de l'église des Grands-Augustins (où, par parenthèse, se faisaient jadis les promotions de l'ordre du Saint-Esprit, et la procession annuelle instituée en mémoire de la réduction de Paris sous l'obéissance de Henri IV, le 22 mars 1594). Enfin les marchands de vieux linge, qui tapissaient si burlesquement les deux côtés de la rue du Temple, ont été relégués dans une vaste halle, très convenable à un genre de commerce sur lequel le riche impertinent peut jeter un regard dédaigneux, mais d'autant plus important aux yeux d'un gouvernement sage et libéral, qu'il intéresse exclusivement la classe la moins aisée et la plus laborieuse.

— Boileau a fait, il y a près de cent cinquante ans, une satire des embarras de Paris, dont les traits principaux ne sont heureusement plus applicables à l'époque où nous vivons. On ne dira pas aujourd'hui que

> Le bois le plus funeste et le moins fréquenté,
> Est, au prix de Paris, un lieu de sûreté.

On n'entend pas crier par-tout :

> . . . . Au meurtre! on m'assassine!
> Ou, le feu vient de prendre à la maison voisine.

Mais, à cela près (et c'est bien quelque chose), tous les inconvénients de détail signalés par le grand satirique subsistent encore aujourd'hui, ou du moins sont remplacés par de petits abus analogues, qui se glissent à l'insu de la police même la plus vigilante, ou, sous le nom d'usages, parviennent à se soustraire à son action. J'ai voulu essayer de prendre note de cette foule d'inconvénients, de contrariétés, qu'un auteur anglais a mis au nombre des misères humaines, et dont la suppression ajouterait beaucoup aux agréments de cette immense capitale. Voici quelques unes des questions inscrites sur mes tablettes :

—*Pourquoi* des balayeurs, déjà payés par l'administration municipale, exigent-ils, dans les pluies abondantes et dans les fontes de neiges, une rétribution des gens à pied qui ne veulent pas se mettre dans l'eau jusqu'à mi-jambe?

—*Pourquoi* ces mêmes hommes font-ils des batardeaux pendant la nuit pour retenir des eaux qui, le lendemain, formeront des rivières?

—*Pourquoi* voit-on encore, sur quelques uns des quais, de sales échoppes où le jour on expose des haillons, et dans lesquelles des vagabonds peuvent se réfugier pendant la nuit?

—*Pourquoi* les bouchers étalent-ils au-dehors ces cadavres d'animaux qui choquent la vue et salissent les habits des passants?

—*Pourquoi* les blanchisseurs s'attribuent-ils le privilége d'avoir sous leurs charrettes des dogues énormes qui s'élancent aux jambes de ceux qui passent à leur portée?

—*Pourquoi* les fiacres profitent-ils du mauvais temps pour prendre le soir les allées latérales des boulevarts, et venir disputer le terrain aux piétons qui n'ont pas le moyen de les employer?

—*Pourquoi* les environs des promenades publiques sont-ils occupés par une foule de demi-escrocs, qui soutirent, à certains jeux de leur invention, l'argent des dupes amorcées par l'appât d'un gain à peu près impossible?

—*Pourquoi* ne pas placer d'une manière plus ostensible *ces croix de funeste présage* qui, presque adossées à la muraille, vous avertissent du danger lorsqu'il n'est plus possible de vous y soustraire?

Mes questions s'adressent maintenant à cette partie de la population qui s'est érigée en arbitre des belles manières; nous voudrions que, par l'organe de quelqu'un de ses coryphées, elle nous expliquât:

Pourquoi il est *reçu* de se mouiller, de se geler dans un cabriolet, tandis qu'il est souverainement ridicule de se laisser voir dans une demi-fortune bien commode et bien close?

—*Pourquoi*, à l'heure du diner, on court s'entasser dans les salles étroites et obscures des frères Provençaux, dans les *casemates* du Rocher de Cancale, au lieu de se rassembler, au même prix, dans les beaux salons de Véry, de Beauvilliers, de Frascati?

—*Pourquoi* ce même Frascati, le plus beau café de l'Europe, s'est vu tout-à-coup abandonné, après avoir joui quatre ans de la plus grande vogue?

—*Pourquoi*, dans tous les théâtres, mais principalement aux Français, à l'Opéra et à Feydeau, l'orchestre et l'amphithéâtre (c'est-à-dire les meilleures places) sont abandonnés aux billets donnés, aux femmes de chambre des actrices, tandis que les balcons, d'où l'on ne voit les acteurs et les décorations que de profil, sont tout à-la-fois les places les plus incommodes, les plus distinguées et les plus chères?

—*Pourquoi*, dans un salon, où quarante chapeaux, absolument de même forme, presque tous portant l'adresse du même chapelier, se trouvent chaque soir entassés pêle-mêle, il est convenu de regarder comme un homme de mauvaise compagnie, ou du moins comme un provincial, l'homme raisonnable qui a pris la précaution d'écrire en toutes lettres son nom sur la coiffe de son chapeau, pour éviter des recherches ennuyeuses ou des méprises désagréables?

— *Pourquoi* le mot *épouse*, du style le plus noble au théâtre, est dans le monde une expression de mauvais goût?

— *Pourquoi* l'on s'obstine à ne pas vouloir qu'on s'aide à table de sa fourchette pour manger sa soupe, que l'on attache sa serviette pour garantir son habit ou sa robe, et que l'on coupe son pain lorsqu'il est du bon ton de le casser?

On ne voit pas trop quand finirait un pareil interrogatoire, sur-tout si l'on entreprenait d'épuiser les questions de la nature de celles-ci :

— *Pourquoi* tel acteur, qui n'a jamais eu qu'un rival au Théâtre-Français, telle actrice de l'Opéra, au moins l'égale du plus beau talent qu'on puisse lui opposer, sont-ils souvent moins applaudis, moins favorablement traités du public, que ceux qui les remplacent avec des talents bien inférieurs?

— *Pourquoi* la meilleure tragédie, la comédie la plus forte, la plus gaie, a-t-elle tant de peine à atteindre la vingtième représentation, tandis que *les Ruines de Babylone*, *la Chatte merveilleuse*, etc., en obtiendront pour le moins cent cinquante? etc., etc.

— M. Caritidès, personnage des *Fâcheux* de Molière, voulait, avec raison, qu'on réformât la détestable orthographe de nos enseignes, et l'on vient de faire droit, en 1810, au placet qu'Eraste fut chargé, par lui, de présenter à Louis XIV en 1661. Tant de grossières absurdités vont enfin disparaître, et il ne restera plus à desirer aux bons esprits les plus minutieux, que de voir peu-à-peu s'établir une sorte d'analogie entre les enseignes et les professions. Ce défaut était moins choquant autrefois qu'il ne l'est aujourd'hui. Il y avait quelque raison pour qu'un cordonnier fût à l'image de Saint-Crépin, un tabletier au Singe d'ivoire, un marchand de tabac à la Civette. Mais quelle espèce de rapport peut-on établir entre *le Masque de Fer* et les bonnets de coton, entre *Jocrisse* et un joaillier, *la Vestale* et une lingère, *le petit Candide* et un bureau de loterie, *la bonne Foi* et un tailleur? Nous ne manquons pas de mauvais plaisants tout prêts à trouver là des sujets d'épigrammes.

—Il est du bel usage aujourd'hui, dans les maisons dont l'opulence peut atteindre à ce genre de luxe, d'avoir au nombre des *gens* un chasseur suisse, ou du moins que l'on puisse prendre pour tel. Quelques jeunes gens, pour les avoir à meilleur compte, les font venir, comme autrefois Petit-Jean, d'*Amiens pour être suisses;* mais, afin de se ménager toute la considération attachée spécialement à l'origine de leurs chasseurs, ils ont imaginé de leur donner un maître, non pas d'allemand, mais de *bara-*

gouin, qui leur apprend à parler français comme un Suisse. L'un de ces bons Picards-Helvétiens nous racontait dernièrement qu'il avait été renvoyé par le jeune maître qu'il servait, pour avoir eu le malheur de dire à quelqu'un qui venait pour le voir : Monsieur n'est pas à la maison, au lieu de : *Monsir n'être pas au logis.*

—On crie depuis long-temps après les voitures, et sur-tout après les cabriolets, qui *brûlent,* comme on dit, le pavé, aux risques et périls des malheureux piétons qui se rencontrent sur leur chemin. Pour être tout-à-fait juste, il faut convenir aussi que, parmi ces derniers, il se trouve à Paris une foule de gens qui se croient propriétaires de la rue qu'ils traversent, qui vous injurient lorsque vous leur criez *gare!* et ne se rangent qu'à la dernière extrémité. Il en est même quelques uns qui font, du danger auquel ils s'exposent volontairement, une branche d'industrie que l'on dit assez productive : ils mettent une adresse extrême à se faire renverser par un cabriolet dont ils auraient pu facilement éviter l'atteinte : aux cris qu'excite un pareil accident, le maître du cabriolet s'empresse de descendre, le peuple s'attroupe, on relève le malheureux, qui feint de ne pouvoir se soutenir, et ne s'apaise qu'en acceptant quelques écus, au moyen desquels l'homme à la voiture se trouve trop heureux de réparer un malheur dont il n'est pas cause.

N° XI. [24 OCTOBRE 1811.]

CORRESPONDANCE.

Monsieur l'Ermite, tout le monde s'adresse à vous pour vous demander des conseils et des avis : permettez-moi d'en faire autant, et de vous adresser une question à laquelle je voudrais une réponse.

Il s'agit d'un point très important : vous savez que nos auteurs parlent sans cesse du public, qu'ils en appellent au jugement public, et qu'*ils donnent leurs ouvrages au public*, qui, par parenthèse, ne prend pas tout ce qu'on lui donne. Le public est la divinité des gens de lettres : c'est lui qui les introduit dans le temple de la Gloire, et qui leur distribue les couronnes de l'immortalité. Comme tant d'autres, j'ai recherché ses faveurs; j'ai déposé sur ses autels ma prose et mes vers : je crus d'abord que mes recherches n'avaient pas été vaines. On disait autrefois dans les journaux que j'étais un auteur chéri du public; aujourd'hui les choses ont changé : après trente ans de veilles consacrées à lui plaire, le public ne me connaît plus. Ce serait une belle occasion pour moi de crier à l'ingratitude, et de faire un gros livre sur la fragilité et les vicissitudes de la gloire littéraire.

Mais j'aime mieux me consoler au sein de la philosophie, qui sait tout apprécier à sa juste valeur, et donne la force de souffrir en silence. Dans ma retraite, j'ai fait bien des réflexions sur le public, et je ne sais plus aujourd'hui où je dois arrêter mes idées. J'espère, M. l'Ermite, que vous voudrez bien éclaircir mes doutes; j'espère que vous voudrez bien me dire ce que c'est que le public, où est le public, en quel lieu il rend ses arrêts, comment il forme ses décisions. Pour le trouver faut-il passer les barrières ou traverser la Seine? Le trouve-t-on au Marais, au Palais-Royal ou à la Chaussée-d'Antin? Forme-t-il ses jugements à Paris ou dans les provinces? Pour moi, après y avoir bien réfléchi, je suis tenté de croire qu'il n'est qu'une chimère dont on nous fait peur, et qu'il en est du public comme de ces esprits dont tout le monde parle et que personne n'a vus.

Vous serez peut-être de mon avis, M. l'Ermite, quand vous saurez ce qui m'est arrivé dans ma jeunesse. Je suivais les sociétés littéraires, où je croyais que le public rendait ses oracles: je lus un jour, dans un athénée, un petit poëme de ma composition; je m'aperçus que j'avais ennuyé mon auditoire: un journal ne manqua pas de dire le lendemain que j'avais fait bâiller le public. A quelque temps de là, je relus le même poëme dans un autre athénée, et je fus fort applaudi par un auditoire qu'on appelait le public. J'étais fier des applaudissements que j'avais reçus, mais je ne pouvais m'empêcher de me dire à moi-même : le public, qui dans la même semaine s'ennuie et s'amuse de mes vers, est bien inconséquent, et peut-être ne vaut-il pas la peine que je lui consacre mes veilles; il est possible, cependant, me disais-je encore, que le public ne daigne pas se trouver dans un athénée.

J'allai chercher le public au théâtre et je fis représenter ma première tragédie. Jugez, M. l'Ermite, quel fut mon étonnement à cette représentation ! on sifflait dans les loges, on applaudissait au parterre : on se querella, on se battit pour ma pièce; j'étais presque honteux d'avoir employé six mois de ma vie pour plaire à un public qui se portait à de pareils excès. Le lendemain on parla de ma tragédie dans les journaux : les uns me comparaient à Racine, les autres me mettaient au-dessous de Pradon, et tous parlaient au nom du public. Il est possible, me disais-je alors, que le public ne se montre pas plus au théâtre que dans les athénées; il est possible encore qu'il ne rende point ses arrêts dans les journaux.

Je résolus alors de ne plus travailler, ni pour le théâtre, ni pour les athénées, ni pour les journaux; je m'occupai d'un ouvrage sur la morale. Je serai jugé, me disais-je, par les maîtres de la sagesse, qui prononceront loin du tumulte, dans le silence du cabinet, et conséquemment sans partialité et sans passion : c'est là, sans doute, que je trouverai le public, qui doit prendre les sages de la terre pour ses interprètes. Cette fois, le public qui prononcera sur mon livre sera d'accord avec lui-même; car on ne peut pas avoir plusieurs opinions sur la morale. » Je raisonnais ainsi, quand mon ouvrage parut, et le jugement qu'allait porter le public ne me donnait aucune inquiétude; mais je m'étais encore trompé.

Mon livre sur la morale fut au moment d'exciter une sédition : un grand nombre de lecteurs me proclamèrent le bienfaiteur de mon siècle et du genre humain; les autres m'accusèrent de renverser la société jusque dans ses fondements; les plus chauds de mes partisans m'apportèrent une couronne de lauriers, et parlaient de me faire élever une statue, comme à J.-J. Rousseau; beaucoup d'autres, qui n'étaient pas du même avis, se rassemblaient chaque jour sous mes fenêtres, et criaient tout haut que je méritais d'être brûlé vif pour mon ouvrage sur la morale. Les partis s'échauffèrent; on se dit de grosses injures, on se battit pour un livre que j'avais composé dans l'espoir de ramener la paix et l'union parmi mes semblables.

Vous devez croire, M. l'Ermite, qu'à ces traits je ne reconnus pas le public dont j'avais recherché les suffrages, et qu'on m'avait représenté comme la divinité et l'oracle des gens de lettres : je ne sais plus aujourd'hui que penser du public, et je me félicite d'en être oublié.

Les uns le représentent comme un divin génie qui tient à la main le glaive et la balance de Thémis, juge les prétentions des auteurs, et condamne sans appel les mauvais ouvrages; il est par-tout à-la-fois, et se dérobe à tous les regards. Les autres le représentent comme un monstre hideux qui a la taille et la massue de Polyphême : mille serpents sifflent sur sa tête; il traîne à sa suite la colère, l'orgueil et l'envie; les plaintes et les cris de l'amour-propre charment ses oreilles; chaque soir il immole au théâtre une victime; chaque matin il dévore un auteur à son déjeûner. Telles sont les idées que l'imagination peut se faire du public. Pour moi, M. l'Ermite, je ne peux me former aucune opinion; il n'est point de coterie qui ne dise hautement qu'elle est le public, et qui, en cette qualité, ne cite l'univers à son petit tribunal. Il est une foule de gens qui manquent tous les jours de respect au public, qui l'insultent dans les journaux, qui prennent son nom pour dire mille sottises; d'où je conclus que si le public existait, comme on le croit, et qu'il fût aussi méchant qu'on le dit, il se vengerait des outrages qu'on lui fait tous les matins dans les journaux, et tous les soirs dans nos athénées et sur nos théâtres. Pour moi, je crois fermement que le public n'est plus aujourd'hui qu'une divinité de la fable; si vous l'avez rencontré quelque part, M. l'Ermite, je vous prie de me dire comment il est fait, et à quel signe on peut reconnaître ses jugements.

Incrédulus.

Nous espérons que le public ne sera pas trop scandalisé de cette lettre, et qu'il n'y verra que la boutade chagrine d'un auteur mécontent. M. *Incrédulus* ressemble ici à ces sauvages qui ne respectent leurs divinités que lorsqu'elles font tout ce qu'ils desirent, et qui vont même jusqu'à les battre lorsqu'elles n'écoutent pas leurs prières : nous nous contenterons de dire à M. *Incrédulus* ce que le poëte Lemierre disait un jour à La Harpe : *Ayez seulement un succès, et nous verrons.* Au reste, nous prions le public de jeter un regard favorable sur les œuvres de M. *Incrédulus*.

A l'Ermite.

Monsieur, j'ai souvent desiré qu'il s'établît dans cette immense capitale, sous le titre de *Tribunal de l'opinion*, un journal exclusivement consacré à la peinture de mœurs. Ce journal aurait deux colonnes, dont l'une serait intitulée : *Chronique Scandaleuse*, et l'autre : *Chronique Édifiante*. Dans la première, composée en *petit-texte*, on inscrirait tous ces délits de société que les lois ne peuvent, disons mieux, ne doivent pas atteindre, et qui ne sont justiciables que de l'honneur ou de l'opinion publique; dans l'autre (dont le *caractère* varierait du *cicéro* au *saint-augustin*, afin que les deux colonnes fussent également remplies) on aurait soin de recueillir les bonnes et belles actions dont le nombre est pourtant plus considérable qu'on ne le croit, mais dont les auteurs sont d'autant plus sûrs du secret qu'ils demandent, que la reconnaissance peut seule les trahir. La collection de ces feuilles, au bout de l'année, formerait une espèce de registre d'après lequel on pourrait dresser des tables statistiques de mœurs; comme on dresse des tables de population, en balançant les décès et les naissances. En attendant qu'un pareil journal existe, c'est dans un de vos bulletins que je veux consigner un fait dont j'ai été témoin il y a quelques jours, et qui tiendrait merveilleusement sa place dans la colonne *honnête* du journal que je propose.

J'allais à la Comédie-Française; Talma jouait : il était près de sept heures, et je me hâtais avec l'inquiétude de ne point trouver de place. Un jeune homme de quatorze ou quinze ans marchait, ou plutôt courait devant moi, et je ne doutais pas qu'il ne se rendît au même lieu. Une femme âgée, sortie d'une allée très obscure, l'arrête en lui demandant l'aumône; il fait quelques pas en avant avec l'air de l'impatience, puis tout-à-coup s'arrête et revient vers la pauvre femme qui rentrait dans son allée. Le mouvement et l'expression de la figure de ce jeune homme me frappèrent au point que je le suivis; et feignant d'avoir affaire dans la maison d'où cette femme était sortie, je m'arrêtai sur l'escalier obscur, d'où je pouvais tout entendre sans être vu.

« Écoutez donc, ma bonne; vous êtes sans pain, dites-vous? — Hélas! oui, mon jeune monsieur, sans pain et sans travail. — Comment, vous n'avez rien à manger? — Rien, depuis vingt-quatre heures. — Ah! pauvre créature! Tenez, tenez, ma bonne, voilà un écu, c'est tout ce que je possède; je le destinais à me procurer un plaisir bien vif; je ne pouvais mieux l'employer. — Heureuse est votre mère! » s'écria la vieille femme en baisant la basque de l'habit du bon jeune homme qui disparut aussitôt; et je répétai après elle, en suivant l'exemple généreux qu'un enfant venait de me donner : « Heureuse est la mère qui possède un pareil fils! »

Si le récit de cette action, bien simple en elle-même, vous fait éprouver, monsieur, la moindre partie de l'émotion que sa vue m'a causée, vous ne balancerez pas à la consigner dans votre recueil.

J'ai l'honneur de vous saluer.

B. DE V.

Au même.

Monsieur, je suis un grand amateur de jardins, et j'en possède un superbe à peu de distance de Paris, où je suis parvenu, avec beaucoup de soins et de dépenses, à réunir les plantes, les arbustes et les arbres les plus rares.

Mon goût, ou plutôt ma passion pour la botanique, est aujourd'hui celle de nos dames : cette circonstance me procure de nombreuses visites; et jusqu'ici j'ai fait de mon mieux les honneurs de mon jardin à mes aimables concitoyennes : malheureusement elles n'y viennent pas seules, et parmi les hommes qui les accompagnent habituellement, j'en ai remarqué deux espèces, que je mets au nombre des fléaux les plus à craindre pour les végétaux précieux dont se composent mes bosquets. La première est celle de ces petits messieurs qui se promènent armés d'une badine dont ils espadonnent avec une grace inimitable, et au moyen de laquelle, à l'exemple de Tarquin, ils abattent à droite et à gauche, sans distinction de genres et d'espèces, toutes les sommités des plantes qui s'élèvent au-dessus des autres; la seconde, moins nombreuse, mais plus destructive encore, est celle de ces gens distraits qui marchent à travers une plate-bande des plus belles tulipes, comme sur un plant de carottes, ou qui, rêvant au milieu d'une allée plantée d'arbustes précieux et délicats, en arrachent à pleines mains les feuilles, en cassent au hasard quelques branches, dont ils rapportent les débris au salon, au risque de faire évanouir le malheureux propriétaire.

J'ai pensé, monsieur, que l'insertion de ma lettre dans votre bulletin était le moyen le plus sûr de faire parvenir mes plaintes à ceux qui en sont fort innocemment l'objet, et que cette mesure pourrait m'éviter un parti que je me verrais forcé de prendre, celui de ne plus admettre d'étrangers dans mes jardins sans un certificat de bon sens et de bonnes manières.

J'ai l'honneur d'être, etc.

Ch. D. Ber.

N° XII. [26 OCTOBRE 1811.]

MOEURS DES SALONS.

Homunculi quanti sunt, cùm recogito!
PLAUTE.
Combien j'ai vu de ces petits hommes!

Il m'arrive rarement de déroger à l'habitude que j'ai prise de dîner chez le restaurateur; j'en ai donné la raison dans ma première lettre. Néanmoins, toute régle a ses exceptions, et j'en ai fait une, mercredi dernier, en faveur de ma vieille amie, madame de Lorys. C'était l'anniversaire de sa naissance; madame de Sésanne, sa fille, qui habite le même hôtel, avait réuni chez elle, à dîner, tous les amis de sa mère et les siens. A ce double titre je ne pouvais me dispenser de m'y trouver. La société était nombreuse; on se mit à table très tard, et ce qui me choqua beaucoup, ce furent des hommes qui se firent attendre.

Le dîner, comme tous ceux où le nombre des convives excéde *celui des Muses*, où l'on est par conséquent exposé à se trouver à table entre deux personnes que l'on rencontre pour la première fois, où la conversation ne peut être générale sans être assourdissante ou incommode ; le dîner, dis-je, fut triste et ennuyeux. Il l'eût peut-être été davantage si M. L***, qui mange très peu et qui parle beaucoup, n'avait profité du silence assez ordinaire pendant la durée du premier service, pour raconter, dans tous ses détails, l'affaire de la dame Levaillant, au procès de laquelle il avait figuré comme membre du jury. Quoique M. L*** ne fît guère que répéter ce que tout le monde savait, on lui sut quelque gré d'avoir couvert, par le bruit de ses paroles, le bruit plus désagréable encore des cuillers et des assiettes qui se fait trop fréquemment entendre au commencement d'un dîner. J'étais à table à côté d'un homme d'esprit, qui n'a jamais été plus aveugle que depuis qu'on lui a fait l'opération de la cataracte. « Dans ma jeunesse, me dit-il à l'oreille, on nous faisait aussi de ces lectures au collége pendant nos repas; mais on choisissait mieux ses livres. »

En sortant de table, j'allai m'asseoir dans un coin du salon, et, tout en prenant ma tasse de café (plaisir que je fais durer très long-temps), je me mis à observer ce qui se passait autour de moi. Madame de Sésanne s'approcha : « Ermite, bon Ermite, me dit-elle en riant, vous voilà bien rêveur; à quoi pensez-vous donc? — Je m'amuse à comparer, lui répondis-je, ce que je vois aujourd'hui dans ce salon, à ce que j'ai vu, à pareille fête, à pareil jour, il y a tout juste trente-deux ans, c'est-à-dire douze ans avant qu'il fût question de vous, madame.—Faites-moi part de vos remarques, reprit-elle en s'asseyant près de moi; aussi bien Garat n'arrivera que très tard; je ne suis même pas sûre qu'il veuille faire de la musique, et je me sens merveilleusement disposée pour entendre médire. N'est-il pas vrai que la société avait autrefois bien plus de charme?—Ce n'est pas auprès de vous qu'on serait tenté d'en convenir, » répondit un très jeune homme, en se mêlant très indiscrétement à un entretien qui avait quelque chose d'intime et de particulier. Madame de S*** le regarda sans répondre, et il s'éloigna un peu décontenancé.

« Voilà d'abord, continuai-je, ce qu'on aurait fait autrefois, et ce qu'on ne fait plus assez souvent aujourd'hui : c'est de réprimer cette présomption, cette confiance intolérable des jeunes gens, qui leur donnent dans le monde une attitude d'autant plus fausse qu'elle contraste davantage avec cette sorte de timidité qui convient et qui sied à leur âge. Comment ne leur répète-t-on pas à tout moment qu'ils échangent une grace contre un ridicule? Je reviens à notre question, à laquelle le jeune homme a répondu par un madrigal emprunté à Fontenelle, mais dont on ne lui contestera pas la juste application. Il est très vrai que la société avait plus de charme, et je vous

en dirai la cause, si vous voulez me promettre de
ne pas éclater de rire : c'est que les *vieilles femmes*
nous manquent. — Je ne rirai pas, parceque je crois
vous entendre. — Ce qui compose en tout pays la
bonne société, des jeunes femmes charmantes, des
jeunes gens polis et spirituels, des hommes distingués
par leur nom, leur rang ou leurs talents, tout cela se
trouve aussi communément aujourd'hui qu'autrefois ; mais l'intérêt d'habitude qui rapproche ces éléments divers, le lien qui les tient unis, le ressort
doux et caché qui les met en œuvre ; en un mot,
les vieilles femmes aimables ne se trouvent qu'en
France, qu'à Paris même, et bientôt ne s'y trouve-
ront plus. Je pourrais cependant en citer plus d'un
modèle encore, mais comme il faut qu'une femme
soit morte pour ne pas s'offenser de l'épithète de
vieille, que je suis pourtant forcé d'employer, j'irai
chercher mes exemples au temps de mesdames de
Lambert, de Tencin, et du Deffant. D'abord, je ne
crois pas avoir besoin de justifier, même auprès de
vous, ce que j'établis en principe général, qu'il ne
peut y avoir de société parfaite et permanente que
chez une femme âgée : vous en voyez facilement la
raison dans les ménagements, dans la circonspec-
tion extrême, dans les convenances de toute espèce,
dont une jeune femme est nécessairement esclave
dans sa propre maison, et au-dessus desquels l'autre
se trouve placée, sans parler de cette autorité affec-

tueuse, de cette force de considération qui résultent du sexe et de l'âge de celle qui les exerce. La société d'autrefois était une espèce de monarchie dont les femmes, par droit de représailles, s'étaient réservé le trône à l'exclusion des hommes. Leur empire a eu sa révolution, dont je crains qu'il ne se ressente long-temps encore. Au milieu de l'espèce d'anarchie qui s'y est introduite, je regrette, je l'avoue, le gouvernement d'*une seule*, sans lequel il n'y a point de vraie liberté, et partant point de gaieté dans les salons. Voyez ce qui se passe chez vous au moment où je parle ; il en est de même par-tout : ces dames sont alignées sur un divan, où chacune d'elles se tait ou chuchote avec sa voisine, tandis que, distribués par groupes dans tous les coins de l'appartement, ces messieurs y discutent depuis une heure, de toute la force de leur esprit ou de leurs poumons, des questions rebattues ou déplacées. Si vous aviez cinquante ans au lieu de vingt, vous diriez à ce beau M. F***, qui ne prendrait point alors cet avis pour une déclaration, qu'il pourrait mieux faire que de pérorer aussi magistralement et aussi longuement sur la supériorité des palfreniers anglais, qu'il a grand soin d'appeler des *grooms;* vous avertiriez ce grand M. Ch..., qui, depuis six mois, s'obstine à parler bas à l'oreille de votre jolie cousine, qu'on pardonne plus facilement dans le monde à celui qui trouble le repos d'une femme qu'à celui qui porte atteinte à sa réputation; vous feriez entendre à cet intarissable, et d'ailleurs très respectable M. V***, que ce qu'on appelle la conversation est une suite de dialogues et non pas de monologues; qu'elle doit, pour ainsi dire, flotter au hasard, sans gêne, et sur-tout sans prétention; vous répéteriez, au moins une fois par jour, à ce petit magistrat Fr***, si gourmé, si solennel, qui s'imagine que l'homme est sur la terre en visite de cérémonie, qui lève si dédaigneusement les épaules quand on se permet de rire un peu haut, que le bon ton chez vous, non seulement n'exclut pas la gaieté, mais qu'il admet de temps en temps la folie, et qu'il tolère même quelquefois les bêtises pour ne décourager personne; enfin, si vous aviez cinquante ans au lieu de vingt, avec cet esprit, ce tact parfait, cette grace héréditaire dont vous êtes pourvue, vous établiriez dans votre salon, non pas un despotisme à la manière de madame S***, qui vous prescrit la place que vous devez occuper, la contenance que vous devez tenir, le moment où vous pouvez parler, celui où il faut vous taire; mais ces règles qu'on suit sans les apercevoir, cette liberté bien entendue, dont l'ordre est le garant et la familiarité la limite : moins absorbée alors par les soins si doux d'épouse et de mère qui vous occupent et doivent vous occuper presque seuls aujourd'hui, vous pourriez….. » Quelques accords de piano nous avertirent de la présence du moderne Amphion, et nous interrompîmes brusquement un entretien que madame de Sésanne me fit promettre de reprendre.

N° XIII. [30 octobre 1811.]

DES ALBUM [1].

*Un homme de lettres du Marais, à l'Ermite
de la Chaussée-d'Antin.*

Non, M. l'Ermite, nous ne sommes pas si retardés en civilisation que vous vous plaisez à l'insinuer. Si les modes de la Chaussée-d'Antin ne parviennent pas aussi promptement au Marais qu'à Vienne, à Berlin ou à Pétersbourg, elles ne laissent pourtant pas que d'y arriver, il ne nous faut pas plus de six mois pour être au courant. Dans le retard seul existe la différence entre mon quartier et le vôtre. C'est l'hémisphère austral que la rue Saint-Denis sépare de l'hémisphère boréal. Nous sommes vos Antipodes. La mode, qui est notre commun soleil, ne nous favorise pas ensemble; mais, quand notre tour est venu, son règne n'est ni plus long ni plus court dans

---

[1] Les *album* sont des livres blancs destinés à recevoir des notes, des dessins, etc., etc. Il est peu de personnes qui ne les connaissent pas, et il en est beaucoup qui les connaissent trop.

(*Note de l'auteur de la lettre.*)

notre climat que dans le vôtre. Quant au besoin de changer, croyez que nos élégantes ne le cèdent aux vôtres sous aucun rapport.

Ainsi en est-il de nos élégants. Ne portent-ils pas des habits verts depuis plus d'un mois, et n'a-t-on pas vu dimanche dernier, au boulevard du Temple, trois calèches, de vieille forme, à la vérité, mais traînées par deux chevaux plus dissemblables encore que ceux qui forment les attelages les plus admirés de la Chaussée-d'Antin? Le bois de Boulogne, M. l'Ermite, ne diffère du bois de Vincennes et la Chaussée-d'Antin du Marais, que comme les riches diffèrent des pauvres. Aux riches les primeurs; mais l'année se passe-t-elle sans que tout le monde ait mangé des petits pois?

Les habits verts et les attelages dépareillés ne sont pas les seules innovations que votre exemple ait introduites chez nous dans le cours de cette année : ne vous devons-nous pas aussi les *Album*, que vous semblez avoir inventés pour le bonheur d'un sexe et le désespoir de l'autre?

Inventés! Qu'ai-je dit, M. l'Ermite? Pardonnez-moi ce trait d'humeur contre la bonne compagnie en général, et votre quartier en particulier. Je sais bien que votre quartier n'est pas celui des inventions. Y placer les inventeurs, c'est prendre vos jolies maisons pour des galetas : il y a de la mauvaise foi dans mon reproche; il y en a d'autant plus, que l'invention des *Album*, à en croire les uns, appartient aux Russes; aux Allemands, à en croire les autres; à en croire les uns et les autres, elle n'appartient point aux Français. En effet, le mot *Album* est-il français? Comme je ne suis pas assez familiarisé avec les langues modernes pour décider ici la question de propriété, d'après l'indice fourni par l'idiôme, je laisse le problème à résoudre par quelque érudit de l'Académie celtique; mais je crois ne rien hasarder en affirmant que le mot *Album*, quelle que soit la langue à laquelle il appartienne, ne peut signifier autre chose que *mélange, pot-pourri, confusion, galimatias, macédoine.*

Ces pauvres livres, sortis tout blancs de la main du relieur, et d'autant plus barbouillés qu'ils circulent dans le monde, ressemblent fort aux enfants des hommes, qui perdent leur candeur à mesure que l'esprit leur vient.

Une héritière de la rue de Braque, nouvellement mariée à un riche banquier de la rue Caumartin, est la première dame qui ait fait connaître un *Album* dans le Marais. Elle arrive chez sa mère, un jour de boston, un livre relié en maroquin sous le bras. « Ferons-nous de la musique? lui dit sa cousine, trompée par la forme et la dimension du volume. — Nina prend cela pour une partition. — Et qu'est-ce donc?

Pour couper court à toute question, la dame

tire l'*Album* de son étui, et le livre à notre curiosité.

La confusion des langues n'était pas plus complète à la tour de Babel, M. l'Ermite! Figurez-vous du français, du latin, du chinois, des dessins, des vers, de la musique, de la prose, voire même de l'algèbre, enfouis pêle-mêle dans le même recueil, rassemblés au hasard dans un livre fort semblable à celui de la Sibylle, à cela près qu'il contient moins d'oracles. C'est là que j'ai reconnu combien les arts nous fournissent de moyens divers de rendre la même idée, ce que les dames savaient avant moi. Le peintre avec son crayon, le poète avec ses vers, le prosateur avec ses lignes, le musicien avec ses notes, exprimaient tous le même sentiment, sentiment non moins vif que discret, dont un algébriste démontrait élégamment la puissance à l'aide d'une équation.

Chaque morceau portait la signature de son auteur, signature que la dame proclamait avec une complaisance pareille à celle qu'un vainqueur mettrait à faire le dénombrement de ses captifs. En fait de conquêtes, les femmes sont peut-être plus insatiables que les héros. Notre jeune dame nous somma d'augmenter ses richesses; l'*Album* fut offert à chacun; on demanda de l'esprit à tout le monde, et personne ne fut assez impoli pour se dire en droit d'en refuser. Il me semblait voir la bourse des pauvres promenée par une aimable quêteuse; avec cette différence qu'ici la charité bien ordonnée ne songeait qu'à soi, et que les pauvres formaient la majorité des contribuables. Mon tour vint. Comment refuser mon contingent? Moi, qui ai étudié à Picpus, il y a quelque temps à la vérité! moi, qui ai travaillé dix ans chez le procureur, en face la maison de Beaumarchais! moi, enfin, qui déjeune tant que je le veux avec le Chansonnier sentimental, ce grand amateur d'huîtres, et pourvoyeur d'*Album*, s'il en fût! Moitié d'invention, moitié de réminiscence, je fournis un impromptu. Ma réputation s'en accrut, mais mon repos en souffrit. Et n'est-ce pas toujours aux dépens de la tranquillité qu'on obtient la gloire?

Satisfaite de quarante-sept compliments, tant en vers qu'en prose, prélevés en une seule soirée sur les aimables du marais, la belle émigrée regagna son hôtel avant trois heures du matin; mais elle avait inoculé sa maladie aux dames de sa famille, qui la communiquèrent à celles du voisinage, lesquelles la donnèrent à toutes les dames du quartier. Depuis ce jour chaque dame du Marais veut avoir un *Album*. Dans les rues, dans les boutiques, dans les boudoirs, on ne voit plus que des *Album*. Les *Album* se sont glissés jusque dans les corbeilles de baptême, jusque dans les corbeilles de mariage. Vous rappelez-vous, M. l'Ermite, l'empressement avec lequel les dames adoptèrent les *ri-*

dicules, lors de la suppression des poches? C'est précisément la même chose. Chaque femme est inséparable de son *Album* comme de son *ridicule*. Bien plus: ces deux objets, loin de s'exclure, se sont liés jusqu'à se confondre. Un *Album* et un *ridicule* ne font plus qu'un. Renfermé dans le *ridicule*, l'*Album* marche avec nos petites-maîtresses, semblable à ces livres d'Heures que nos grand'mères faisaient porter dans des sacs de velours quand elles allaient à la paroisse. Le dirons-nous, enfin? Puisque, pour adapter le *ridicule* à cet usage, on a été forcé d'en changer la forme et la capacité, en prenant les *Album*, nos dames n'ont fait que changer de *ridicules*. L'un dans l'autre, ils se reproduisent dans toutes les sociétés. « Ne ferez-vous rien pour « mon *Album*, vous qui avez mis de si jolies choses « sur l'*Album* de toutes ces dames? » Telle est la phrase dont on salue aujourd'hui tout homme soupçonné de savoir lire et écrire. Le beau sexe est pressant, M. l'Ermite! si vous êtes exposé comme moi à ses éternelles réquisitions, comment faites-vous pour y suffire, tout ermite que vous êtes?

Je sais quelqu'un qui, sans trop de frais, s'est tiré d'embarras; il a pris le parti de faire un protocole et de répondre par une phrase banale à une demande banale. Il inscrit mot pour mot le même compliment sur chaque *Album*, quels que soient l'âge et la figure de la propriétaire. Mais comme ces *Album* se confient et se comparent, je vous laisse à penser quelle opinion ce procédé a donné de sa fécondité.

Quant à moi, qui me pique de me renouveler toutes les fois que j'ai affaire à une beauté nouvelle, j'avoue que ma veine s'épuise, que je suis au bout de mon latin, et plus d'un galant homme doit être dans le même cas au Marais et ailleurs.

L'état de nullité où nous sommes tombés n'est pas le seul inconvénient qui en résulte et qui puisse multiplier les *Album*. C'est au détriment de plus d'un genre d'entreprises, à la prospérité desquelles le concours de la versification est d'absolue nécessité, que les vers nouveaux vont s'engloutir dans ces espèces de cimetières qu'on pourrait appeler des *Innocents*. D'après les bruits qui courent dans la rue des Lombards, l'esprit y devient rare, et la cherté des devises doit faire hausser infailliblement le prix des *diablotins* et des *papillotes*. Au boulevart, les vaudevilles et les pastorales commencent à manquer, et la scène est au moment d'y retomber sous l'empire de la pantomime, à défaut même de mélodrames. Le théâtre de l'Opéra-Comique, qui n'est pas non plus sans inquiétude pour son hiver, en revient déjà aux poëmes de Sédaine. Le jury de l'Académie impériale de Musique ne dissimule pas que voilà bientôt cinq mois qu'on n'a présenté un nouvel ouvrage à son tribunal, et dit tout haut qu'il y a tout lieu de craindre que les compositeurs n'en soient réduits, avant peu, à se contenter des opéras de Quinault.

Ne serait-il pas possible, M. l'Ermite, de prévenir les malheurs, de concilier tous les intérêts, de contenter tout le monde et les dames, sans trop exiger des beaux esprits? Après y avoir mûrement réfléchi, je crois en avoir trouvé le moyen; le voici :

Une assemblée de poètes, prosateurs, mathématiciens, musiciens, orientalistes, hellénistes, grammairiens, peintres, dessinateurs, etc., serait convoquée dans un local d'une capacité suffisante, la rotonde de la Halle, par exemple; et là, si mon avis prévalait, il serait arrêté :

1° Les dames sont suppliées de ne plus adopter, pour leur *Album*, le format *in-folio;* de porter la modération jusqu'à se contenter du petit *in-quarto*, et même de la pousser jusqu'à permettre qu'à l'avenir tout *Album* ne comporte pas plus de sept cents pages;

2° Sont également suppliées lesdites dames de ne plus exiger, pour lesdits *Album*, d'un peintre un tableau d'histoire; d'un compositeur une symphonie complète; d'homme de lettres un chant tout entier en vers, ou tout un chapitre de prose, suivant le genre de talent d'icelui. Le contribuable, à dater de ce jour, sera tenu pour acquitté, en fournissant, s'il est musicien, une romance dédiée à la propriétaire de l'*Album;* un couplet, un quatrain, ou une phrase même française, improvisée en l'honneur d'icelle, s'il est littérateur; ou s'il est peintre, le portrait de la propriétaire, non flatté, mais ressemblant, d'après l'aveu du modèle;

3° Il sera établi dans les principaux quartiers de la capitale, et ce dans un nombre qui sera réglé ultérieurement, proportionnément au besoin, des entrepôts où l'on trouvera, à juste prix, des assortiments de vers ou de prose en toutes les langues vivantes ou mortes, de dessins et de musique, et de tous les genres d'équations de tous les degrés, sur des feuilles propres à être intercalées dans les *Album* : l'acquéreur n'aura plus qu'à signer;

4° Les gens de lettres, prosateurs, versificateurs, français ou étrangers, les dessinateurs, les peintres, les compositeurs de musique, les mathématiciens, les architectes, et autres personnes susdites, sont invités à traiter, avec les directeurs desdits entrepôts, du fonds de leurs portefeuilles, qui leur sera payé comptant, en raison composée de la valeur qu'y mettront les acheteurs et les vendeurs; ce qui ne peut qu'être favorable aux derniers.

Nota. On pourra se fournir en toute confiance auxdits entrepôts; car si les objets qu'on y tient en magasin ne sont pas tout-à-fait neufs, du moins seront-ils remaniés de façon à ne ressembler à rien : caractère qui les rend d'autant plus propres à être employés dans les *Album*.

Que dites-vous de ce projet, M. l'Ermite? Vous rit-il? associez-vous à moi : je prends un brevet d'invention, nous ouvrons boutique, et nous vendrons de l'esprit de *compte-à-demi*. Croyez-moi, la spéculation ne serait pas mauvaise; elle repose sur la paresse, l'impuissance et la vanité : nous ne manquerons pas de pratiques.

Si ma proposition ne vous agrée pas, gardez-moi le secret; si elle vous convient, adressez-moi votre réponse rue Saint-Avoye, hôtel d'Asnières, vis-à-vis les Droits-Réunis, où j'ai l'honneur d'être, etc.

V. A. GALAND, *de Fontenay-aux-Roses.*

N° XIV.

MOEURS PARISIENNES.

Quidquid agunt homines, nostri est farrago libelli
JUVÉNAL.

Les hommes ne font rien qui ne soit le sujet de mon livre.

De tous les moyens de faire connaître les mœurs d'une grande ville, celui que Le Sage a employé dans son *Diable Boiteux* est, sans contredit, le plus ingénieux et le plus sûr; mais outre que le Démon de Le Sage n'est pas au service de tout le monde, il est probable que les observations qu'il nous fournirait en soulevant le toit de toutes les maisons de Paris, pour nous permettre de voir ce qui se passe dans l'intérieur, donneraient lieu à une chronique plus scandaleuse que la nôtre, et dont les suites auraient peut-être quelques inconvénients. En conséquence nous nous en tiendrons aux mœurs, aux habitudes extérieures dont se forme, pour les différentes classes de la société, une sorte de physionomie morale où se tracent les mœurs privées.

Dans toutes les grandes villes de l'Asie et de l'Europe, on remarque sans étonnement les contrastes qui résultent de la réunion de différents peuples dans une même enceinte : on ne s'attend pas à trouver à Constantinople plus d'analogie entre les mœurs et les habitudes des Turcs, des Francs, et des Grecs, qu'il n'en existe dans leur langage et dans leurs vêtements ; mais on peut s'étonner qu'à Paris un peuple, bien identiquement le même, qu'aucun préjugé ne divise, qu'aucune considération ne sépare, se présente néanmoins dans chaque quartier sous des aspects si divers. Sans chercher cette fois à opposer le Marais à la Chaussée-d'Antin, le Pays-Latin au Palais-Royal, le faubourg Saint-Germain à la Cité, nous jetterons, en passant, un premier coup-d'œil sur vingt nations différentes qui habitent le long de la Seine, depuis le quai *de la Conférence* jusqu'au quai *de Bercy*. Toute cette partie du quai entre les Tuileries et la place de la Concorde est couverte de brillants équipages qui vont au château, qui en reviennent, ou qui se rendent au bois de Boulogne, en laissant loin derrière eux ces modestes voitures dont la file borde la terrasse. Le nom ridicule et tout-à-fait impropre que l'on donne à ces petites voitures publiques ne leur fait rien perdre de leur mérite et de leur utilité aux yeux du rentier qui retourne à Saint-Germain, du militaire qui regagne la caserne de Courbevoie, du marchand de vin qui va passer quelques heures à sa campagne de Sèvres, de la grisette attendue à dîner dans le parc de Saint-Cloud, et qui tous, grace à ces carrioles économiques, arrivent pour quinze sous au terme de leur voyage.

La vue du port *Saint-Nicolas* et du port *Saint-Paul* vous enlève à toutes les idées de luxe et d'élégance : au milieu des bateaux de charbon, des trains de bois, des arrivages de vins, des porte-faix, des commissionnaires, des mariniers, vous vous croyez (à l'odeur de la pipe et au langage près) sur le quai marchand d'une ville de Hollande. A quelques pas de là, le tableau change : les quais *de la Mégisserie* et *de la Ferraille* donnent l'idée d'un vaste encan où l'on aurait exposé toute la fripperie du genre humain. Là, vous voyez se promener gravement, pendant des heures entières, des gens qui viennent, de tous les coins de Paris, se munir, à très bon marché, d'ustensiles de ménage, dont les plus modernes ont vu cinq ou six générations. Le quai *de l'Horloge* est envahi par l'essaim lugubre des gens de loi, qui obstruent, pendant la matinée, toutes les avenues du Palais de Justice. Non loin de là, et pour faire opposition sans doute, se trouve le nouveau Marché-aux-Fleurs ; et l'on aime à voir, tous les mercredis et samedis, une foule de jeunes et fraîches soubrettes venir, avant le lever de *Madame,* faire l'acquisition de ces gerbes de fleurs qui décorent une maison élégante depuis l'escalier jusqu'au boudoir.

Nous pourrons, une autre fois, continuer notre promenade sur les quais, au nombre de trente-trois, à partir du quai des *Bons-Hommes* jusqu'à la pompe de l'Arsenal. Là, nous pourrons nous arrêter un moment pour assister au débarquement d'un des coches d'eau, dont la composition a déjà fourni tant de peintures grotesques aux romanciers et aux auteurs dramatiques.

—L'étranger, le provincial, qui vient à Paris, s'empresse de visiter nos spectacles, nos salons, nos musées, nos promenades, et mêmes nos athénées; mais à peine en compte-t-on un sur mille qui sacrifie quelques heures à la visite des hôpitaux. Nous serions bien tentés de reprocher aux étrangers leur indifférence; mais nous craindrions de faire rougir ces honnêtes bourgeois de Paris, qui, presque tous parcourent et achèvent, le plus paisiblement du monde, une carrière de soixante-dix ou quatre-vingts ans, sans savoir dans quel quartier de Paris sont situés l'Hôtel-Dieu, la Charité, l'hospice des Incurables, etc. Comme ce sont d'ailleurs de fort bonnes gens, nous sommes sûrs qu'ils seront charmés du rapport satisfaisant que nous avons à leur faire. Le nombre de ces asiles, ouverts à tous les genres d'infortune, à tous les maux qui accablent l'humanité, les soins, les secours, les consolations, prodigués à ceux qu'on y reçoit, attestent la bienfaisante sollicitude du gouvernement, comme ses monuments attestent sa splendeur, comme ses armées attestent sa gloire. Paris est, de toutes les capitales de l'Europe, celle où ces sortes d'établissements se trouvent en plus grand nombre. On compte à Paris vingt-deux hôpitaux civils et deux hôpitaux militaires.

L'*Hôtel-Dieu* est à-la-fois le plus ancien et le plus considérable des hôpitaux de Paris : le nombre des malades qu'on y soigne est rarement au-dessous de trois mille. Cette grande et pieuse fondation, qui remonte à l'an 660, est due à saint Landry, vingt-huitième évêque de Paris. On trouve dans l'acte capitulaire une clause assez curieuse, et tombée depuis long-temps en désuétude, si même on y a jamais eu égard : il y est formellement stipulé, « qu'à la mort de chaque chanoine du chapitre, *le matelas* (ce qui suppose qu'à cette époque les chanoines n'en avaient qu'un), le lit de plume, le traversin et les draps appartiendront à l'Hôtel-Dieu. » Cet acte est on ne peut pas plus authentique, et nous ne serions pas surpris que les administrateurs actuels des hospices ne fussent autorisés à le faire revivre, bien que sa date remonte à l'année 1168.

Ces philosophes spéculatifs du dernier siècle, dont il est convenu qu'on dirait tant de mal dans celui-ci, ont les premiers appelé l'attention du gouvernement sur les abus odieux auxquels cette branche d'administration était en proie. Les rapports de Tenon et de Bailly ont porté la lumière dans ce chaos de douleurs et d'iniquités. M. Clavareau, dans un ouvrage plein d'intérêt et de vues utiles, a proposé des améliorations dont l'expérience n'a pas tardé à démontrer les avantages. Les salles de l'Hôtel-Dieu ne sont plus, comme par le passé, des couloirs étroits et obsurs, imprégnés de miasmes putrides, d'exhalaisons délétères, dont on disait avec une effrayante vérité :

La mort, dans ce séjour théâtre de sa rage,
Sous mille traits hideux répète son image.

Des administrateurs philanthropes, dont la reconnaissance et l'estime publiques peuvent seules récompenser l'honorable dévouement, sont parvenus à opérer les plus heureuses réformes; et ce vaste établissement n'est pas indigne aujourd'hui du nom divin sous la protection duquel on l'a placé.

— Celui qui n'aurait qu'un jour à passer à Paris pourrait, sans quitter le Palais-Royal, prendre une idée assez exacte des ressources, des avantages et des inconvénients de cette immense capitale. Le jardin, les galeries, les cafés, les maisons de jeu, que renferme l'enceinte de ce palais, offrent, pour chaque heure de la journée, des tableaux dont la variété est le premier mérite. Vers neuf heures du matin, dans la belle saison, les politiques se rassemblent autour de la Rotonde, et s'instruisent, pour la modique somme d'un sou, des nouvelles qui feront l'objet de leur entretien pour le reste du jour. A dix heures, le café de *Chartres* commence à se remplir d'employés qui viennent, en déjeûnant à la fourchette, y attendre l'heure du bureau. De midi à trois heures, c'est au café *Lemblin* que se réunissent ce qu'on appelle les habitués du Palais-Royal, pour se distribuer ensuite dans les différentes maisons d'affaires et de plaisirs dont il se compose. A quatre heures, les allées du jardin suffisent à peine à la foule des commerçants, des agents de change, des courtiers, qui, trop resserrés dans le passage Virginie, viennent plus librement y régler l'*Amsterdam-banco*, le taux des fonds publics, et le prix des denrées coloniales. A cinq heures, les chaises de ces mêmes allées sont occupées, en partie, par de pauvres diables qui guettent au passage quelques amis ou quelques dupes, sur la bourse desquels ils fondent l'espoir de leur dîner. A sept heures, les joueurs heureux et les étrangers qui ont dîné chez Naudet ou aux Frères-Provençaux viennent compléter le repas sous la rotonde du café du Caveau, avec des glaces, des liqueurs, ou du punch à la romaine. La promenade du soir, dans le jardin, s'il fait beau, et sous les arcades, en cas de pluie, est réservée aux oisifs malaisés qui ont couru vainement le matin pour se procurer *gratis* des billets de spectacle, aux jeunes provinciaux, tout surpris de l'impression subite qu'ils font sur les beautés qui peuplent ce séjour; aux habitants du Marais ou du Pays-Latin, qui viennent en partie de plaisir prendre des glaces au café de Foi. Enfin, de minuit à deux heures, le café Lyonnais et celui de l'Empire sont le rendez-vous d'une foule de gens dont le plus grand nombre hésiteraient à rendre compte de l'emploi qu'ils ont fait de leur journée.

Après avoir jeté un coup d'œil sur le Palais-Royal et ses habitués, j'essaie d'esquisser le tableau du jardin des Tuileries. Cette promenade, la plus belle et la plus fréquentée de Paris, a, comme toutes les autres, ses habitués qui se succèdent à des heures différentes. Dès sept heures du matin, à l'ouverture des grilles, il n'est pas rare d'y voir arriver, deux par deux, des jeunes gens qui ont eu la veille dispute au spectacle, et qui viennent attendre leurs adversaires au café Godeau, au profit duquel tourne, le plus souvent, l'explication. A dix heures, quelques acteurs vont étudier leur rôle à l'ombre des allées latérales. Vers midi, un essaim de ces dames qui n'ont affaire que vers la brune se dispersent dans les allées principales, où elles s'asseient négligemment un livre à la main, attendant au passage les nouveaux débarqués, dont elles méditent la conquête. A quatre heures, au retour du bois de Boulogne, les jeunes gens en habit de cheval, et les élégantes en négligé, viennent attendre l'heure de leur toilette. A six heures, le tableau change; les allées et les carrés de verdure se couvrent d'une nuée de *bonnes* et d'enfants; et tandis que les marmots s'ébattent innocemment sur la pelouse, leurs gouvernantes prêtent l'oreille aux propos galants ou gaillards des amoureux en livrée qui les accompagnent. A sept heures, tous les politiques du faubourg Saint-Germain, les rentiers de la rue de Lille, les vétérans pensionnés, se rassemblent à la Petite-Provence, où ils s'entretiennent, en prenant force prises de tabac, des progrès du Louvre, de la longueur du pont d'Iéna, de la hauteur de la Seine, et des variations du thermomètre de Chevalier, sans se douter qu'à neuf heures ils cèdent la place à de petites ouvrières qui viennent, en quittant le magasin, rejoindre quelques clercs de la basoche échappés de l'étude. Dix heures sonnent, et le roulement des tambours donne à nos amoureux le signal de la retraite. Je ne présente ici que des masses; mais quel tableau piquant et varié une seule *Journée du jardin des Tuileries* ne fournirait-elle pas à un autre Lesage!

—L'allure des habitants d'une grande ville peut, jusqu'à un certain point, donner une idée de leurs mœurs. En examinant la démarche des Parisiens dans les rues, dans les promenades, il est aisé de reconnaître un peuple plus actif qu'occupé, plus curieux qu'instruit, plus avide de voir que d'entendre, plus pressé de juger que de réfléchir. On a qualifié du nom de *badauderie* cette manière d'être des Parisiens, aussi ancienne que leur histoire, s'il est vrai, comme le dit Sainte-Foix, que l'empereur Julien leur en ait fait le reproche. Malheur à celui qu'une affaire pressante oblige de suivre le boulevart à la chute du jour! sa marche, à chaque pas, est arrêtée par des groupes de bourgeois ébahis, les uns devant un enfant qui fait la *roue de Saint-Bernard* entre deux bouts de chandelle; ceux-ci autour d'un marchand d'eau de Cologne à treize sous le rouleau; ceux-là près d'un orgue de Barbarie qui joue faux l'air de *Cendrillon*; d'autres autour d'une tireuse de cartes qui, pour deux sous, promet à tout venant de l'amour, du bonheur et des richesses; d'autres enfin, auprès d'une jeune fille, dont la tête est modestement enveloppée d'un voile sale, et qui chante, en s'accompagnant d'une aigre guitare: *Femme sensible*, etc., ou *Mon cœur soupire.* Examinez avec attention les gens dont se composent ces différents groupes: avec un peu de tact vous démêlerez facilement, au milieu d'une centaine de désœuvrés qui s'amusent à varier leur ennui, trois ou quatre filous qui épient l'occasion de savoir l'heure qu'il est à la montre d'autrui, tandis qu'une vingtaine de passants affairés s'approchent en pestant contre les badauds, et finissent par en augmenter le nombre.

MOEURS PARISIENNES. 147

—Si les spectacles sont, comme le dit Rousseau, un objet de première nécessité pour une grande ville, Paris, dans ce genre, peut se vanter d'avoir du superflu. Mais n'est-il pas un terme où devrait s'arrêter la curiosité publique, et ne pourrait-on pas la sevrer de quelques uns des aliments qui lui sont trop communément offerts? Quel avantage, quel plaisir trouve-t-on à la vue de ces dégoûtantes monstruosités, dont l'annonce seule soulève le cœur? nous le demandons à ceux qui ont visité cette espèce de bouge, à l'extrémité du Carrousel, où, pour quelques centimes, on met sous vos yeux une de ces productions monstrueuses, dont l'aspect inopiné ferait reculer d'horreur. On conçoit que le peuple, que les enfants s'amusent des tours de souplesse d'un singe, de l'intelligente docilité d'un chien, du langage burlesque de Polichinelle, des lazzis même de Paillasse; mais que l'on compte au nombre de ses plaisirs le spectacle d'un enfant à deux têtes, à quatre bras; que des parents fondent leurs moyens d'existence sur cet objet de honte et de pitié, ce genre de cynisme est un véritable outrage à l'humanité, à la décence et aux bonnes mœurs.

—Les travaux de la nouvelle rue qui doit, en rejoignant celle de Tournon, se prolonger jusqu'au palais du Luxembourg, se poussent avec la plus grande activité. Cet édifice, commencé en 1615, sous le règne de Marie de Médicis, fut exécuté sur les dessins de Jacques Desbrosses, et l'on court encore y admirer cette belle galerie où Rubens peignit l'histoire entière de cette reine, dont le titre le plus glorieux est d'avoir été l'épouse de Henri IV. Construit sur le terrain où fut autrefois l'hôtel de Luxembourg, ce palais en a conservé le nom. Après avoir été successivement habité par Marie de Médicis, par cette belle duchesse de Berri, de scandaleuse mémoire, et par le comte de Provence, à qui Louis XVI en avait fait don, le Luxembourg a reçu, depuis quelques années, une destination digne de sa magnificence, en devenant le palais du Sénat-Conservateur. Entre autres embellissements exécutés depuis peu, on admire le superbe escalier qui conduit à la salle des séances, où se trouvent les statues des généraux Kléber, Hoche, Desaix, Dugommier, Joubert, Caffarelli, Marceau, et celles de nos plus célèbres orateurs. Cet escalier est l'ouvrage de M. Chalgrin; et quelque critique qu'il ait essuyée, nous pensons qu'il fait honneur au talent de cet habile architecte.

Les jardins, augmentés des terrains provenant du cloître des Chartreux, sont aujourd'hui, par leur étendue, leur disposition, et la grande quantité de statues qui les décorent, au nombre des plus beaux jardins de l'Europe: ce sont les Tuileries du Pays-Latin. Les élèves de l'École de Droit viennent s'y délasser, auprès des jolies et modestes bourgeoises de la rue de Vaugirard et de l'Estrapade, des fatigantes études de Cujas et de Justinien: quelques étudiants en médecine, pressés d'obtenir le funeste diplôme, y commentent, dans la solitude des allées, les Aphorismes d'Hippocrate ou la Pharmacopée de Beaumé: les rentiers de la rue d'Enfer viennent y prendre le frais, et quelques choristes des Bouffons y fredonner à jeûn *le finale del Matrimonio segreto* ou *de' Nozze di Dorina*.

—Les décorations extérieures des boutiques acquièrent chaque jour un nouveau degré de recherche et d'élégance: aussi, lorsqu'il arrive qu'un marchand fait de mauvaises affaires, l'huissier qui vient saisir dresse ordinairement dans la rue la plus grande partie de son procès-verbal. Au nombre des magasins qui se distinguent par ce luxe d'étalage, nous citerons la parfumerie de M. Tessier, la pharmacie de M. Lescot, la distillerie de M. Fargeon, et la manufacture d'armes de M. Pirmet, que l'on décore en ce moment. Il est difficile d'imaginer quelque chose de plus élégant, de plus riche et de meilleur goût, que les ornements extérieurs de ce magasin; tous les attributs de la guerre et de la chasse y sont ajustés et distribués de la manière la plus ingénieuse. Mais tout ce faste des magasins modernes obtient à peine quelques regards de la multitude, tandis qu'elle se presse autour du modeste étalage du libraire de la rue du Coq. Cette boutique a ses habitués, qui n'ont jamais mis le pied dans l'intérieur: ils se contentent d'examiner, à travers les vitres, toutes les belles choses offertes à leur curiosité; de passer en revue les caricatures nouvelles, les costumes de théâtre, les portraits d'acteurs et de musiciens, les uniformes des troupes françaises et étrangères, les mises de bon goût, les meubles de bon genre; et nous pourrions citer telle personne de bon ton qui, de son aveu, passe plus agréablement une heure devant la boutique de Martinet qu'à la représentation d'un des chefs-d'œuvre de Molière.

— Les Parisiens seront bientôt ce qu'ils étaient il y a quinze cents ans, lorsque l'empereur Julien disait en parlant d'eux : « J'aime ces gens-là, parcequ'ils me ressemblent, et que je retrouve en eux cette gravité, cette mélancolie qui fait le fond de mon caractère. » Les habitants de cette capitale s'étaient fait depuis une réputation bien différente, mais chaque jour ils travaillent à la perdre ; et la facilité avec laquelle ils y réussissent, prouve qu'ils ne changent point, mais qu'ils reviennent sans effort à leur naturel. Rien de plus rare aujourd'hui que la gaieté. L'air profond, l'air capable, a remplacé, même chez les jeunes gens, cette expression d'une joie franche et communicative dont les cercles d'autrefois étaient si souvent animés. On rit encore, mais de ce rire *sardonien,* ironique, que l'esprit et le plus souvent la malignité fait naître sans aucun profit pour le plaisir. Ce qui distingue plus particulièrement le ton de la société actuelle, c'est la confiance que les jeunes gens y apportent, et l'influence qu'ils y exercent : point de question qui ne soit à leur portée; ils disputeront avec Humboldt sur les voyages, avec Delille et Méhul sur la poésie et la musique. Il n'est pas rare, dans un salon où vingt personnes sont assises autour du feu, de voir un jeune homme, debout devant la cheminée (tantôt jouant d'une manière assez indécente avec les basques de son habit, tantôt en face de la glace qu'il consulte avec complaisance), s'emparer de la conversation, et débiter aussi sérieusement, aussi péniblement qu'on l'écoute, une vieille anecdote rapportée dans tous les *anas*, et qu'il gâte en la déguisant sous des noms modernes.

Le seul trait du caractère parisien que l'on soit autorisé à regarder comme ineffaçable, c'est cette espèce de curiosité un peu niaise, si nous osons le dire, pour laquelle on a inventé le nom de *badauderie* : elle n'est pas ici comme par-tout ailleurs, le partage exclusif des désœuvrés; la population entière en paraît atteinte. A Paris, tout fait événement : un train de bois qui descend la rivière, deux fiacres qui s'accrochent, un homme vêtu un peu différemment des autres, une voiture armoiriée, des chiens qui se battent, s'ils sont remarqués par deux personnes, le seront bientôt par mille, et la foule ira toujours croissant, jusqu'à ce que d'autres circonstances, tout aussi remarquables, la forcent de s'écouler.

— La fureur du jeu, qui semblait ralentie depuis quelques années, se réveille avec une nouvelle violence, et gagne insensiblement toutes les classes de la société. Non seulement le jeu est aujourd'hui, comme il était autrefois, comme il fut de tout temps, l'occupation des gens riches, le délassement des vieillards, la ressource d'une foule de gens assez adroits pour y trouver un moyen d'existence; mais d'honnêtes bourgeois, séduits par l'exemple et fatigués du bonheur obscur de la médiocrité, ne craignent pas d'avoir recours à ce honteux moyen pour se procurer, pendant quelque temps, les jouissances du luxe aux dépens de leur réputation et du repos de leur vie entière. Nous pourrions citer tel bon marchand de la rue des Bourdonnais, retiré des affaires avec deux mille écus de rente, vivant paisiblement dans un coin du Marais avec sa femme et la dernière de ses filles, qui n'a pas craint d'abandonner son modeste logis de la place Royale pour ouvrir à la Chaussée-d'Antin une maison de jeu où les provinciaux et les étrangers sont reçus avec une prédilection particulière : tout y respire l'opulence, et semble prouver que le bonhomme a eu raison, cette fois, de céder aux instances de sa femme et de sa fille; mais qu'on y regarde de plus près : les

meubles sont loués; on doit déja deux termes du
logement somptueux qu'on occupe; le souper splen-
dide que l'on sert tous les soirs est fourni par un restaurateur avec lequel on a pris des arrangements
ruineux; les domestiques n'ont de gages que la générosité des joueurs. Une dame titrée vient d'ouvrir avec plus d'éclat une maison nouvelle, et les
joueurs y courent en foule, abandonnant à ses
créanciers, à ses regrets, l'ancien syndic de la com-
munauté, trop heureux de regagner son premier
asile, si sa famille ne devait pas y rapporter des besoins nouveaux dont la privation deviendra pour
lui une source intarissable de chagrins domestiques.

N° XV. [2 NOVEMBRE 1811.]

LES SÉPULTURES.

> *Totus hic locus est contemnendus in nobis, non negligendus in nostris.*
> CICER., Tusc.
>
> On peut négliger ces choses pour soi-même, et on est coupable de les négliger pour les siens.
>
> *No more shall they rise from their lowly bed*
> GRAY's Elegy.
>
> Ils ne sortiront plus de leur sombre demeure.

En jetant les yeux sur l'Almanach, pour y chercher la date du jour où devait paraître ce Discours, j'ai lu : *Samedi, 2 novembre,* LES MORTS. Ce dernier mot a changé, malgré moi, le cours de mes idées, je me suis senti entraîné à des réflexions au milieu desquelles je ne hais point de me recueillir, mais qu'il m'importait d'éloigner au moment de m'occuper du travail qui demande, pour l'ordinaire, une tout autre disposition d'esprit. Dans l'espoir de donner le change à mes pensées, en m'occupant d'objets extérieurs, j'étais sorti de chez moi; et, marchant au hasard, je remontais la rue de Clichy.

LES SÉPULTURES. 155

Parvenu à la barrière, je rencontre un convoi qui s'acheminait vers le cimetière Montmartre : cette circonstance me rend à mes tristes méditations; je suis machinalement le cortège, et j'entre dans ce *Champs de Repos*, à la suite de celui qui n'en devait plus sortir.

Fatigué de ma course, je m'assieds derrière un treillage, sur une pierre d'inscription qui n'était point encore posée, et je laisse errer mon esprit dans cet abandon mélancolique que Montaigne appelle *une volupté sérieuse*. Ma première réflexion me conduisit à me demander pourquoi le respect qu'on a pour les morts, celui qu'on porte à leurs dépouilles, est, en tout pays, en raison inverse du degré de la civilisation. En effet, quelle cérémonie, quel usage de l'Europe peut être comparé au culte funéraire des peuples sauvages? Ces jeunes Canadiennes arrosant de leur lait la tombe de leurs enfants; ces veuves de la Floride se dépouillant chaque année de leur chevelure pour en parer les buttes pyramidales sous lesquelles sont ensevelis leurs époux; ces habitants des bords de l'Orénoque conservant avec tant de soin les squelettes de leurs pères, qu'ils ornent de plumes, de bracelets et de colliers, sont des images d'un tout autre intérêt que ces froides obsèques en usage chez les peuples civilisés. Je me rappelais ces tombeaux des Turcs, des Indiens, que la piété des familles entretient avec des soins si touchants, autour desquels fleurissent les arbustes et les plantes les plus précieux ; où de nombreuses fontaines rafraîchissent et purifient l'air ; et, comparant ces cimetières des peuples orientaux (qu'à l'exemple des Romains nous appelons barbares) avec les objets de même nature que j'avais alors sous les yeux, j'avoue que le reproche de *barbarie* me paraissait, dans ce cas du moins, bien injustement appliqué.

Le cimetière de Montmartre, par sa position élevée, par la nature et la disposition du sol, est éminemment propre à la destination qu'il a reçue, et cette vaste enceinte, qu'entoure si misérablement une muraille de terre, pourrait, à peu de frais, sous la direction d'un homme de goût, devenir un des lieux les plus pittoresques des environs de cette capitale. La partie la plus susceptible d'embellissement est un petit vallon formé par l'inégalité du terrain, au fond duquel on a placé les premiers tombeaux. Les plus anciens ne remontent pas à plus de dix ou douze ans ; mais ce court espace de temps a suffi pour consoler presque tous ces parents *inconsolables*, en style lapidaire, qui laissent croître aujourd'hui la mousse sur la pierre sépulcrale, sans doute pour en effacer, aux yeux des vivants, les serments trompeurs qu'ils ont faits aux morts. Déja, faute de culture, les fleurs qu'on avait plantées autour de ces tombeaux sont devenues sauvages, et la ronce a couvert le chemin qui y conduisait. Je cherchais à découvrir quelque tombe honorée par d'illustres dépouilles; le nom de *Greuze,* inscrit seul sur une pierre de liais, frappa le premier mes regards : ce peintre du sentiment et de la vertu n'avait pas besoin d'un autre éloge. A quelques pas de lui repose *Fragonard :* une inscription modeste fait connaître son nom, son âge et son pays : tous les amateurs ont connu son talent. Un léger bruit que je crus entendre assez près de moi attira mon attention; je m'avançai doucement, et je vis, avec une émotion que je ne puis décrire[1], une jeune femme prosternée sur une tombe qu'elle couvrait de baisers, et contre laquelle venaient expirer ses sanglots; j'avais peine à retenir les miens : elle m'aperçut, et s'éloigna lentement en baissant son voile. Je ne respectai point le secret de sa douleur; j'entrai dans l'étroite enceinte qu'elle quittait, et je lus sur la pierre encore humide de ses larmes :

AGLAÉ DENIOT, MORTE A L'AGE DE 12 ANS,
LE 27 AOUT 1808.

et au dessous :

Repose en paix, aimable et douce fille,
Et l'amour et l'espoir de ta triste famille!

[1] Je n'invente pas un fait, je le cite.

A peine tu vécus, hélas! quelques printemps :
Dans nos cœurs désolés tu vivras plus long-temps!

Excellente et malheureuse mère !

A l'autre extrémité du vallon, je remarquai le tombeau du vicomte de la Tour-du-Pin, mort avant la révolution, sur lequel sont gravés ces vers de l'abbé Delille :

D'un sang cher aux Français, rejeton glorieux,
Aimable dans la paix, intrépide à la guerre,
Philosophe chrétien, héros religieux,
   Nous le chérîmes sur la terre,
  Et nous l'invoquons dans les cieux.

Les monuments les plus remarquables, du moins par leurs décorations, se trouvent sur la hauteur; je me suis arrêté près de celui d'une femme dont la mémoire vivra toujours dans le cœur de tous ceux qui l'ont bien connue; l'inscription suivante ne contient qu'une partie de son éloge :

Paix éternelle à la cendre sacrée
  Que renferme ce monument,
Dernier séjour d'une femme adorée,
Modèle de vertus, d'amour, de dévouement!
  Épouse, fille, sœur, ou mère,
Elle honora ces titres qu'on révère :
  Toujours vivante dans autrui,
  Jamais l'amitié, sur la terre,

LES SÉPULTURES.   159

N'eut un plus digne sanctuaire,
Et jamais le malheur n'eut un plus ferme appui [1].

Au milieu d'une foule de noms ignorés, d'épitaphes aussi fastueuses que mensongères, je vis briller le nom du chantre des *Saisons*. Une amie de cinquante ans a cru faire assez pour la mémoire de *Saint-Lambert*, en indiquant la place où repose sa cendre.

Après m'être arrêté un moment sur le tombeau de M*me Dubocage*, où l'on a gravé trop superficiellement ces mots :

ON L'ADMIRA POUR SES TALENTS,
ON L'AIMA POUR SES VERTUS.

je me préparais à quitter le cimetière Montmartre pour me rendre à celui de Mont-Louis, lorsque je vis sortir de l'enceinte du treillage où je m'étais reposé en arrivant, un jeune homme dont la figure portait le caractère de la plus profonde douleur; il avait déposé sur un petit monument en forme d'autel antique, une couronne à laquelle étaient attachés ces vers :

Son fils, en la perdant, perd sa félicité :
Il ne lui reste plus que son exemple à suivre.
Ce modèle accompli de vertus, d'équité,

[1] Madame Adèle Sauvan Legouvé.

*Ne paya qu'en cessant de vivre
Son tribut à l'humanité.*

Cet acte de piété filiale me rappela ces vers aimables du poeme de *la Maison des Champs;* je crus voir, avec M. Campenon,

. . . . Ces murs, ce cimetière,
Ou vers le soir, délivré de tout soin,
Quelque orphelin, sur une froide pierre,
Apporte encor sa douleur sans témoin.

Pourquoi n'orne-t-on pas davantage la demeure des morts? Pourquoi ne cherche-t-on pas à vaincre, en partie, la répugnance qui éloigne les vivants de ces lieux où chaque pas leur offre de si touchantes leçons de morale? Que celui que sa douleur ne conduit pas dans cette triste enceinte, examine avec quelque attention les tombes qui l'entourent; elles lui découvriront les secrets des familles. Voyez ce simple mausolée : la pierre indique qu'il y a quarante ans qu'une tendre mère y repose; mais les fleurs y croissent encore; le mousseron, les ronces n'en dérobent pas la vue; au retour du printemps, une main pieuse vient y semer les premières violettes : ne craignez pas de prononcer que cette tombe appartient à une famille de gens de bien.

Le trajet est long de Montmartre à Mont-Louis; j'en profitai pour me rendre compte des sensations diverses que j'avais éprouvées à la vue de tant de tombeaux entassés sans ordre, dans un espace beaucoup trop étroit, malgré son étendue, *tant les rangs sont pressés, tant la mort est prompte à remplir les places!*

Je regrettai l'antique usage des sépultures particulières, de ces tombeaux de famille qui donnaient un si grand prix au manoir paternel, et je me souvins de l'impression que j'avais reçue quelques jours auparavant, lorsque, me promenant un matin dans les jardins délicieux du Val, je me trouvai dans un réduit solitaire dont l'inscription suivante indique si philosophiquement la destination :

Inséparable même au sein de la poussière,
Dans ce paisible enclos une famille entière
A choisi son dernier séjour.
Qui sait quand ce sera son tour?
La plus jeune y vint la premiere [1].

Tout occupé d'un projet de réforme des cimetières auxquels j'imaginais de substituer, au Mont-Valérien, *une Ville des Morts*, où le riche aurait encore son palais, où le pauvre aurait encore sa cabane, j'arrivai, sans m'en apercevoir, sur les hauteurs de Charonne, en face de la maison du P. La-

---

[1] Cette épitaphe est celle d'une enfant de M. A.-V. Arnault; la citer, c'est en nommer l'auteur.

chaise, et j'allai m'asseoir quelques moments sur la terrasse, dans une des plus belles situations de Paris. Comment ne pas réfléchir sur l'instabilité des choses humaines, en contemplant les changements qu'un siècle a produits dans la destination d'un même lieu? Cet édifice, dont les ruines s'élèvent maintenant au milieu des tombeaux, fut jadis la maison de plaisance du confesseur de Louis XIV, de ce jésuite si puissant près de cet orgueilleux monarque. Les disciples de Jansénius et ceux de Molina reposent en paix dans cette enceinte, où jamais ils ne se sont rencontrés vivants; et les opinions pour lesquelles ils se sont livré une guerre si cruelle sont tombées, comme eux, dans le plus profond oubli.

En parcourant ces vastes jardins de la mort, le premier tombeau sur lequel s'arrêtèrent mes yeux était consacré à l'amour conjugal.

Sponso, parentibus, proximis,
Et pauperibus flebilis.

Tout auprès de la place où gît l'épicier Nau, on remarque une petite croix en bois noir, au-dessous de laquelle une inscription, presque entièrement effacée, indique à peine aux passants attentifs que c'est là que repose une princesse de Lorraine, reine de France, épouse de Henri III. Dans des temps plus heureux que ceux qui suivirent la Ligue, elle eût trouvé sa place sous les voûtes de Saint-Denis; l'art des plus habiles sculpteurs eût décoré son mausolée; du moins un peu de terre couvre aujourd'hui ses cendres!... Quel est l'homme sensible, l'ami des lettres, du talent et de la vertu, qui pourrait se décider à quitter l'enceinte où repose l'auteur de *Claire d'Albe* et d'*Amélie Mansfield*, sans payer à sa cendre un douloureux tribut de regrets? Mais c'est en vain qu'il cherchera la place qui la renferme; nulle épitaphe ne l'annonce, nul monument ne l'indique. Celle dont la réputation fut le chagrin de sa vie; qui s'affligea de s'être placée à son insu au premier rang des écrivains de son sexe, n'a révélé qu'à ses amis le secret de sa tombe, et leur a recommandé de la pleurer en silence.

Je terminerai cet article (que je devrais peut-être chercher à excuser aux yeux du plus grand nombre de mes lecteurs) par quelques remarques moins tristes qui ne sont cependant pas étrangères à mon sujet.

De tous les ridicules, la vieillesse est ici le plus grand; aussi n'est-il pas de moyens qu'on n'emploie pour y échapper. Il y a des gens à qui l'on ne peut dire *pis* que leur nom, mais il y en a beaucoup d'autres à qui l'on ne peut dire pis que leur âge; et ces gens-là ne sont pas toujours des femmes. On sait trop combien de motifs ont celles-ci pour encourir le reproche que leur a fait madame la marquise de

Choiseuil, de compter les années comme on compte les points au piquet, dans certains coups, c'est-à-dire de passer subitement de 29 à 60; mais on aurait de la peine à excuser cette même faiblesse chez les hommes, si l'on n'avait pas aussi souvent l'occasion d'observer, à la honte des mœurs actuelles, le peu de respect qu'obtient aujourd'hui la vieillesse. On dira que je prêche dans mon intérêt; mais il est certain que je me rappelle un temps où la société aurait fait une égale justice d'une insulte faite à une femme et à un vieillard; où nos jeunes gens, Athéniens pour tout le reste, étaient de vrais Spartiates sur ce point. Ce qu'il y a de plus déplorable, c'est que non seulement la vieillesse ne paraît plus avoir droit au respect, mais qu'elle n'en aura bientôt plus à la pitié. Dans toutes les conditions, l'obstacle le plus grand que l'on puisse rencontrer pour vivre, c'est d'avoir vécu, et l'on a vu dernièrement, entre mille exemples, une grande dame refuser pour concierge d'un de ses châteaux un homme également recommandable par sa probité, ses talents et ses vertus, sur le seul motif qu'il avait au moins *cinquante ans*.

Ce que je vois de plus malheureux dans cette espèce de discrédit où tombe la vieillesse, c'est l'atteinte portée au premier des liens, au plus saint des devoirs, au respect filial; aussi nous empressons-nous de recueillir un fait que l'on peut regarder comme une honorable exception : ce n'est pas ma faute si je vais le chercher à la Courtille.

Belleville a été témoin, il y a quelques jours, d'une cérémonie d'un nouveau genre. Un des plus célèbres cabaretiers de la Courtille, dont la fortune n'a pas gâté le cœur, s'est rappelé, au milieu de son opulence, que son père, mort depuis quelques années, avait été enterré d'une manière peu convenable à l'état actuel de sa fortune. En conséquence, après avoir obtenu les permissions exigées par les lois sur l'exhumation, il a fait élever, sur un terrain qu'il a acheté dans l'enceinte du cimetière de Belleville, un monument d'assez bon goût, où il a fait transporter les restes de son père. Ce n'est là qu'un exemple assez rare, mais très simple de piété filiale; la fin est plus originale. Au retour de la cérémonie funèbre, les quatre cents personnes qui s'y trouvaient invitées ont été réunies, dans les salons de la guinguette, à un festin superbe qu'avait fait préparer le cabaretier magnifique. Le repas s'est d'abord ressenti des dispositions mélancoliques qu'on y avait apportées, mais le vin a dissipé peu à peu ce nuage de tristesse, et la fête a fini beaucoup plus gaiement qu'elle n'avait commencé.

N° XVI. [8 novembre 1811.]

RECHERCHES SUR L'ALBUM

ET SUR

LE CHIFFONNIER SENTIMENTAL.

Monsieur l'Ermite, un de vos correspondants a publié dans votre feuille une critique très ingénieuse de la mode des *Album*; mais il ne s'est pas aperçu qu'il favorisait lui-même l'abus qu'il voulait attaquer; car un journal est-il autre chose qu'un *Album*, où l'imprimeur engage ses amis et ses connaissances à déposer le tribut de leur esprit et de leur imagination, s'ils en ont? Cette réflexion m'a porté à faire quelques recherches sur l'origine des *Album*, et sur l'étendue qu'on peut donner à leur signification.

On en découvre la première trace dans ce sentiment d'orgueil ou d'exaltation qui nous invite à laisser des signes de notre passage dans les lieux où l'on n'arrive pas sans péril ou sans quelque intention remarquable. De là ces inscriptions qui couvrent les rochers de la fontaine de Vaucluse, les pyramides de Gizé, la flèche du clocher de Strasbourg; de là ces *ex-voto* que les pèlerins et les pèlerines philosophes allaient attacher au tombeau de Rousseau à Ermenonville, ou à la niche qui renferme son buste à l'ermitage de Montmorenci; la plus célèbre des inscriptions de ce genre est celle que le second de nos poétes comiques traça sur l'*Album* du cercle polaire :

Sistimus hic tandem nobis ubi defuit orbis.

Ce procédé peut s'appeler l'*Album en plein vent.* Vient ensuite l'*Album des murailles.* Cette nouvelle espèce est encore plus riche que la précédente. On sait que les malades ou les empiriques décrivaient sur les murs du temple d'Esculape les maladies et les remèdes qui les avaient guéries. Hippocrate recueillit ces devises, et le premier et le meilleur livre de médecine fut un *Album.*

Dans tous les temps, les murs des prisons, des corps-de-garde, des écoles, des auberges, ont été des registres ouverts aux impromptus des hommes. La plume, le crayon, le stylet, le pinceau, se sont distingués à l'envi sur ces tables enfumées. On en a retrouvé l'empreinte dans les ruines d'un corps-de-garde d'Herculanum. On en cite mille traits, depuis le terrible cri de vengeance du proscrit de Florence,

Exoriare aliquis nostris ex ossibus ultor,

jusqu'aux arabesques des écoliers de nos lycées. Les auberges offrent, sur-tout en ce genre, la plus riche moisson à faire. On ne saurait nombrer toutes les choses gaies, spirituelles, originales, que les Français y ont déposées depuis vingt ans dans leurs fréquents passages sur les routes d'Italie et d'Allemagne. J'ai lu sur la même muraille, à côté d'une pensée digne de Pascal ou de La Bruyère, tel quatrain qui ferait envie parmi nous au héros du distique; et au-dessous des chiffres tracés par la main avare du fournisseur, l'énergique serment d'amour d'un carabinier. Est-ce qu'aucun postillon littéraire n'ira sauver ces trésors que menace à chaque instant le balai d'une servante?

Passons maintenant à l'*Album* vulgaire, c'est-à-dire à celui qui se forme aux dépens d'un registre blanc, et qui exige le concours de deux volontés. L'origine en est noble, sainte, majestueuse. Saint Bruno avait fondé, au sein des Alpes, le berceau de son ordre; tout voyageur y était reçu pendant trois jours avec une hospitalité grave et décente. Au moment du départ, on lui présentait un registre, en l'invitant à y écrire son nom, qu'il accompagnait ordinairement de quelques phrases inspirées. L'aspect des montagnes, le bruit des torrents, le silence du monastère, la religion grande et formidable, les religieux humbles et macérés, le temps méprisé et l'éternité par-tout présente, devaient faire naître, sous la plume des hôtes qui se succédaient dans ces augustes demeures, de hautes pensées et de touchantes expressions. Quelques-uns de nos poètes vivants ont déposé dans ce répertoire des vers justement célèbres. Qu'est devenu ce registre si singulier et si précieux? Les solitaires l'ont-ils emporté dans leur émigration? Serait-il enterré dans quelques obscures archives de la ville de Grenoble? Qu'on ne soit point étonné de mon inquiétude sur son sort; car l'*Album* de la grande chartreuse est incontestablement le père et le modèle de tous nos *Album*.

Votre correspondant ne manquera pas de dire que la postérité du grand *Album* a bien dégénéré. Cependant il est assez doux de réunir ainsi des traits de tous ceux qu'on aime ou qu'on admire. Quelquefois, il est vrai, c'est l'amour-propre qui impose ce léger tribut à la gloire et à l'amitié; mais l'amour-propre tient tant de place dans le bonheur, qu'on peut lui pardonner un peu d'importunité, sauf le droit de représailles. L'avenir d'ailleurs donnera de la valeur à ces petits recueils auxquels les contemporains ne savent donner que des ridicules. Les Anglais mettent du prix aux *fac simile*, qui ne sont que des imitations fidèles de l'écriture des personnages célèbres. *La Guirlande de Julie* a, je crois, été vendue 14,000 fr. dans un encan public. Il y a, même au Marais, des *Album* bien supérieurs en esprit et en variété à ces insipides madrigaux de l'hôtel de Rambouillet. Je ne serais point surpris que, dans cinquante ans, de petites-filles se mariassent en apportant pour dot l'*Album* de leurs sensibles grand'mères; dans un siècle de mathématiques cette considération n'est pas à dédaigner.

En poursuivant mes recherches, j'ai découvert un autre usage qui est encore peu connu, mais qu'on peut regarder comme un perfectionnement de l'*Album*, et comme l'*ultimatum* de l'amitié passionnée. On le doit à quelques dames tendres et nerveuses à qui leur vague inquiétude ne permet jamais d'habiter longtemps dans le même lieu. Sans cesse elles voyagent, et sans cesse elles se passionnent pour ceux ou celles qu'elles ont vus une semaine, un jour, une heure; elles ne peuvent s'en détacher, si elles n'emportent un souvenir de leur part, un léger don qui ait tenu à leur personne. C'est un anneau, un collier, un vieux ruban, une plume, une fleur sèche, un fragment de gaze ou d'oripeau. Rien n'est froid, rien n'est vil dans ces faveurs symboliques : on ne trouverait pas même étrange l'affection de ce vilain Vitellius, qui portait dans son sein un soulier de la fameuse épouse de Claude. Quand ces belles conquérantes reviennent dans leur patrie chargées de si chères dépouilles, leur premier soin est de les disposer d'une manière convenable au besoin de leurs cœurs. Les unes les déploient dans le *Temple de l'Amitié*, construit au milieu d'un parc romantique; les autres en décorent un boudoir retiré, qui devient la *Chapelle des Souvenirs.* Le plus grand nombre se contente de les arranger dans un meuble précieux. Comme ce dernier usage est le plus commun, le meuble qu'on y destine prend le nom générique de *Chiffonnier Sentimental,* qui s'applique à toutes les collections de ce genre, quel que soit leur dépôt; mais au reste, dans le temple, dans le boudoir ou dans le chiffonnier, ces innombrables débris de parure ou de vêtement, que des esprits grossiers appelleraient la friperie de l'Europe, sont étiquetés soigneusement, avec la date, le lieu et le nom de la personne qui a fait le don. On sent bien que, sans ces précautions, les dames, dont la sensibilité a un emploi si étendu, seraient exposées à faire beaucoup de méprises dans les objets de leur culte et dans la mesure de leur idolâtrie.

J'en suis fâché pour les dames françaises, mais ce n'est point à elles qu'est due l'invention du *Chiffonnier Sentimental.* Je ne doute pas qu'elles ne l'adoptent et ne le perfectionnent aussitôt qu'il leur sera connu: une mode n'entre dans le domaine de l'histoire qu'autant que leur aimable génie y a mis le sceau. Je dois donc me borner à dire que le *Chiffonnier Sentimental* a été ébauché par les âmes les plus tendres et les cœurs les plus palpitants de l'Angleterre et de la Pologne. Il semblerait d'abord que de telles conceptions dussent appartenir aux imaginations du Midi; mais, hélas! il n'en est rien. Les climats ardents consument trop vite les souvenirs. Les dames y portent dans leurs affections un positif désespérant pour nous autres mélancoliques; c'est la que les absents ont tort, et qu'un *Chiffonnier Sentimental* serait bientôt relégué au garde-meuble.

J'espère que nos dames lui feront un meilleur accueil : en recevant ce présent des régions hyperborées ne pourront-elles pas leur rendre, en échange, de la monnaie française, telle que les charivaris de breloques, les bagues hiéroglyphiques, l'alphabet des fleurs? Mais j'oublie que, pour divulguer ces mystères, il existe un *Ermite de la Chaussée-d'Antin* dont l'esprit est plus riche et l'observatoire mieux situé que le mien.

P. E. L. [1].

[1] Ces initiales sont celles de M. Lemontey, de l'académie française.

N° XVII.

PARIS A LA CAMPAGNE.

O rus, quando te aspiciam?
Hon.

Quand reverrai-je les champs?

« Comment, c'est vous, ma chère? déja de retour à Paris! — *Ne m'en parlez pas* (locution à la mode), j'y meurs d'impatience, de chaleur, de poussière, et d'ennui; mais, vous-même, ma belle, comment n'êtes vous pas sur les bords de l'Orme, dans ce *bel respiro,* où nous avons passé l'année dernière un mois si délicieux? — Que voulez-vous? De maudites affaires, très importantes, vrai! — C'est comme moi, des signatures à donner à un notaire, un enfant malade. — Sans doute, sans compter qu'Alfred ne peut pas souffrir la campagne. — Sans compter que votre mari n'en sort pas. — N'importe, je n'attends plus qu'une dernière représentation d'*Armide,* et je revole aux champs. — Il n'y a que cela de bon, ma chère, les prés, les bois, les fleurs! Alfred suit exprès pour moi un cours de botanique. »

Ce commencement de conversation, que le hasard me mit à portée d'entendre, se passait entre deux jeunes dames aux Champs-Élysées : malheureusement quelqu'un les aborda, et leur entretien fut interrompu ; mais la note était prise, et devait servir de texte à quelques observations que j'ai recueillies sur le goût de nos belles pour la campagne.

Pendant tout l'hiver, et sans rien perdre des plaisirs de cette saison brillante, elles soupirent après le retour du printemps, ne rêvent que promenades au clair de la lune, déjeuners dans les laiteries, bals champêtres sous le vieux chêne : le mois de mai arrive enfin ; *mais* les beaux jours sont encore incertains ; les matinées sont trop fraîches (pour des gens qui ne se lèvent jamais avant midi), et d'ailleurs on ne veut pas perdre les derniers concerts du Conservatoire, qui valent bien, après tout, les premiers chants du rossignol.

On voulait partir au premier juin ; mais les ouvriers n'avaient pas encore posé le nouveau billard que l'on fait monter dans le salon même, pour la commodité de la conversation. Tout est prêt pour le 15 ; les chariots, partis la veille, sont chargés de tables de jeux de trictrac, de jeux d'échecs et de dames, de sixains de cartes, etc. ; le précepteur des enfants a fait la provision de romans ; il a complété la collection des proverbes de Carmontel : rien n'est oublié, comme on voit, pour jouir avec délices des beautés de la nature et des plaisirs de la campagne. Le départ est déja une fête. En avant, les jeunes gens à cheval ou sur de légers bockeys précèdent la brillante calèche où sont réunies toutes les jeunes femmes ; les grands parents et les marmots suivent derrière dans la pesante berline.

On arrive au château ; les premiers moments sont délicieux ; on les emploie à la distribution des logements, travail essentiel, et qui suppose dans une maîtresse de maison une finesse de tact, un sentiment des convenances, une expérience du monde qui ne s'acquièrent qu'à Paris.

Dès le lendemain on ne pense plus qu'aux moyens d'oublier la campagne et d'y rappeler les amusements de la ville. A onze heures, la cloche sonne le déjeuner ; mais il est rare que les dames y paraissent : l'une a si mal dormi qu'elle s'est recouchée en sortant du bain ; l'autre boude ; celle-ci a son courrier à faire ; cette autre un roman à finir. La plupart du temps il y a une bien meilleure raison que tout cela, mais on ne la donne pas ; et d'ailleurs n'est-on pas convenu en arrivant que la plus entière liberté est le privilége de la campagne ? Il est tout simple qu'on en use, et que chacun passe sa matinée comme il l'entend. A cinq heures, le *premier coup* du dîner avertit les hommes qu'il est temps de songer à leur toilette (car, quelle que soit la *liberté* dont on jouisse à la campagne, malheur à qui se laisse entraîner par le charme de la promenade au point d'arriver au moment où l'on se met à table! Il ne peut décemment s'y présenter dans le négligé du matin, et doit perdre à s'habiller un temps dont son appétit réclame un autre emploi). A six heures, tout le monde est réuni au salon, paré comme dans une soirée d'hiver.

On annonce à Madame qu'elle est servie; on passe dans la salle à manger, où les lambris de marbre, les surtouts de vermeil, ornés de fleurs artificielles, ne vous rappellent encore que le luxe de la ville; mais au dessert la beauté des fruits amène naturellement l'éloge de la campagne, sur laquelle on se prépare à dire les plus jolies choses du monde, lorsque le maître de la maison, espèce de sénateur *Pococurante*, déjoue toutes les prétentions en apprenant à ses convives que ces fruits magnifiques ont été achetés à la Halle, et que, grace à Madame, il n'a dans ses jardins que des arbres fruitiers à fleurs doubles.

On se lève de table, et l'on va prendre le café dans une espèce de kiosque, d'où l'on découvre Paris dans toute son étendue, et dont on peut même s'amuser à compter les maisons au moyen des télescopes braqués à toutes les fenêtres.

C'est l'heure de la poste; on se dépêche de redescendre au salon pour recevoir ses lettres et lire les journaux, que l'on s'arrache comme au café *Valois*. Après cette lecture et les discussions qui en sont ordinairement la suite, on se décide enfin à faire un tour de promenade; mais il est déja huit heures, le temps est humide, le serein a ses dangers; les jeunes gens restent au billard, ces dames n'iront pas loin.

On rentre à neuf heures; que faire jusqu'à une heure que l'on se couche? Les jeux innocents sont bien niais, les cartes bien tristes, la conversation bientôt épuisée: on joue la comédie; on fait choix d'un proverbe de Carmontel; on se dispute les rôles; les démêlés de coulisses s'établissent dans le salon; et, s'il est permis de le dire, c'est à ces petites tracasseries qu'on doit les moments les moins ennuyeux que l'on passe à la campagne. Mais cette ressource s'use, l'ennui gagne, chacun se crée des affaires pour avoir le prétexte d'aller passer un jour à Paris; les voyages deviennent plus fréquents, et les premiers jours de septembre ramènent définitivement à leur hôtel du faubourg Saint-Germain des gens qui pouvaient se dispenser d'en sortir.

La plupart des pièces de Dancourt frondent des mœurs, des usages et des ridicules particuliers à l'époque où il écrivoit; et l'on doit convenir que si la gaieté, la franchise de son dialogue, sont de tous les temps, ses sujets ont perdu la plus grande partie de leur mérite, celui de l'à-propos. Dans le très petit nombre de pièces où il a peint des ridicules plus durables, il en est une (*la Maison de Campagne*) dont le fond et les caractères conviennent de tout point au moment actuel. Que de MM. *Bernard*, dans Paris, qui, sans aucun goût pour la campagne, sans aucun moyen de le satisfaire (supposé que ce goût leur vienne), se croient obligés *d'avoir une maison de campagne pour se délasser de leurs affaires, et pour y recevoir un ou deux amis à la fortune du pot!* Rien de plus risible, à l'examen, que cette manie qui descend aujourd'hui jusqu'à la classe bourgeoise la moins aisée. Le plus petit mercier de la rue Quincampoix, le plus mince employé d'une administration subalterne, veut pouvoir dire: *Ma campagne.* Il est vrai qu'il n'entend par là, ni une jolie habitation sur les bords de la Seine ou de la Marne, ni une bonne ferme dans la forêt de Saint-Germain ou de Fontainebleau, ni même un pied-à-terre dans les bois de Meudon, dans la vallée de Montmorency ou sur la colline d'Auteuil. Ce que notre petit bourgeois entend par sa campagne, c'est environ quatre toises carrées de marécages dans l'*Allée des Veuves*, ou, le plus souvent, une chambre garnie au second dans la grande rue de Chaillot.

♠

N° XVIII.

MACÉDOINE.

On a beaucoup écrit, dans le dernier siècle, sur la mendicité, et sur les moyens de guérir cette affligeante maladie du corps social : ce qu'on a proposé dans un autre temps, on l'a exécuté dans celui-ci, c'est-à-dire que, pour extirper la mendicité, on s'est servi du seul moyen qu'on pût efficacement employer : on a ouvert des ateliers pour les mendiants valides, et des refuges pour ceux à qui l'âge et les infirmités ôtent la ressource du travail. Cette grande et salutaire mesure ne pouvait trouver son application que sous un gouvernement fort de son intention, de sa volonté, et de ceux auxquels il en confie l'exécution : l'honneur d'avoir attaqué et détruit le premier la mendicité dans une partie de la France appartient au sénateur comte de Pontécoulant, alors préfet de Bruxelles, et placé, pour ainsi dire, au foyer de la contagion. En moins de deux ans, le département de la Dyle, où les mendiants, en nombre prodigieux, formaient une sorte de corporation qui avait ses lois, ses chefs, ses priviléges, et contre laquelle avaient échoué tous les efforts de l'ancien gouvernement; en moins de deux ans, dis-je, le département de la Dyle n'offrit plus la moindre trace d'un fléau dégoûtant auquel il était en proie depuis des siècles.

Dans tous les départements de l'empire, on a ouvert des dépôts et des ateliers de travail, où l'indigence laborieuse trouve une existence assurée au prix d'un travail honnête; où l'oisiveté se trouve forcée d'employer pour vivre une industrie dont elle dédaignait de faire usage. Grace à ces mesures, qu'une police infatigable seconde avec tant de persévérance, les rues de Paris sont nettoyées de cette foule de vagabonds qui, sur les traces de *Gusman d'Alfarache*, spéculaient joyeusement sur la pitié publique. Les provocations d'aumônes, interdites aux mendiants qui ont échappé aux dépôts, obligent ces derniers à mettre en jeu une industrie nouvelle pour attirer sur eux l'attention des passants. Ici, c'est un homme, jeune encore et proprement vêtu, qui se promène de long en large, dans un espace donné, comme une sentinelle, et se contente d'ôter gravement son chapeau à tous ceux qu'il juge en état d'apprécier sa politesse; plus loin, c'est un enfant couché sur un trottoir et qui grelotte ou gémit par ordre de ses parents cachés à quelque distance, jusqu'à ce qu'on ait jeté quelques pièces de monnaie dans un vieux chapeau placé à côté de lui; dans un autre endroit, une femme voilée, et qui tient un enfant dans ses bras, chante d'une voix fausse et lamentable une romance où l'on dit:

> La vie est un voyage,
> Tâchons de l'embellir;
> Jetons sur son passage
> Les roses du plaisir.

Ces moyens détournés de demander l'aumône ne mettent pas long-temps ceux qui les emploient à l'abri de la surveillance qu'ils redoutent; mais le mauvais succès des uns ne décourage pas les autres: la fainéantise et les honteuses habitudes lutteront long-temps encore contre les institutions qui finiront par les détruire.

— L'inconstance des Parisiens, leurs bizarreries, leur goût exclusif, sont toujours pour moi un objet d'étonnement. Après avoir successivement délaissé les jolis bosquets du pavillon d'Hanovre, les belles allées et les magnifiques salons de Frascati, la pelouse du Ranelagh, etc., ils concentrent aujourd'hui leur promenade dans quelques toises du boulevart Italien. C'est là que, depuis six heures du soir jusqu'à minuit, quatre mille personnes se heurtent, se coudoient, se talonnent, s'étouffent de chaleur et de poussière, en croyant se promener, dans un espace de dix pieds de large, rétréci par quatre rangs de chaises. A quoi tient la préférence accor-

dée à ce lieu? Les parures y brillent-elles davantage?
Non, car c'est tout au plus si l'on se voit assez pour
se reconnaître. Les rendez-vous y sont-ils plus commodes? Non, car l'on ne peut parler si bas, qu'on
ne risque, tant on est pressé par ses voisins, de les
mettre dans sa confidence. La société du moins
est-elle mieux choisie? Non, car toutes les beautés
des rues d'Amboise et de Marivaux y affluent au
déclin du jour. Quels charmes ou du moins quels
avantages trouve-t-on dans cette promenade? Aucun; mais *elle est à la mode!*

— Les cafés sont, à Paris, les salons des oisifs de
différentes classes. Ces sortes de gens prélèvent de
force, sur les propriétaires de ces établissements,
une taxe journalière qu'on leur paie en feu, en lumière et en gazettes. Ce sont, le plus ordinairement,
des rentiers célibataires, dont la jeunesse remonte à
peu près à la régence, et dont la conversation roule
encore sur les billets de banque de Law, la compagnie du Mississipi et les miracles du diacre Pâris;
de vieux militaires qui croient avoir dîné avec le
maréchal de Saxe, et sont convaincus qu'il ne s'est
rien passé de remarquable en Europe depuis le siège
de Prague et la bataille de Fontenoy; enfin des
vétérans des aides, qui s'obstinent à régler les finances de l'empire sur les données de l'impôt du
vingtième de la *gabelle*, ou des réglements de l'*équivalent*. Ces trois classes principales de parasites de

café se subdivisent en diverses espèces, lesquelles se partagent les différents cafés de Paris. Le café de Foi est le centre des vieux politiques; chez Corazza se réunissent quelques survivants de la secte des économistes; le café de la Régence est encore le rendez-vous des descendants de Philidor, qui font la grande, ou plutôt la seule affaire de leur vie, d'un *pat,* d'un *mat* ou d'un *gambit.* C'est au café de Chartres que se fixe le prix des denrées coloniales, des vins et du *banco.* Vous trouvez à la tabagie du Perron, au prix d'une demi-tasse de café et d'un petit verre de liqueur, des gens qui vous apprennent l'art de neutraliser le refait du *trente-et-un,* qui vous donnent une marche sûre pour suivre la *couleur,* ou vous garantissent la *martingale des intermittentes.* Le café Zoppi, par respect pour son ancien nom de Procope, continue à s'occuper de littérature, et c'est là qu'on apprend que le beau temps des lettres et des arts en France était celui où Dorat et Marivaux écrivaient, où Boucher et Vanloo tenaient le sceptre de la peinture, où l'on bâtissait à Luciennes, à Belle-vue, à Meudon, ces colifichets d'architecture, monuments de prodigalité et de mauvais goût. Nous aurons occasion, une autre fois, de jeter un coup d'œil sur un grand nombre de cafés subalternes, d'autant plus amusants à passer en revue qu'ils ne sont pas connus des personnes pour lesquelles nous écrivons.

— Croira-t-on qu'il existe dans cette grande capitale une classe assez nombreuse de gens qui ne possèdent pas un sou, qui n'exercent aucune profession, qui n'ont ni parents, ni amis, dont la conduite n'a rien de légalement répréhensible, et qui trouvent cependant le moyen de mener une assez douce vie? Voici la solution de ce singulier problème.

L'homme que nous prendrons pour type de l'espèce dont il est question, sort de chez lui de fort bonne heure : une pièce d'estomac de batiste, bien blanche et bien plissée, supplée à la chemise qui lui manque; une cravate noire lui donne un air militaire dont il peut tirer parti au besoin; le drap de son habit, vu de près, laisse un peu trop à découvert le travail du tisserand ; mais, à tout prendre, il est proprement vêtu; il peut, sans être désagréablement remarqué, se présenter par-tout: c'est le point important. On l'a pris à témoin la veille dans un pari dont la perte entraîne un déjeûner au Rocher de Cancale, à la porte Maillot, ou sous la rotonde du Palais-Royal; il s'y trouve tout naturellement invité, et ne manque jamais d'arriver le premier au rendez-vous.

Vers quatre heures, il entre dans une maison de jeu, examine attentivement la figure, la contenance des joueurs, et s'attache de préférence à l'étranger que la fortune favorise. Un joueur qui gagne, dîne bien, et n'aime pas à dîner seul. Notre homme accompagne le ponte heureux chez le restaurateur, s'assied à table avec lui, et dîne à ses dépens. Le dîner fini, il court au café Minerve, rendez-vous général des *claqueurs dramatiques;* il y a toujours quelque pièce nouvelle, quelque reprise, ou quelque rentrée d'actrice ; notre homme est particulièrement connu du *chef de file* à qui les billets sont prodigués dans ces jours solennels : il en obtient deux, court sous les galeries du théâtre, et propose à quelque provincial une entrée *gratis*, que celui-ci accepte avec reconnaissance. Placés l'un auprès de l'autre, l'habitué raconte à son voisin toutes les anecdotes de coulisses, lui dit le nom de chaque acteur, lui apprend quel est l'amant de chaque actrice, et lui fait l'histoire des chutes et des succès de l'auteur qu'on joue. L'offre d'un bol de punch ou d'un riz au lait, après le spectacle, ne saurait payer tant de complaisance : on se sépare très satisfait l'un et l'autre, avec promesse de se revoir le lendemain; et la connaissance intime commence, de la part de l'officieux desœuvré, par l'emprunt d'un ou deux écus de cinq francs, qui servent à payer une quinzaine de la mansarde qu'il occupe rue Saint-Jean-de-Beauvais.

— Dès que les hommes sont rassemblés, fût-ce même aux spectacles des boulevarts, ils se doivent mutuellement, et chacun doit sur-tout à la réunion dont il fait partie, de se conduire avec décence et d'éviter toute espèce de scandale. Ce respect des bienséances publiques a de tout temps distingué les Français entre tous les peuples de l'Europe ; et sans doute il importe de signaler à sa naissance un abus qui tend à effacer ce trait marquant du caractère national.

On assignait autrefois (dans les spectacles où elles étaient admises) une place particulière à ces femmes qui n'en ont aucune dans la société ; on a cru plus conforme aux bonnes mœurs de ne point attirer les yeux sur elles en les réunissant, et il en est résulté des inconvénients beaucoup plus graves. Une mère de famille ne peut, aujourd'hui, conduire sa fille à tel et tel spectacle (que nous finirons par nommer) sans courir le risque de partager sa loge avec une courtisane effrontée, dont le langage et la conduite trahissent bientôt la profession, et forcent la femme honnête à se retirer, pour ne pas laisser pendant deux heures, sous les yeux de sa fille, un exemple de la plus impudente dépravation. Ce fait que je cite, j'en ai été témoin ; et je ne doute pas qu'il ne finisse par éloigner la bonne société d'un théâtre où il se renouvelle presque tous les jours.

— Il y a beaucoup de gens à Paris qui n'y connaissent d'autres spectacles que les Français, l'Opéra, les Bouffons et l'Opéra-Comique ; ils savent qu'il y a un théâtre du Vaudeville, un théâtre pittoresque, d'autres où l'on joue le mélodrame et la pantomime ; mais ils n'ont aucune idée de cette multitude de spectacles populaires que l'on trouve à chaque pas sur les boulevarts, ou sous les galeries du Palais-

Royal, et dont je viens d'achever la tournée. Le premier, par rang d'ancienneté du moins, est celui des *Ombres Chinoises* du sieur Séraphin, véritable théâtre qui a ses acteurs, ses auteurs, et, qui plus est, ses pièces imprimées, dont la principale est ce fameux *Pont Cassé*, en possession, depuis trente ans, d'amuser tous les soirs à la même heure, la foule des bonnes et des enfants dont il fait les délices.

A quelques pas de là, sous la même galerie du Palais-Royal, vient de s'établir un *éléphant automate*, lequel, au son d'une musique guerrière, exécute, avec assez de précision, divers mouvements du corps et de la trompe; mais pourquoi tromper le public en annonçant un éléphant de grandeur naturelle, quand il est de fait que cet automate n'a pas la moitié de la taille ordinaire du quadrupède qu'il représente?

Dans le passage de Lorme (jolie galerie vitrée qui établit une communication élégante et commode entre la rue Saint-Honoré et celle de Rivoli), on montre les *serins hollandais*; et l'on ne sait ce qu'on doit admirer le plus de l'obéissance de ces petits animaux, ou de la patience de leur instituteur. Il est douteux que le *Déserteur* de Sedaine, ou même celui de M. Mercier, ait jamais inspiré autant d'intérêt qu'un de ces pauvres petits serins condamné à être fusillé pour le même crime, et subissant son sort avec un courage bien plus héroïque.

Ces acteurs emplumés m'ont beaucoup plus amusé que les *puppi napolitani* qui baragouinent une langue étrangère, et n'ont pas, même pour des spectateurs français, l'espèce d'intérêt des marionnettes qui courent les rues.

Me voici maintenant sur le boulevart, dans la grotte de l'*homme incompréhensible :* après avoir avalé des cailloux pendant quelques années, il se nourrit maintenant de baguettes de vingt-huit pouces de long, qu'il trouve le moyen, sans aucun escamotage, de faire descendre tout entières dans son estomac. Cette expérience m'aurait surpris davantage, si j'avais oublié celle que j'ai eu l'occasion de voir faire à quelques jongleurs dans les Indes Orientales : ceux-ci, beaucoup plus *incompréhensibles* que l'homme des boulevarts, avalent une lame de sabre longue de deux pieds, et large d'un pouce et demi [1].

Tout à côté de ce *rabdophage* est une ménagerie où l'on fait voir, sous le nom d'*orang-outang femelle,* une guenon hideuse, dont on a peint l'extrémité des mamelles en rose, pour l'instruction des connaisseurs. On est dédommagé de cette supercherie par la vue du singe voltigeur. Rien de plus étonnant que ce petit animal, qui surpasse en adresse

[1] On a vu l'année suivante à Paris, des jongleurs indiens, qui m'ont justifié, auprès de mes lecteurs, du reproche qui m'avait été fait d'abuser du privilége des voyageurs

et en agilité, sur la corde, tous les Ravel et les Forioso du monde.

Une des choses que j'ai vues avec le plus de plaisir dans ma promenade (malgré l'emphase de l'annonce qui m'avait un peu indisposé), c'est le *Panorama de l'Univers,* de M. Prevost. Les tableaux sont variés et bien choisis, la lumière distribuée avec beaucoup d'art; et, en général, ces effets d'optique et de perspective m'ont paru dignes d'attirer quelques moments l'attention des connaisseurs eux-mêmes. J'ai sur-tout admiré un effet de neige sur une des places de Moscou, dont l'illusion ne laisse rien à desirer. En moins d'une heure, au moyen d'une vingtaine de tableaux qui passent sous vos yeux, vous parcourez les quatre parties du monde d'une manière plus économique, moins fatigante et presque aussi fructueuse que les trois quarts et demi des voyageurs qui se donnent la peine de se transporter sur les lieux.

Après avoir parcouru la terre chez Prevost, on peut voir chez Curtius les grands hommes qui l'ont illustrée, et qui se sont donné rendez-vous dans les salons de cet habile modeleur en cire. La plupart des bustes sont parfaits, les costumes sont riches, et même assez exacts; mais tout est visiblement sacrifié à la tête. Le mannequin, dénué de mouvement et de forme, n'indique que la place du corps, des membres et de la figure. Nous ferons un re proche plus grave encore à cet artiste, d'ailleurs très estimable, c'est de prostituer son talent à modeler des sujets qui ne doivent point trouver place dans une exposition publique, et qui pourraient tout au plus figurer dans le boudoir d'une courtisane, ou dans un cabinet d'anatomie.

Nous avons terminé nos courses au café de la *Victoire*, où, pour une modique rétribution de huit sous, sur laquelle on vous fournit encore une bouteille de bière, on peut assister à la représentation d'une pièce en vaudevilles, jouée par des acteurs, dignes successeurs de Cadet-Roussel.

N° XIX. [12 novembre 1811.]

CORRESPONDANCE.

Je fais chaque jour l'expérience qu'il est impossible d'écrire dix lignes, sur quelque sujet que ce soit, sans compromettre dix intérêts particuliers, sans froisser vingt amours-propres : les reproches, les plaintes, les réclamations, m'arrivent de tous côtés; et, chose assez ordinaire, les uns se plaignent de ce dont les autres se louent (car je reçois bien, de loin en loin, quelques lettres de remerciements). Pour diminuer et simplifier un peu ma Correspondance, je commencerai ce Discours par un *petit avis*, dont chacun de ceux qui m'ont écrit prendra sa part sans que je sois obligé de la lui faire.

Je préviens donc *ceux-ci* que mon Bulletin de Paris n'est pas le Journal d'Indications, et que les inventeurs de nouveautés, les auteurs de découvertes, les marchands qui cherchent à se mettre en vogue, peuvent se dispenser de solliciter une insertion qu'ils n'obtiendront pas, même au prix de certaines *légitimations*. Je déclare à *ceux-là* qu'ils doivent chercher un autre canal pour faire circuler la médisance, les noirceurs et les calomnies, un autre champ pour leurs intrigues, un autre instrument pour servir leur haine; enfin, je recommande *à tous* de ménager mon temps et leur papier, en ne m'écrivant que lorsqu'ils auront véritablement quelque chose d'intéressant à dire au public. Cela convenu, je choisis, entre toutes les lettres qui me sont parvenues, celles qui me paraissent de nature à pouvoir être mises sous les yeux de mes lecteurs.

Paris, le 12 novembre 1811.

Il y a deux mois, M. l'Ermite, que j'étais entièrement de votre avis sur l'éducation des jeunes filles [1]; je soutenais avec vous qu'elles ne pouvaient être nulle part mieux élevées que dans la maison paternelle; et c'est, je crois, le seul point sur lequel j'aurais été capable de ne point céder à ma femme, si l'expérience, contre laquelle viennent échouer tous les raisonnements du monde, ne s'était déclarée en sa faveur. Je m'explique : vous saurez d'abord que je suis le mari d'une femme qui n'a d'autre tort à mes yeux que d'avoir le caractère, l'esprit et le langage un peu romanesques; nous avons deux filles, dont le bonheur a toujours été notre première et notre plus douce occupation; mais

---

[1] Voyez le n° VII.

nous voulions y travailler par des moyens différents.

Sans être tout-à-fait de l'avis de M. de L...., qui voudrait qu'on enfermât les femmes à la manière des Orientaux, je suis très-porté à croire qu'une vie plus sédentaire, des plaisirs moins bruyants, des talents et des vertus plus modestes, ajouteraient beaucoup à leur considération et à notre repos. Ma femme, dont les idées sur ce chapitre sont diamétralement opposées aux miennes, me répétait sans cesse, dans un jargon auquel j'ai eu beaucoup de peine à m'habituer, « que les jeunes filles sont des fleurs, et que leur culture doit avoir pour objet d'ajouter aux charmes dont la nature les a dotées. » Je répondais qu'on s'occupe trop des fleurs, et qu'on néglige les fruits; bref, de métaphore en métaphore, nous finissions par nous disputer d'autant plus sérieusement que nos filles grandissaient, et qu'il ne fallait plus discourir, mais se décider sur l'éducation qu'on leur donnerait. Ma femme, qui vit bien cette fois qu'il n'y avait pas moyen de tout obtenir, proposa un *mezzo termine* plus raisonnable qu'à elle n'appartenait. « Nous avons deux filles, me dit-elle; chargez-vous de l'éducation de *Louise* (c'est l'aînée); moi, je surveillerai celle de *Palmire*, et nous verrons, par les résultats, qui de nous deux aura suivi la meilleure route. »

Ce plan arrêté, Palmire a été mise en pension

chez madame Campan, où elle a reçu l'éducation la plus brillante, tandis que sa sœur, élevée sous mes yeux, n'a pas quitté la maison paternelle. Ces deux éducations si différentes ont eu tout le succès que chacun de nous pouvait espérer. Palmire est citée par-tout comme un modèle d'élégance, de grace et de talents; Louise possède au plus haut degré toutes les qualités solides, toutes les vertus domestiques : elles sont également bien partagées sous le rapport de la figure, elles ont droit à la même dot; et cependant (car il faut bien convenir du fait lors même qu'il prononce contre moi) il s'est présenté un grand nombre de partis pour la cadette, que nous venons de marier de la manière la plus avantageuse avec un entrepreneur des vivres, riche de plus de 40 mille livres de rente, tandis que ma Louise n'a encore été demandée que par un vieux médecin et un jeune auteur. Qu'en dites-vous, M. l'Ermite? que deviennent, à l'application, mes principes et les vôtres, et que faut-il que je réponde à ma femme quand elle m'accable du poids de mon propre exemple?

J'ai l'honneur d'être, etc.

GEORGES FRÉMONT.

Je ne répondrai pas avant un an à la lettre de M. Georges Frémont; en y réfléchissant il devinera pourquoi j'ai besoin d'un aussi long délai.

Versailles, 28 octobre 1811.

Monsieur l'Ermite, de quoi vous mêlez-vous? Parce que vous n'avez point d'enfants, est-ce une raison pour tourmenter ceux des autres? Avec vos maudites observations sur les pensionnats de jeunes demoiselles, sur les distributions de prix, vous êtes cause que me voilà reléguée à Versailles, où je trouverai un mari quand il plaira à Dieu. Mon père, pour qui les articles de son journal sont des articles de foi, n'a pas manqué d'adopter vos dernières rêveries sur l'éducation, et, par la même raison qui l'avait décidé, il y a trois ans, à me faire élever dans une des pensions les plus brillantes de la capitale, dont le journal qu'il recevait alors avait fait l'éloge, il vient de m'en retirer brusquement par déférence à l'opinion que vous avez manifestée dans un de vos derniers articles.

J'étais si heureuse dans ma pension! La matinée se passait à étudier mon piano, à filer des sons, à dessiner des fleurs : il est vrai que j'avais une heure d'étude très sérieuse, que j'employais à traduire quelques sonnets de Pétrarque, quelques *octaves* de l'Arioste; mais, en récompense, la soirée entière était consacrée aux *gavottes*, aux *cosaques*, aux *montférines*, à toutes ces danses de caractère où j'aurais excellé, de l'aveu même de mes rivales.

Graces à vous, je suis rentrée sous le toit paternel avant que mon éducation soit achevée, sans avoir appris le *pas russe* et la *danse du schall*, sans savoir jouer du tambour de basque et des castagnettes. On veut que je m'occupe des détails les plus minutieux d'un ménage; que j'accompagne, le matin, la femme de charge au marché; que je tienne le livre de dépense; que j'apprenne à coudre, à broder; et l'on me promet pour récréation une promenade, le dimanche, au *Tapis-Vert*, ou le long de la *pièce d'eau des Suisses*. Jamais, je le sens, je ne pourrai me faire à cette vie-là; et, si vous ne voulez pas avoir à vous reprocher mon malheur, ma mort peut-être, vous réparerez le mal que vous m'avez fait, en insérant dans votre journal un article tout contraire à celui dont je me plains. Je ne vous demande qu'une chose fort simple, et qui se fait tous les jours; si vous me refusez, comptez sur une rancune éternelle.

Atala de Saint-H....

Je ne suis pas bien sûr de remplir exactement les intentions de ma jeune correspondante en publiant sa lettre; mais ses reproches m'ont paru si bien fondés, ses raisons si frappantes, que j'aurais craint de les affaiblir en cherchant à les faire valoir.

Sainte-Pélagie, le 2 novembre 1811.

Vous me connaissez au moins de réputation, mon cher monsieur; ce qui fait que vous serez moins surpris en voyant de quel lieu ma lettre est datée, et que vous trouverez tout simple que je m'adresse à vous de préférence pour réclamer publiquement contre l'abus dont je suis victime : d'ailleurs, en ma qualité de reclus, j'ai droit à la bienveillance d'un ermite.

On prétend que je suis un des jeunes gens les plus dérangés de Paris, le tout parceque je dois quelques mille francs à des selliers, à des horlogers, à des tailleurs, gens que j'ai mis en réputation, et qui n'en exigent pas moins que je les paie. Depuis dix ans que je suis à Paris, j'ai trouvé le moyen de joindre à mon patrimoine cinq cents louis de dettes par an, ce qui me fait tout juste un revenu de douze mille livres de rente, que je dépense de la manière du monde la plus honorable. Pour vous donner une idée de mon talent pour les dettes, vous saurez que je suis parvenu à me faire prêter quinze cents francs par un juif de la rue des Blancs-Manteaux, sur un simple *billet à ordre;* car j'ai toujours eu pour principe de ne jamais faire de lettres de change, et je me suis toujours dit, avec un de nos meilleurs poëtes comiques :

C'est jouer trop gros jeu que risquer le *par corps.*

Après cela vous me demanderez par quelle fatalité je me trouve où je suis? Par suite des ruses d'un vieux matois d'huissier : à l'aide d'une rame de papier timbré, que ne déchiffrerait pas le plus habile expert; d'une assignation, *parlant à un homme se disant son portier* (notez que c'est une portière); *d'un jugement par défaut signifié au domicile du débiteur; d'un visa des pièces, dont les frais ont été réglés à 274 francs 75 cent., non compris le coût du présent;* finalement, à l'aide de tout ce grimoire infernal, que je n'ai eu ni la patience ni la possibilité de lire, je me trouve claquemuré dans une prison du faubourg Saint-Marceau.

Vous sentez, monsieur, les suites que peuvent avoir de pareilles vexations, si l'on ne s'empresse d'y mettre ordre. Quel est le jeune homme qui peut se flatter d'échapper aux huissiers, s'ils ont trouvé prise sur moi? On ne fait des dettes que parceque l'on a du crédit; le crédit est l'ame des affaires : s'il nous faut payer comptant, nous n'achèterons rien, les ouvriers ne travailleront plus, l'industrie s'éteindra, et le commerce finira par s'anéantir. Il s'agit d'arrêter le mal dans sa source, et personne ne peut le faire avec plus de succès que vous: occupez-vous-en, je vous prie; de mon côté, je vais employer mes loisirs à composer un vaudeville où je tournerai les créanciers en ridicule, à faire une satire contre les huissiers, avec cette épigraphe:

Quis funem quem meruëre dabit?

et un mémoire contre la contrainte par corps avant l'âge de quarante ans. Je compte sur le produit de ces trois ouvrages pour sortir d'ici, et je desire que vous les annonciez d'avance dans votre Bulletin.

J'ai l'honneur d'être, etc.

ERNEST.

Paris, le 3 novembre 1811.

Monsieur, j'ai la plus grande confiance en vous, et je vous regarde comme le véritable arbitre du bon ton et des convenances : veuillez donc éclairer mon incertitude sur un point très important, puisqu'il ne s'agit pas moins que de la réputation et de la santé. Pour ne point abuser de votre temps et de votre complaisance, je poserai la question en très peu de mots.

J'habite ordinairement la province : obligée de suivre mon mari dans la capitale, où ses affaires l'ont appelé et le retiendront quelques mois encore, ma santé, très délicate, a souffert de ce déplacement, et mon médecin m'a recommandé l'exercice. Comme je ne connais personne dans cette ville, et que je demeure dans le voisinage des Tuileries, je ne manque guère, lorsque le temps le permet, de faire seule deux ou trois fois le tour de ce beau jardin, et cette promenade journalière me fait un bien infini. Après cela, croiriez-vous, monsieur, que mon mari m'engage à y renoncer, et cela, sous prétexte qu'une femme qui n'a pas cinquante ans ne peut se promener seule dans Paris, sans donner d'elle une idée très défavorable? Il est bien vrai que j'ai eu plus d'une fois l'occasion de m'apercevoir, dans mes promenades, que j'étais l'objet d'une attention particulière; mais je vous avouerai franchement que j'expliquais cette curiosité d'une manière beaucoup plus flatteuse pour mon amour-propre. Mon mari n'est point galant, il tient à son opinion; mais, en matière pareille, il ne fait pas autorité pour moi, et je continuerai à me promener *seule* jusqu'à ce que vous m'ayez fait connaître votre décision.

J'ai l'honneur d'être, etc.

Victorine de M....

Quoique je sois assez généralement disposé à donner raison aux femmes contre leurs maris, je croirais manquer à la confiance que m'accorde mon aimable correspondante, si j'étais cette fois d'un autre avis que son époux. Il est très vrai qu'une jeune femme, à Paris, ne peut se montrer seule dans une promenade publique : non seulement cela n'est pas du bon ton, ce qui ne veut pas dire grand' chose; mais cela n'est pas convenable, et par conséquent il faut s'en abstenir; car s'il est permis de braver la mode, il ne l'est pas de braver l'opinion. Maintenant, si madame de M*** me demande pourquoi l'usage, qui défend aux femmes de se promener seules, leur permet de se promener par-tout accompagnées de plusieurs jeunes gens, et, qui pis est, d'un seul, je répondrai que je ne suis point chargé de rendre compte de toutes les contradictions de nos mœurs, et qu'après tout il y a des choses très innocentes qu'on ne doit pas faire, par la seule raison qu'elles sont dans les habitudes de gens avec lesquels il faut éviter toute comparaison.

N° XX. [17 NOVEMBRE 1811.]

UNE FAMILLE

DE LA CHAUSSÉE-D'ANTIN.

> Hélas! où donc chercher, où trouver le bonheur?
> Nulle part tout entier, par-tout avec mesure.
> VOLT., *Disc. en vers.*

Réponse à un bourgeois du Marais [1].

Au nom de la paix, mon cher monsieur, faites la mienne avec les habitants de votre quartier; il m'est trop pénible de penser que je puis être une occasion de trouble entre des citoyens dont j'honore les mœurs patriarcales et les vertus héréditaires : dites-leur bien que je suis prêt à affirmer, par serment s'il le faut, que depuis les intrigues de la *belle Marie*, les petits soupers de *Ninon* et les petites débauches du bonhomme *Chapelle*, il ne s'est rien passé au Marais qui ne soit conforme aux règles de la plus saine morale : faites, je vous en prie, entendre raison à ces bonnes

---

[1] Voyez le n° V.

dames de la place Royale, *qui veulent m'arracher les yeux*, parceque j'ai dit qu'on dînait à deux heures dans la rue Boucherat, qu'on s'y couchait à neuf, et que le luxe des équipages ne s'élevait guère au-dessus de la demi-fortune. J'ai laissé, je m'en souviens, échapper le mot de *vanité bourgeoise;* mais, après tout, ce n'est pas trop d'un ridicule pour tout un quartier, sur-tout quand il ajoute au bonheur. Jouissez du vôtre, mais avec modestie, s'il est possible, et ne soyez pas choqué d'apprendre qu'un pareil bonheur fait pitié à nos Mondors de la Chaussée-d'Antin. Maintenant, pour savoir jusqu'à quel point ce mépris est injuste et déplacé, il vous suffit de jeter les yeux sur un petit tableau de famille dont je vous garantis la fidélité.

S'il vous est jamais arrivé de pousser votre promenade jusqu'au boulevart Italien, et si, dans une de ces excursions inusitées, vous avez parcouru la rue du Mont-Blanc dans toute sa longueur, vous aurez peut-être remarqué, au bout d'une longue allée de marroniers, un hôtel d'une apparence plus élégante que fastueuse, dont le péristyle est formé par une espèce de tente en coutil, supportée par des faisceaux d'armes : c'est là que je laisse étendu mon parapluie à canne, quand, dans l'hiver, après l'heure de la Bourse, je vais voir mon vieil ami M. N***, l'un des plus riches et des plus honorables banquiers de cette ville. On pourrait croire qu'un homme pour qui le travail est le premier des besoins et des plaisirs; qui jouit d'une santé parfaite, d'une fortune de deux cent mille livres de rente et d'un crédit inébranlable, fondé sur une réputation sans reproche; qui joint à ces grands avantages celui d'être l'époux d'une femme charmante, et le père de deux enfants dont il est tendrement aimé; on pourrait croire, dis-je, que M. N*** est l'homme le plus heureux de la terre, au sein d'une famille à laquelle son excellent cœur, sa générosité sans bornes ne laissent rien à desirer; et cependant personne, dans cette maison, n'est content d'un sort qui fait envie à tout le monde!

M. N*** a épousé, en secondes noces, une femme de vingt-cinq ans, d'une beauté remarquable, et qu'il aime à l'idolâtrie. Toute jeune qu'elle est, son caractère l'est encore davantage, et la toilette est la seule affaire de sa vie: les plus beaux tissus de Cachemire encombrent ses chiffonniers; *Sensier*, tous les six mois, remonte ses parures de diamants et de perles; *Leroi* lui fait hommage des prémices de son industrie; *Nourtier* tient toujours en réserve pour elle des étoffes du goût le plus nouveau; ses équipages (dont son mari ne se sert jamais) sont cités pour leur élégance: indépendamment d'une terre magnifique à quinze lieues de Paris, elle a, dans la vallée de Montmorenci, une jolie maison de campagne, dont elle a fait le rendez-vous de la société

DE LA CHAUSSÉE-D'ANTIN.   205

la mieux choisie et des artistes les plus distingués.

Eh bien! qui le croirait? un chagrin secret la dévore, la suit par-tout, à sa toilette, au milieu de ses amis, dans sa loge à l'Opéra; son existence entière en est empoisonnée :

.... *Et tacitum vivit sub pectore vulnus.*

N'allez pas vous imaginer qu'il s'agit d'une passion malheureuse ou contrariée : Mme N*** est coquette, mais elle n'en est pas moins attachée à ses devoirs. Le sujet caché d'une si profonde douleur, c'est que la rue du Mont-Blanc commence à perdre son éclat; que les boutiques l'envahissent de tous côtés, et que dernièrement, à la sortie de l'Opéra, elle a entendu que l'on disait derrière elle : « Voyez-vous cette jolie femme ? C'est Mme N***, dont le mari a ce bel hôtel dans la rue du Mont-Blanc, à droite, *entre le chapelier et le parfumeur.* » Plus de repos, plus de bonheur pour elle, jusqu'à ce qu'elle ait un hôtel dans la rue du Faubourg-Saint-Honoré; un hôtel qui ait un nom, et qui fournisse l'occasion de dire : « J'occupe l'ancien hôtel de..., près du palais du prince de T... » Par malheur une maison de banque ne se déplace pas aussi facilement qu'un boudoir de petite-maîtresse; et voilà mon vieil ami condamné, jusqu'à ce qu'il ait quitté les affaires, à voir sa femme se consumer dans des maux de nerfs, que le docteur Alibert traite fort inutilement.

Cette puérile ambition, dont sa femme est tourmentée, rend sa fille encore plus malheureuse. Amélie n'a pas plus de seize ans : aux avantages d'une figure charmante, d'un esprit orné, des talents les plus agréables, elle joint celui d'être comptée au nombre des plus riches héritières de Paris. Près d'une belle-mère dont on la croirait la sœur, elle jouit de tous les agréments d'une jeune personne et de la liberté d'une femme mariée : point de bals, point de concerts où elle ne brille ; on lui a déja dédié dix recueils de sonates, vingt cahiers de romances ; son *Album*, en quatre gros volumes, ne suffit pas à la foule des *inscripteurs;* elle est l'objet de tous les vœux, de tous les hommages. Son père est dans l'intention de la marier au fils de son ancien associé, digne à tous égards d'être son gendre et son successeur. Tout se réunit en faveur de ce mariage, tout, excepté le consentement d'Amélie.

Une jeune personne de ses amies, élevée comme elle à Saint-Germain, mais beaucoup moins bien partagée du côté de la fortune, vient d'épouser un maréchal d'empire. Dans la visite de noces que celle-ci lui a faite, Amélie n'a pu voir, sans une extrême jalousie, ces livrées à larges galons de soie, cette voiture décorée d'armoiries peintes par *Devaux*, et peu s'en est fallu qu'elle ne se trouvât mal de dépit en entendant annoncer la jeune mariée par le titre de son mari.

Charles, son frère, a vingt-deux ans, et son père lui fait une pension de vingt mille francs; mais cette somme est bien loin de suffire à ses dépenses; ses équipages de chasse le ruinent. Depuis qu'il a obtenu une lieutenance de louveterie, il lui faut des piqueurs, des meutes; il a dépensé son revenu de six mois pour s'en faire une de cinquante chiens *du même pied*, et pour transformer en chenil l'orangerie du château paternel. Charles est d'une grande force à la paume: il y joue gros jeu; mais comme il a encore plus d'amour-propre que de talent, il ne veut recevoir d'avantages de personne, pas même de M. Dur...[1]: aussi Charles perd-il toujours.

Il n'a pas compté depuis quatre ans avec *Léger*, *Asthley* et *Pauly*, qui commencent à se lasser de lui fournir à crédit des habits, des bottes et des caricks. Il passe ses matinées au *tir de Le Page*, *au Bois* ou *au Rocher de Cancale*, dépense plus de mille écus par mois, et vient de temps en temps m'emprunter quelques louis pour achever de payer une jument anglaise ou un cheval turc que Rivière ou Lafolie ne veulent vendre qu'au comptant. Je lui fais acheter par un sermon l'argent que je lui prête,

---

[1] Dureau-Delamalle.

et je n'ai pas de peine à le faire convenir qu'après la vie d'un clerc de procureur, la plus insupportable est celle d'un jeune homme que le désœuvrement fatigue et que les créanciers assiégent.

Tel est l'intérieur de cette famille, dont le chef serait l'homme le plus heureux du monde, s'il pouvait l'être indépendamment de ceux qui l'entourent; si les goûts de sa femme et de ses enfants, en opposition constante avec la simplicité de ses mœurs et de ses habitudes, ne le forçaient à un genre de vie qui ne lui convient en aucune manière.

Je crois le voir encore dans le comptoir de son père, au milieu d'une claire-voie de noyer, calculant l'Amsterdam-*banco* et le cours du change sur un large bureau recouvert d'un gros cuir noir: c'est là qu'il a doublé la fortune de sa maison, déjà très considérable, en accréditant un nom que l'opinion publique associait à ceux des Davilliers, des Ternaux, des Lafitte, dont s'honore le commerce de France.

Depuis son second mariage, ses habitudes ont été totalement dérangées. Sa femme a profité d'un voyage qu'il a été forcé de faire à Hambourg pour décorer ses bureaux: les ouvriers se sont emparés du local; les modestes étages en sapin qui supportaient depuis cinquante ans les livres de commerce ont été remplacés par des rayons en acajou; des paravents à glaces ont été substitués à la claire-voie; un magnifique secrétaire à cylindre, chef-d'œuvre de

Ravrio, a pris la place de l'énorme bureau noir; des bronzes antiques, d'élégants quinquets à globe, ont été disposés avec un goût infini sur des tablettes en citronnier, à filets de cuivre. Désespéré de ces changements, mon pauvre ami, à son retour, s'est vu forcé de les recevoir comme une attention de sa femme, et de cacher, sous un air de satisfaction, le chagrin véritable qu'il en ressentait.

Pour comble de disgrace, Madame avait fait placer chez lui cinq ou six jeunes gens, tous recommandables par leur goût et leur talent pour la musique; et comme dans le nouvel arrangement les bureaux sont contigus à la salle du concert, c'est le plus souvent au bruit d'une symphonie d'Haydn, d'un chœur de Gluck ou d'un *finale* de Mozart, que les commis calculent les *comptes courants*, relèvent le *mémorial*, et numérotent les *bordereaux*.

Voyez maintenant, mon cher monsieur, si, tout bien calculé, vous n'êtes pas véritablement plus heureux avec une femme qui n'a de volonté que la vôtre, avec une fille qui vous chante tous les jours au dessert: *Partant pour la Syrie; Bocage que l'aurore*, etc.; avec un fils qui peut, en travaillant encore une dizaine d'années, savoir assez de mathématiques pour entrer dans les ponts-et-chaussées; si vous n'êtes pas plus heureux, enfin, au Marais avec vos *dix mille livres de rente*, qu'un des plus riches particuliers de la Chaussée-d'Antin, comblé des faveurs de la fortune, mais obligé sans cesse de faire à ceux qu'il aime le sacrifice de ses volontés, de ses goûts et de ses habitudes.

J'ai l'honneur de vous saluer.

N° XXI. [21 novembre 1811.]

CORRESPONDANCE[1].

Un bourgeois du Marais vous a écrit dernièrement, monsieur, qu'il était l'homme du monde le plus heureux avec ses dix mille livres de rente. Je ne suis point du tout de son avis, quand je considère qu'il est de l'essence d'un bourgeois d'être envieux et jaloux ; car il me semble que l'envie et la jalousie suffisent de reste pour attrister et même pour empoisonner tout-à-fait la vie. Assurément ces misérables passions ne peuvent être nulle part plus puissamment excitées que dans cette immense ville, où sont rassemblées toutes les merveilles du luxe le plus raffiné et le plus ingénieux. Il est bien difficile qu'un habitant de la rue Boucherat ne crève pas de dépit en songeant à tout ce qui se passe de beau et de brillant sur la fameuse Chaussée, où vous vous êtes retiré, monsieur, et dont vous nous décrivez fort agréablement les mœurs.

[1] Cette lettre est de M. Berchoux, auteur des poemes sur *la Gastronomie*, sur *la Danse*. (*Note de l'éditeur.*)

Permettez-moi de vous faire connaître un bourgeois beaucoup plus heureux que tous ceux de Paris ensemble : c'est celui qui est le premier de son village, et qui brille seul, avec quatre ou cinq mille livres de rente, au milieu d'une petite société beaucoup moins riche, et composée de pauvres petits bourgeois sachant tout justement lire, écrire et chiffrer, pour toute éducation et pour tout génie. Mais, franchement, il s'agit de moi en cette occasion; et comme je pense que vous ne voulez pas vous borner à connaître les hommes qui habitent la rue Cérutti ou la rue Saint-Louis, je vous adresse le tableau, du moins fidèle, des mœurs villageoises de ce bienheureux mortel qui a l'honneur d'être le premier de son village; ce qui, du temps des Romains même, valait mieux, comme vous savez, que d'être le second dans Rome.

Le village que j'habite n'est situé ni sur une *Chaussée* ni dans un *Marais*, mais bien au fond d'un vallon très riant, éloigné de plus de six lieues de toute ville ou village un peu important, et ne correspondant presque jamais avec eux. J'ai, au beau milieu de ce village, une maison ayant six croisées de face et deux étages assez élevés, dominant d'une manière saillante toutes les maisons d'alentour, et les écrasant en quelque sorte. J'ai un salon où je me tiens les fêtes et dimanches seulement, et dont j'ai le soin, ces jours-là, de laisser les fenêtres ouvertes quand il ne gèle pas, pour que le public de

C*** puisse le voir à son aise en passant. Ce n'est pas, je vous assure, un des plus tristes moments de ma vie que celui où je vois jeter des regards d'envie et d'admiration sur mon ameublement, quoiqu'il ne soit pas neuf, et qu'il n'ait pas été renouvelé depuis quelques générations. Mais il est si parfaitement conservé, qu'il a encore, de la rue, un très grand éclat. Il est vrai qu'on ne voit jamais l'étoffe de satin jaune et blanc qui garnit mes fauteuils, mes *cabriolets* et mon ottomane : parceque les couleurs en étant fort délicates, je les laisse toute l'année couverts d'une toile grossière. Mon père, mon grand-père en usaient ainsi, et j'ai la même habitude, par ménagement pour leur mémoire et pour mon meuble, qui pourra passer ainsi à la postérité la plus reculée. Je ne savais pas encore, il y a peu d'années, quoique je sois déjà avancé en âge, de quelle étoffe ce meuble était garni, et c'est par hasard qu'un jour la curiosité me prit, et que je soulevai un coin de toile sous lequel je découvris, non sans un peu d'étonnement, le satin patrimonial, si je puis m'exprimer ainsi.

Tout ce qui décore d'ailleurs mon salon est parfaitement en vue, excepté pourtant ma pendule et ma glace, qui sont recouvertes d'une gaze jaune, à cause des mouches et de la poussière. Ma tapisserie est composée d'une toile peinte sur place par un Piémontais, il y a environ quatre-vingt-dix ans, et représentant les quatre saisons : dans ce temps-là l'Hiver était un petit vieillard grelottant, et portant un gros manchon de poil de renard; le Printemps, une jeune fille pleine d'appas, et portant à la main un bouquet de roses; l'Été, un gros garçon à demi-nu, armé d'un fléau et entouré de gerbes de froment; l'Automne, une marchande de pommes. Du reste, le peintre a eu soin de désigner parfaitement ses personnages en mettant leurs noms au bas; et d'ailleurs ils sont assez ressemblants, quoique peints en camaïeu. A côté des saisons sont de jolis petits portraits de famille : celui de mon père, qui avait étudié pour être avocat, et qui est représenté tenant une plume d'une main et une lettre de l'autre; celui de ma mère, qui est représentée en Cérès, et celui d'une tante en Minerve; le tout entouré de bâtons dorés....

Si vous voulez avoir l'idée d'un homme parfaitement content de lui, je vous prie de me considérer adossé à ma cheminée plaquée de marbre, et recevant d'un air protecteur les visites de quelques bons voisins que je fais asseoir autour de mon feu, si on peut appeler de ce nom deux ou trois bûches de bois vert qui donnent un peu de fumée. Il faudrait voir sur-tout M. le maire et M. le curé me prier de leur lire ma gazette, qui est le seul journal qu'on reçoive dans le canton, et sans laquelle nous ne saurions pas un mot de ce qui se passe dans l'univers.

Je vous laisse à penser si je brille dans ces réunions de village, et si en lisant, en quelque sorte, ma supériorité dans tous les yeux, je ne suis pas encouragé à dire *ab hoc* et *ab hac* toutes sortes d'impertinences, et à en rire moi-même de toutes mes forces et de tout mon cœur. Y a-t-il, en effet, une position plus douce que celle d'être admiré, considéré uniquement et sans contradiction; de passer pour un puits d'esprit et de science, quoique je ne sois peut-être qu'un ignorant, soit dit entre nous et entre dix ou douze mille de vos lecteurs, seulement?

Par exemple, j'ai eu occasion de briller bien complètement au sujet de la comète dont nous nous sommes beaucoup occupés avec *tout l'univers*, sans doute. Vous pensez bien qu'en ma qualité d'aigle, on m'a fait cent questions sur son compte. On m'en fait encore, et sur aucune je ne demeure court, comme vous pouvez croire. Les millions de lieues ne me coûtent guère, et, à tout hasard, je la fais voyager comme une folle autour de tous les astres qui me passent par la tête, et cela sans éprouver la moindre contradiction. Mais j'ai eu sur-tout une grande jouissance à faire l'esprit fort, et à rassurer une douzaine de bourgeoises qui ont eu vraiment beaucoup d'effroi, et qui ont craint un moment pour la terre, à cause de cette énorme chevelure de la comète, laquelle chevelure ne leur paraissait point du tout *naturelle*. J'ai dit à ces dames et à leurs maris, aussi un peu alarmés, je leur ai dit qu'ils étaient des esprits faibles, des êtres superstitieux, fanatiques même; je les ai engagés de toute la force de mon esprit à dormir tranquilles; je leur ai répondu, corps pour corps, que la comète ne leur ferait aucun mal, non plus qu'à l'univers : je leur ai donné, au surplus, ma parole la plus sacrée qu'elle était éloignée de la terre de plus de cinquante-quatre millions de lieues de poste (car nous avons nos lieues de pays qui sont le double plus longues); et je me suis trouvé d'accord sur ce point, à une demi-lieue près, avec M. Burkhart, membre de l'Institut de France. Alors les alarmes ont tout à coup cessé; et non-seulement la plus grande sécurité règne dans tout le village, mais même tous mes voisins voient maintenant la comète avec le plus grand plaisir; et quand je leur ai dit qu'elle pourrait bien paraître encore un mois ou deux au-dessus de notre village, ils m'ont répondu unanimement qu'ils *ne demandaient pas mieux;* et à ce propos, vous remarquerez, s'il vous plaît, en passant, les progrès infinis que la raison a faits tout à coup dans mon canton.

Vous pouvez déjà, monsieur, vous faire une idée approximative de mes jouissances, qui sont telles qu'elles pourraient bien m'être enviées par vos plus beaux génies de la capitale, dont on ne fait pas toujours, sans doute, tout le cas qu'ils méritent, et qui sont, en quelque sorte, éclaboussés les uns par les autres dans le tourbillon où ils sont placés. Que si j'ajoute à cela que je suis le seul *particulier* qui ait, à six lieues à la ronde, un pigeonnier, un fusil à deux coups, un chien d'arrêt, une petite jument courte queue, une selle garnie de velours cramoisi; que je suis le seul qui ait un petit jardin dont j'ai fait mettre dernièrement les allées tout en zigzag, comme en Angleterre; que j'ai, dans ce jardin, une montagne de six pieds de haut, un joli tombeau sur lequel j'ai fait graver plusieurs plaisanteries de mon invention; un temple peint à fresque; Vertumne et Pomone en pierre de taille, et Vénus en terre cuite; que je suis le seul qui cultive l'hortensia, la pomme d'amour, le laurier rose et les plantes grasses; alors vous ne douterez plus de mon extrême bonheur, et vous ne penserez pas qu'un bourgeois de Paris puisse jamais me le disputer, quel que soit le quartier qu'il habite. Encore vous ai-je fait grace des gentillesses de mes enfants, des agréments de ma vertueuse compagne : si je vous citais la moitié de tout ce qu'elle dit de joli et d'aimable dans un quart d'heure, quand elle est en train, cela passerait singulièrement les bornes d'un article.

J'ai l'honneur de vous saluer.

ALEXIS FRANGET.

Paris, 9 novembre 1811.

Ma femme vous sait d'autant plus de gré, monsieur, d'avoir signalé avec indignation la conduite peu décente de quelques habitués des petits spectacles, qu'elle s'est trouvée, il y a quelques jours, dans la situation où vous supposez une mère de famille obligée de quitter sa loge pour éviter de jeter les yeux sur ceux qui la composent.

Maintenant j'ai à vous porter une plainte qui intéresse moins essentiellement les bonnes mœurs, mais dont l'objet suppose également cet oubli des convenances et des égards mutuels qu'on se doit dans les réunions publiques. L'orchestre, dans nos grands théâtres, était, il y a vingt ans, la place des vrais amateurs, de ceux qui veulent tout voir, tout entendre, et qui connaissent, à cet égard, les inconvénients des loges. Je ne sais comment il s'est fait que des places si chères et si recherchées ont été tout à coup, à tous les spectacles, livrées à la foule des billets gratis et des entrées de droit ou de faveur. Je tiens à mes anciennes habitudes; j'aurais continué à braver l'inconvénient d'être entouré de toutes les femmes de chambre des actrices, de tous les créanciers des auteurs et des acteurs; mais, je l'avouerai, à soixante ans passés, je n'ai plus ni la force, ni le courage dont on a besoin aujourd'hui pour occuper, sans humiliation, une place à l'orchestre, à côté de certains personnages qui viennent, depuis quelque temps, y faire preuve et parade de valeur. Ces messieurs, employés probablement dans les vivres ou dans les fourrages de l'armée, et qu'à l'énormité de leurs feutres on pourrait prendre pour des militaires, affectent de troubler la représentation en riant aux éclats, en parlant assez haut pour imposer à leurs voisins le supplice de les entendre; et si par hasard un de ceux-ci témoigne, par le plus léger mouvement des lèvres, le désir de s'y soustraire, un regard terrible de l'orateur, qu'accompagne toujours certaine épithète de *péhin*, fait rentrer à l'instant le bourgeois dans le devoir. Comme rien n'est, en général, plus opposé à l'esprit français, aux exemples de décence et de politesse qu'ont donnés en tout temps les militaires de notre nation, que ces manières insultantes et ridicules, c'est en faire justice que les faire connaître.

J'ai l'honneur d'être, etc.

F. DE M.

N° XXII.

POT-POURRI.

In tenui labor.
VIRGILE.

Les petites choses ont leur intérêt.

Un Anglais, d'un tour d'esprit assez plaisant, a fait, il y a quelques années, un livre de ce qu'il appelle les *Tribulations de la vie humaine;* il aurait pu l'augmenter du chapitre des *tics* et des *manies* dont quelques personnes sont atteintes, et qui font, à leur insu, le supplice de ceux qui les entourent. C'est un homme plein de sens que M. B*** : bien qu'il parle beaucoup, on l'écouterait avec plaisir, n'était l'habitude qu'il a contractée de vous déboutonner votre gilet en causant, ce qui n'est pas sans inconvénient pendant l'hiver. Tout le monde connaît le vénérable Laujon ; il sait beaucoup d'histoires; il aime à les conter; mais on les a tant entendues, que ce n'est plus qu'à force de ruses qu'il peut, de temps en temps, s'assurer un auditeur. C'est quelque chose d'assez amusant que de l'examiner dans un salon, choisissant sa victime, et prenant tous ses avantages pour qu'elle ne puisse lui échapper. Pour première sûreté, il saisit son homme par un bouton de son habit, l'isole du groupe où il se réfugie, et le conduit avec adresse dans un angle de l'appartement, où il l'incruste, pour ainsi dire, et le tient bloqué jusqu'à ce qu'il ait entendu, pour la vingtième fois peut-être, l'anecdote du régent et du cardinal Dubois au bal masqué, ou telle autre aventure aussi nouvelle. Il n'est guère plus facile de prendre son parti sur l'entretien humide de M. de T***, dont les paroles ne se font jour qu'à travers la pluie très fine que ses lèvres font voler autour de lui; sur la manie du C*** de V***, qui affecte de parler bas, et ne manque guère de vous prévenir qu'il est malhonnête de faire répéter, etc., etc. Chacun de nos lecteurs se rappellera sans doute plus d'un original qui pourrait figurer dans cette galerie.

—L'usage des voitures de place est d'une utilité si généralement reconnue, qu'on est tout étonné d'apprendre qu'il ne date que du commencement du dernier siècle, et qu'avant cette époque on ne se servait que de brouettes ou de chaises à porteurs. Ce fut un maître d'auberge de la rue Saint Antoine qui eut la première idée de cette utile entreprise: son enseigne était à *l'Image Saint-Fiacre*, et c'est de là que vient le nom que les voitures de place ont toujours porté depuis.

Le luxe des équipages ne remonte pas à une

époque beaucoup plus reculée. Laporte raconte que, dans l'enfance de Louis XIV, ce prince, voulant aller se baigner à Conflans, fut obligé d'y renoncer, *vu le mauvais état de ses carrosses.* A deux siècles de là, un conseiller au parlement se rendait au Palais sur une mule, et donnait assez souvent la croupe à un confrère. Mais, pour ne parler que des changements qui peuvent encore avoir des témoins vivants, nous observerons que, vers le milieu du siècle dernier, on ne comptait à Paris que six ou sept cents voitures bourgeoises; qu'on en compte aujourd'hui quatre mille, et que le nombre des fiacres s'est accru dans une proportion beaucoup plus grande encore. Il en existe aujourd'hui deux mille; ce qui suppose, pour l'entretien de la voiture, des chevaux et du cocher, un gain journalier de 15 francs environ, produit d'une douzaine de courses à un franc 50 c., aux termes du règlement.

A propos de fiacre, on avait annoncé l'année dernière, comme devant paraître, un petit poëme de la façon d'un cocher de fiacre : s'il existe, en effet, quelque bel esprit qui sache manier le fouet et la plume, il devrait bien nous faire l'historique des courses, seulement pendant un mois. Quelle foule d'observations ne pourrait-il pas recueillir! Quelle foule d'originaux n'aurait-il pas à dépeindre! Ce solliciteur, ce candidat en bas de soie dès neuf heures du matin, qui court assiéger l'antichambre de l'homme en place qui rêve au moyen d'éluder sa visite; ces champions moins bouillants le matin que la veille, et qui, tout en s'acheminant vers le bois de Vincennes, où doit se vider leur querelle, font de sages et tardives réflexions sur la force d'un préjugé plus difficile à braver que la mort; cette jeune dame cachée sous un voile, qui monte en fiacre d'un air si inquiet, en indiquant tout bas *les bains Saint-Joseph;* ce drapier de la rue Saint-Denis, tout fier de marier sa fille à un contrôleur des contributions, et qui trouve le moyen de faire entrer dans la voiture les douze personnes de la noce. L'intérieur d'un fiacre serait une chose bien amusante à connaître; et qui pourrait s'y cacher pendant huit jours aurait en sortant de là bien des révélations à faire.

— On reprochait, il y a quelques jours, à un jeune homme à qui il ne manque que de l'instruction et du bon sens pour avoir de l'esprit, de vivre dans le désœuvrement le plus complet; et l'on fut fort surpris de l'entendre soutenir qu'il était un des hommes les plus occupés de Paris, par la seule raison qu'il en était le plus à la mode; ce qui suppose, selon lui, une foule de recherches, de connaissances dont on est bien loin de se douter.

« Qu'un de vous, ajouta-t-il, ait besoin d'une paire de bottes, il la commande à son cordonnier; et, pour peu qu'elle soit à peu près dans les formes convenues, il croit, avec cela, pouvoir le matin se présenter par-tout; mais moi, qui me dois à moi-même et aux autres de ne rien produire que le bon goût et le bon ton n'avouent, je sais qu'un homme qui se respecte ne doit porter de bottes russes que celles qui sortent de chez *Asthley;* que le seul homme pour la botte à revers est le fameux *Doche;* qu'il faut s'adresser à *Kiggen* pour les bottes militaires; à *Sakoski* pour les bottes à l'écuyère, etc. Le nom de *Leroi* est dans toutes les bouches, mais combien y a-t-il de gens qui savent qu'il n'est véritablement inimitable que pour les chapeaux, et que mademoiselle *Despeaux* lui est très-supérieure pour l'invention du bonnet; qu'*Herbault* n'a point de rival dans l'art de couper un manteau de cour; *Laboulée* pour la grace de ses sultans, la richesse de ses corbeilles de mariage et de baptême? S'agit-il de bijoux, je suis bien sûr de vous apprendre que *Mellerio* est le premier homme du monde pour les bagues hiéroglyphiques et lithologiques; *Nitot* pour le dessin et la monture des boucles d'oreilles; *Pitaux* pour la magnificence de ses diadèmes et le mobile éclat de ses aigrettes : je ne parle point des riches broderies de *Picot*, des dentelles magnifiques de madame *Colliau*, des étoffes de *Lenormand*, de *Versepuis,* etc. » Ce jeune homme se préparait à nous ouvrir les trésors de son érudition, mais l'arrivée de son tailleur, avec lequel il avait à délibérer sur les pointes d'un gilet, interrompit une conversation qu'il nous promit de reprendre quelque jour.

— La manie des paradoxes menace d'envahir notre littérature; et, pour peu que cela continue, on en viendra bientôt à soutenir, comme le Cléon de la comédie du *Méchant*, que *rien n'est vrai sur rien*. Jusqu'ici l'on s'était imaginé que la mythologie des Grecs était une source inépuisable d'images riantes et gracieuses; que l'Amour et son bandeau, Vénus et sa ceinture, les Graces, les Nymphes, et les Muses, offraient à l'imagination une galerie de tableaux enchanteurs : l'année dernière un auteur, connu par beaucoup d'autres romans, nous a prouvé en *arabesque* que les Athéniens étaient le peuple le plus mélancolique de la terre, et que ses fables sont ce qu'il y a de plus triste au monde. Nous avons tous été élevés dans la conviction que la Chine était un pays civilisé de temps immémorial; ne nous assurait-on pas dernièrement que la nation chinoise ne remonte pas au-delà du temps des Croisades?

Bacon, Montaigne, Locke, J.-J. Rousseau, et autres gens de cette espèce, qui ont écrit sur l'éducation des enfants, sont tous partis du principe qu'il fallait, autant que possible, instruire l'enfance en l'amusant, et, pour nous servir des propres mots de l'auteur des *Essais*, *emmieller les bords* du vase que l'instituteur lui présente. Écoutez certains docteurs du jour, cette méthode n'est bonne qu'à propager l'ignorance et la sottise : avant de prendre un parti, informons-nous d'un procédé qu'on a suivi pour l'éducation de ces messieurs. Quoi qu'il en soit, les auteurs de toutes ces belles découvertes n'atteindront jamais, en fait de paradoxes, la célébrité de Linguet, qui fit un livre pour prouver que Tibère était le meilleur des princes, et que le pain était le plus dangereux des poisons.

— Saint-Foix observe, dans ses *Essais sur Paris*, qu'en 1760 la femme d'un libraire faisait ses couches dans la salle de bain de Diane de Poitiers, et qu'un procureur au Châtelet se trouvait logé trop à l'étroit dans l'hôtel d'un garde des sceaux. De pareils rapprochements sont curieux; et de nos jours des recherches semblables pourraient être plus amusantes encore. Il n'est pas sans intérêt de savoir que c'est dans la maison où se trouve en ce moment établie la Redoute de la rue de Grenelle-Saint-Honoré, qu'est morte empoisonnée Jeanne d'Albret, mère de notre bon et grand Henri IV; que l'hôtel de Colbert, rue des Rats, est occupé en entier par un imprimeur; que l'hôtel où est mort le connétable Anne de Montmorenci est aujourd'hui consacré aux bureaux des Droits-Réunis.

— Le néologisme est passé de mode, et l'on paraît assez généralement décidé à s'en tenir à la langue de Racine, de Voltaire, et de Buffon, jusqu'à ce qu'il soit bien prouvé que l'adoption de mots nouveaux est commandée par le besoin de rendre des idées nouvelles. Comme ce besoin-là ne se fait pas encore sentir, nous nous permettons de signaler quelques locutions très peu académiques, sans égard pour les cercles brillants où elles ont pris naissance. On avait autrefois du penchant pour quelqu'un, pour quelque chose; maintenant on *a de l'attrait:* il ne vient plus dans l'esprit de telle ou telle femme aimable qu'elle verra, dans la journée, la personne qui l'intéresse ; mais cette pensée *lui tombe dans le cœur;* en critiquant cette expression, on est forcé de convenir qu'elle ne manque ni de grace ni de justesse.

Si l'on veut absolument faire quelques emprunts à la langue anglaise, si riche des larcins qu'elle a faits à la nôtre, on peut essayer d'y naturaliser les mots *confortable, inoffensif, insignifiant, désapointé,* et quelques autres qui n'ont point d'équivalent en français ; mais rions de l'affectation ridicule de ceux qui *déclinent* une visite quand ils peuvent l'éluder, qui se plaignent d'avoir *les esprits bas* quand ils sont tristes ou maussades, et qui croient, en parlant mal français, nous donner la preuve qu'il parlent anglais à merveille.

N° XXIII [24 NOVEMBRE 1811.]

GALERIE D'ORIGINAUX.

> — *Locus est et pluribus umbris.*
> Hor.
>
> Le cadre est vaste, on peut ajouter des portraits.
> J.

Montaigne recommande aux vieillards de *sortir de la vie à reculons*: j'use de ce précepte, je reviens volontiers sur mes souvenirs; je m'occupe beaucoup du présent, et je ne pense jamais qu'à l'avenir des autres. Il y a quelques jours, qu'assis près de mon feu, je m'amusais à regarder deux anciennes gravures de 1778, dont l'une représente *une promenade au Palais-Royal*, et l'autre *une Soirée de Boulevart*, par Debucourt.

Au nombre de certains originaux qui se faisaient remarquer à cette époque dans tous les lieux publics, j'eus la bonne foi de me reconnaître dans un petit groupe de jeunes gens passablement ridicules. L'intention maligne du peintre était pour moi d'autant plus facile à saisir, qu'il n'y avait alors en France que M. de Conflans et moi qui portassions nos cheveux coupés et sans poudre, comme on les porte aujourd'hui : cette petite découverte me fit un plaisir extrême, et me remit en mémoire une foule de circonstances et de personnages qui auraient bien pu ne s'y jamais représenter.

Les figures principales de ces anciennes caricatures avaient été touchées avec tant d'esprit par Debucourt, que je retrouvais sans difficulté les noms de ceux qu'il avait mis en scène. J'étais gravement occupé à les écrire en marge des gravures, pour l'instruction de la postérité, lorsqu'à mon grand étonnement je vis entrer chez moi le baron de Kunpipen, avec lequel j'ai servi dans la guerre d'Amérique, et que des intérêts de famille rappellent à Paris après une absence de vingt-sept ans. Nous avions été liés très intimement; nous nous étions connus *jeunes et superbes;* aussi notre premier mouvement a-t-il été d'éclater de rire en nous retrouvant dans l'état où le temps nous a mis. Après ce petit accès de gaieté philosophique, nous voilà causant de nos anciennes habitudes et de nos vieilles connaissances; je lui montre mes deux gravures. « C'est bien cela! me dit-il, je les reconnais tous. Voilà bien cet ennuyeux marquis de Fénille, qui s'était rendu si fameux dans l'art de découper à table, et qui faisait à merveille les honneurs des soupers où on ne l'invitait pas! Et ce gros abbé de La Baume, qui trouvait que l'invention des cartes à jouer était le dernier et le plus noble effort de l'esprit humain! Et notre Polonais Boresky, toujours à la veille de son départ, et pendant vingt ans prenant congé pour ne partir jamais! Et le joli petit vicomte de Leiceuil, qui ne montait jamais à cheval sans avoir mis du rouge; dont le cocher portait, en toute saison, un bouquet énorme!.... On ne voit plus rien de semblable à Paris : toutes les figures, tous les costumes, tous les caractères, y semblent jetés dans le même moule.

— Mon cher baron, vous jugez sur un premier coup d'œil, ou bien vous ne connaissez pas encore les bons endroits: passez avec moi la journée, et je me charge de vous montrer des originaux qui ne le cèdent point à ceux aux dépens de qui nous nous sommes tant égayés dans notre jeunesse, et au nombre desquels on nous a rangés quelquefois. » Il accepte, je m'habille, et nous allons déjeûner chez Tortoni: c'était l'heure où les principaux habitués s'y rassemblent. L'un d'eux, appuyé sur le comptoir, causait avec une assez jolie petite brune qui remplace ordinairement la maîtresse de la maison. La bonne mine de ce jeune homme, une sorte d'*étrangeté* dans ses manières, de bizarrerie dans sa toilette, attiraient l'attention du baron, qui le prit pour le fils de quelque riche banquier.

« On ne peut pas se méprendre plus complétement (lui dis-je en entrant dans le petit salon à droite, où l'on nous servit à l'allemande du thé et des *muffins*); cet homme est un étranger qui vit à Paris depuis douze ans, et dont les revenus sont fondés sur l'amour de la patrie. Il s'est fait un devoir d'être toujours du pays ou de la famille de celui qui a quelques louis à lui prêter. Lord M*** lui a fait, l'année dernière, l'avance de cent guinées sur l'héritage de sa mère, qu'il dit être Anglaise : d'origine hongroise par son père, il s'est trouvé le compatriote d'un riche banquier de Presbourg, qui n'a pu, en cette qualité, se dispenser de lui escompter une lettre-de-change de deux milliers de florins; un de ses frères lui a valu cent ducats d'un armateur d'Amsterdam; et il a été reçu pendant six mois chez le comte de ***, colonel russe, à la faveur d'un oncle mort au service de Paul Ier. Le voilà qui lit un journal à la table voisine : si vous êtes curieux de savoir par vous-même à quoi vous en tenir, élevez la voix, dites que vous êtes de Munich; vous verrez s'il n'a pas quelque cousin bavarois, au moyen duquel vous vous trouverez dans un moment en relation de famille.

« Remarquez-vous auprès de la fenêtre deux hommes d'un certain âge, dont l'un parle sans cesse, sans que jamais l'autre lui réponde? La manie du premier est de faire croire à tous ceux qui perdent leur temps à l'écouter, qu'il a visité toutes les capitales de l'Europe; qu'il connaît mieux que personne les usages de Vienne, de Londres, de Madrid; le fait est pourtant que cet honnête homme n'a jamais fait d'autres voyages que ceux de Compiègne à Fontainebleau, pour le service du *gobelet*, dont il était officier. A son air d'attention, vous jugez que l'autre l'écoute; il n'entend pas un mot de tout ce qu'on lui débite, tout occupé qu'il est du moyen qu'il emploiera pour faire savoir à tout Paris qu'il a été hier ou qu'il doit aller ce soir en petite loge à Feydeau avec une jeune beauté du jour. Adorateur suranné de cette classe de femmes qu'on est convenu poliment d'appeler galantes, on le trouve à point nommé dans tous les endroits où elles se rassemblent, à toutes les fêtes qu'elles donnent; il fatigue deux chevaux de cabriolet dans une matinée pour faire leurs commissions, dont il a pris note la veille; le tout sans autre intérêt, sans autre espoir que de faire envie à quelques jeunes gens qui ne savent pas toute la place que tient la vanité dans le bonheur d'un sot. »

En sortant de chez Tortoni, nous avons été faire un tour au Palais-Royal, où j'ai fait voir à mon Bavarois le patriarche de l'ancien Opéra-Comique, avec son gros ventre en pointe, ses larges bottes, sa perruque sur l'oreille et son chapeau sur les yeux; il fredonnait en chevrotant un vieux refrain de vaudeville, saluant à droite et à gauche quelques étourdis qui le suivaient en battant des mains.

Nous étions à deux pas du café de la Régence : entre autres *caractères*, j'ai fait prendre note au baron, d'un ancien habitué qui, dans l'espace de trente ans, n'a manqué que cinq fois de venir, à trois heures, lire les *Petites-Affiches*, faire deux parties d'échecs, parler de son ami Fragonard, et citer comme des chefs-d'œuvre quelques mauvais tableaux d'église qu'il a barbouillés dans sa jeunesse.

Après avoir dîné chez Beauvilliers, où nous n'avons pas trouvé ceux que nous comptions y voir, nous sommes entrés à l'Opéra. Assis dans le foyer avant le lever du rideau, tout-à-coup M. de Kunpipen se lève et court embrasser un vieillard qui se promenait, les mains derrière le dos, en capote de taffetas ouatée, et que l'on prendrait, à sa tournure grave, à son air réfléchi, pour un magistrat parlementaire, ou du moins pour l'ancien bâtonnier de l'ordre des avocats.

« Pour cette fois, j'ai rencontré un des nôtres, me dit le baron en revenant près de moi, et je puis, à mon tour, vous donner des renseignements.—Vous savez donc

Quel est son rang, sa patrie et ses dieux ?

—Non ; mais je sais, comme tout le monde, qu'il se nomme le chevalier de R*** ; qu'il est le Nestor de la galanterie ; qu'il possède à fond la chronique édifiante de l'Opéra ; qu'il ne sort pas une jeune fille du *magasin* dont il ne connaisse les moyens de succès ; qu'il sait, à un louis près, l'état de ses ressources et de ses dépenses, et que depuis Mlle Camargo, dont il a vu la retraite, jusqu'à Mlle A***, dont il a dernièrement dirigé les débuts, il est homme à vous citer par leurs noms, surnoms et qualités, toutes les danseuses qui ont paru sur le théâtre de l'Opéra depuis l'année 1761.

—Vous pouvez ajouter qu'il est connu de toute la terre; qu'il s'est montré dans toutes les coulisses de l'Europe, et qu'on l'a surnommé *la Providence des Amours*. Mais puisque nous en sommes sur le chapitre des originaux à la suite des théâtres, et que nous avons l'espoir de revoir une autre fois *la Caravane*, allons faire un tour à Feydeau. Voici le signalement de celui que je veux vous y faire voir : frisure à l'oiseau royal, chapeau à l'écuyère, habit bleu céleste, avec garniture de boutons d'histoire naturelle, deux grandes chaînes de montre, pendantes à trois pouces du genou, cravate de couleur, lorgnette en main, et solitaire au doigt... » Nous entrons à l'orchestre; notre homme [1] était à son poste, lorgnant dans toutes les loges, non pour y reconnaître des femmes qu'il ne connaît pas, mais pour faire remarquer et briller un solitaire, qu'il fait jouer avec une grace infinie.

[1] M. de Vezian

C'est peu de voir cet amusant personnage; il faut l'entendre, pendant la représentation, faisant tout haut, sur la pièce et sur les acteurs, des observations qu'il s'adresse à lui-même. Il était en train ce jour-là; sa toilette était plus soignée qu'à l'ordinaire, et il lui échappa des mots d'une malice si innocente, des ingénuités si comiques, que mon ami fut ravi d'apprendre que nous pouvions jouir de sa société jusqu'à minuit, en le suivant au café des Variétés, où il ne manque jamais de se rendre en sortant de l'Opéra-comique, pour lire les journaux, une loupe à la main.

En me ramenant chez moi, le baron, à qui je n'ai encore fait voir qu'une très petite partie de nos richesses *originales*, s'est vu forcé de convenir qu'on trouve encore à Paris de ces *caractères* qui sortent de l'ordre commun, trop souvent aux dépens du bon sens et du bon goût, mais presque toujours au profit du plaisir.

N° XXIV. [30 NOVEMBRE 1811.]

MOEURS DE L'ANTICHAMBRE.

> *Quid domini faciunt, audent cùm talia fures?*
> VIRG., egl. 3.
> Que feront les maîtres, si les valets se conduisent ainsi?

J'ai lu bien des traités d'éducation à l'usage de tous les âges, de toutes les classes, de toutes les professions; je n'en connais pas à l'usage des domestiques: les défenseurs de l'ignorance conviendront qu'ils n'en sont pas mieux élevés pour cela. Il est à remarquer que de tous les dictons, de toutes les façons de parler proverbiales auxquelles ont donné lieu les mœurs et les habitudes de ces gens-là, il n'en est pas une seule qui soit à leur avantage; on dit: *Insolent, bas, menteur, fainéant comme un laquais; ivrogne comme un cocher, brutal comme un suisse* (de porte), et cent autres comparaisons, toutes aussi justes et toutes aussi peu obligeantes.

Les auteurs comiques anciens et modernes semblent s'être donné le mot pour introduire sur la scène une espèce de valets de convention qui n'a point, et probablement n'a jamais eu de modèles dans les antichambres. Tous les valets de Molière et de Regnard sont de petits prodiges d'esprit, d'intrigue et d'invention; ceux de Destouches et de La Chaussée sont, pour la plupart, d'un désintéressement, d'une fidélité, d'une délicatesse à toute épreuve : rien de tout cela n'est vrai. Peut-être, à force d'en changer, un jeune homme parviendrait-il à se procurer un *Frontin*, un *Labranche*, assez habile pour éconduire un créancier et remettre adroitement un billet; peut-être n'est-il pas sans exemple que l'on ait trouvé un domestique fidèle, dévoué, reconnaissant; mais ce sont là des variétés très rares, et non des produits naturels de l'espèce. Quoi qu'il en soit, ce n'est ni de leurs vices, ni de leurs qualités que je m'occupe aujourd'hui, mais seulement de leurs défauts. Je ne les examine pas dans leurs rapports immédiats avec leurs maîtres, mais dans l'exercice de leurs devoirs et dans la manière dont ils les remplissent.

Disons d'abord un mot de la circonstance qui m'a donné l'idée de cet article.

Un de mes concitoyens et de mes plus anciens amis est aujourd'hui un homme très puissant; tous les genres de mérite l'appelaient à la place éminente qu'il occupe, et dans laquelle il a le bonheur inconcevable de n'avoir ni rivaux, ni envieux. Il est devenu riche et puissant, je suis resté pauvre et obs cur : c'était à lui de me venir trouver ; il ne l'a point fait, ses occupations l'en ont empêché ; nous avons été près de cinq ans sans nous voir. Il y a quelques jours que j'ai reçu de lui ce billet :

« J'ai passé chez vous, on a dû vous le dire : nous
« nous sommes perdus de vue bien long-temps ;
« vous savez mes raisons, et je connais les vôtres ;
« j'ai été malheureux, et vous avez eu tort. Je vous
« attends demain à déjeuner pour vous en faire con-
« venir ; nous serons seuls. »

Je n'étais pas homme à me faire prier deux fois, et, tout occupé du plaisir que me promettait cette visite amicale, je m'acheminai vers l'hôtel de..., dans toute la simplicité de ma toilette ordinaire, dont je n'avais pas, comme on va le voir, calculé tous les inconvénients.

Il y a loin de chez moi à l'extrémité du faubourg Saint-Honoré : je m'essuyais le front en entrant sous la porte cochère, quand un grand coquin de coureur, qui lutinait une femme de chambre, faillit à me renverser en voulant attraper la demoiselle qui s'était, sans façon, réfugiée derrière moi. Au lieu des excuses auxquelles je m'attendais, mon drôle, après m'avoir toisé du haut en bas, fait voler sa grosse canne en l'air, et part en éclatant de rire, sans attendre la correction que je lui destinais.

Je m'étais avancé jusque dans la cour en cherchant des yeux la loge du suisse : un palefrenier, qui lavait une voiture, m'éclaboussa ; je me fâchai ; et, pour toute réponse aux reproches que je lui faisais sur sa maladresse, il me cria d'une voix de Stentor : *Parlez au concierge.* Celui-ci ouvrit une grande porte de glace qui donnait sur le péristyle, et du ton le plus arrogant, me demanda pourquoi j'entrais sans parler à personne : je me contraignis pour lui répondre froidement qu'il n'y avait aucune inscription qui indiquât la loge du portier. « C'est qu'il n'y a point de *loge* et point de *portier* ici, mais *un logement de concierge*, entendez-vous ?

— Concierge soit (quoique cette désignation ne vous convienne pas) ; mais encore faut-il savoir où le prendre, ce concierge, à quoi le reconnaître ? et vous conviendrez qu'avec votre bonnet de velours noir et votre robe de chambre à ramage, vous ressemblez plutôt... — Finissons ; que demandez-vous ? — Votre maître. — Son Excellence ? — Oui, son excellence le comte de ***, mon ami, avec qui je viens déjeuner, à qui je dirai deux mots de l'insolence de ses gens. — Monsieur pardonnera ; c'est que... — J'entends, c'est que mon parapluie vous prouve que je ne suis pas venu en voiture ; mais où serait l'inconvénient d'être honnête, même avec les gens à pied ? »

En disant cela, je monte le grand escalier, et me voilà dans la première antichambre, au milieu de cinq ou six laquais, dont l'un s'occupait à brosser un habit, un autre à se faire coiffer, ceux-là à nettoyer des quinquets, et ceux-ci à jouer au piquet sur le poêle. Aucun d'eux ne se dérangea. « Monsieur veut-il fermer sa porte? me dit un des joueurs. — Non, je veux que vous veniez m'ouvrir l'autre. — Qui demandez-vous?... *Trois as!* — M. le comte. — Il n'est pas visible... *Quinte à la dame!* — J'ai rendez-vous chez lui. — *Cela ne vaut pas...* Est-ce un rendez-vous par lettre? — Ce n'est pas votre affaire; faites-moi parler à un valet de chambre. »

J'entrai dans la seconde pièce, où je fus reçu tout aussi cavalièrement par les valets de chambre qui lisaient les gazettes. Comme ils continuaient en ma présence, j'arrachai le journal de la main du lecteur, en lui ordonnant de m'annoncer. Un peu surpris de mon ton et de mon impatience : « Son Excellence, me dit-il, ne reçoit personne avant deux heures. — Personne? — Non, monsieur, personne, excepté un de ses amis qu'elle attend à déjeuner. — Et si c'était moi? — Vous, monsieur (et toujours un coup d'œil sur mon parapluie)? — Moi-même... Allez, et annoncez M. de Tr***. » Aussitôt il me devance en me saluant profondément; l'un de ses camarades, après avoir pris, avec beaucoup de respect, ma redingote et le parapluie malencontreux, s'empresse de lever la portière de velours par laquelle on m'introduisit dans le cabinet du comte, tandis que le troisième me suit, une grosse bûche sous le bras (conformément à l'ancien usage qui veut que l'on mette, à chaque visite notable, une bûche de plus au feu).

Le maître de la maison m'accueillit de la manière la plus affectueuse; je l'embrassai de bien bon cœur, et puis nous en vînmes au chapitre des reproches, qu'il termina en me disant qu'il fallait savoir aimer ses amis jusque dans leur fortune; précepte bien facile à mettre en pratique, si tous les hommes *frappés* de prospérité la supportaient aussi bien que mon illustre concitoyen.

Il n'entre ni dans mon sujet ni dans mon intention d'aborder aujourd'hui cette question délicate; je reviens à l'accueil qu'on me faisait au salon, et qui n'avait pas entièrement dissipé l'humeur qu'on m'avait donnée dans l'antichambre. J'en dis deux mots au comte: il prit la chose beaucoup trop sérieusement, et voulut renvoyer tous ceux de ses gens dont j'avais eu à me plaindre: je parvins cependant à l'apaiser, en lui faisant observer que faire un crime à ses domestiques de manquer d'égards et de bienveillance envers l'homme qui ne se recommande ni par son extérieur, ni par son titre, c'était se montrer plus exigeant avec les valets qu'on ne l'est communément avec les maîtres; et je finis par demander grace pour leur insolence en faveur du *bon ton*.

Après avoir ri du bon ton des laquais, nous sommes pourtant tombés d'accord que l'antichambre avait aussi ses régles et son étiquette, et qu'on ne les retrouvait plus, à Paris même, que dans un petit nombre de maisons. Je citais, entre autres inconvenances dont j'étais chaque jour témoin, l'habitude qu'on laissait prendre aux laquais en livrée d'entrer dans les salons, dont le service doit être fait par les seuls valets de chambre, de monter en grande tenue derrière la voiture, sans bourse, et quelquefois même en bottes; de ne point se lever, dans les antichambres, lorsque les personnes du salon y entrent ou les traversent; de faire annoncer que l'*on est servi* (dans plusieurs grandes maisons) en s'adressant au maître, et non, comme cela doit être, à la maîtresse du logis; et mille autres irrégularités, plus ou moins choquantes, auxquelles j'ai beaucoup de peine à me faire, sans que, pour cela, je veuille en conclure avec M. A*** de M***, que nous soyons à la veille de retomber dans la barbarie.

En quittant l'hôtel de...., j'eus à me plaindre, de la part des gens, d'un excès d'attentions qui ne m'est guère moins insupportable que le défaut contraire. Toute la maison était sur pied : deux valets de chambre m'aidèrent à passer ma redingotte; les laquais me reconduisirent jusqu'au bas de l'escalier en ouvrant devant moi toutes les portes; les ordres avaient été donnés, la voiture m'attendait sous le péristyle; le coureur m'ouvrit la portière;

le suisse, en bandoulière, et le chapeau bordé à la main, se confondait en salutations; et moi, je me disais, comme Juvénal, en examinant tous ces gens-là :

Maxima quæque domus servis est plena superbis.

N° XXV. [5 DÉCEMBRE 1811]

CORRESPONDANCE.

Monsieur l'Ermite, votre discours du *Jour des Morts*, où vous parlez des cimetières de Paris, est parvenu jusqu'à moi : il m'a si vivement touché, que j'ai été tenté de le lire en chaire ; mais j'ai été retenu par la crainte de n'être pas entendu par nos bons et simples villageois. Vous avez dit dans cet article : *Le respect pour les morts est en raison inverse de la civilisation.* Quoique cette idée soit en général aussi vraie qu'elle est affligeante, je n'aurais jamais pu la faire comprendre à mon auditoire. Je me félicite de vivre dans un pays éloigné, où de pareilles vérités sont inconnues, et passent encore pour des paradoxes. Permettez-moi cependant de vous adresser quelques observations qui puissent adoucir ce que votre réflexion a de trop amer : vous paraissez bon et généreux ; vous n'ignorez pas que lorsqu'on dit aux hommes une vérité dure, il faut l'accompagner de quelque chose de consolant.

Il n'est que trop vrai que plus on a perfectionné les commodités de la vie, plus les images de la mort doivent être importunes : dans les grandes villes, où la civilisation est portée à son comble, la triste enceinte qui renferme les morts est un lieu désert et ignoré ; les murailles qui l'entourent sont plus formidables que ce fleuve dont parle la Mythologie des anciens, et qui se repliait sept fois autour du Tartare. Chez les peuples qui sont encore dans l'enfance des sociétés, chaque tombeau est comme un autel qui inspire le respect et rappelle de touchants souvenirs ; chez les peuples policés, un cercueil n'est qu'un objet hideux dont tout le monde détourne ses regards. D'après tout cela, M. l'Ermite, je ne sais pas s'il est plus heureux de vivre chez une nation civilisée ; mais je sais bien qu'il vaut mieux être enterré chez les sauvages.

Cependant il faut tout dire : lorsque la société abandonne l'homme qui a rendu les derniers soupirs, la Religion pleure encore sur sa tombe ; la Religion, qui avait pris ses habits de fête lorsqu'il vint à la vie, se revêt de ses habits de deuil lorsqu'il n'est plus.

Cette idée est consolante, et doit toucher les cœurs les plus indifférents : tandis que le monde oublie jusqu'à ses bienfaiteurs, la Religion pleure sur la mort de ses ennemis. Combien de philosophes ont passé leur vie à déclamer contre la Religion ! Le monde les oubliera ; ils mourront dans le souvenir de leurs amis et de leurs proches. Quand la Renommée cessera de parler d'eux, quand l'Amitié restera silencieuse, la Religion fera entendre ses cantiques funèbres, et les accompagnera jusqu'à leur dernière demeure : la Religion seule se souviendra qu'ils ont passé sur la terre; leur tombe ne sera connue que d'elle seule. J'avoue, M. l'Ermite, que cette idée me touche et me console : lors même que la Religion n'aurait que cet avantage, je pense qu'il devrait suffire pour commander notre croyance. Toutes les fois qu'une société abandonne une vertu ou une sage maxime, la Religion s'en empare, et les conserve comme un dépôt sacré; elle est toujours là pour corriger les excès de la barbarie et les abus de la civilisation.

Si j'osais, M. l'Ermite, je vous ferais la description du cimetière de ma paroisse, pour l'opposer au tableau que vous faites des cimetières de Paris. Il est placé au bas d'une colline et sur le bord de la grande route : une haie vive, qui s'élève autour de son enceinte, ne l'empêche pas d'être aperçu des voyageurs; un gazon toujours vert recouvre la plupart des cercueils; la terre, fraîchement remuée, marque la place des tombes nouvelles. Sur chacune de ces tombes on aperçoit une croix de bois : monument simple et champêtre, auquel l'Amitié en deuil suspend quelques guirlandes de fleurs des champs dans la belle saison.

Vous n'y trouveriez pas d'épitaphes comme dans

les cimetières des villes (car les épitaphes annoncent déjà la civilisation), encore moins ces figures de marbre qui parent le deuil des tombeaux, et que les hommes des grandes cités semblent avoir chargées de pleurer pour eux. On ne voit dans tout le cimetière qu'une seule inscription; ce sont les paroles de Dieu lui-même qui console un père qui laisse, en mourant, son épouse et ses fils dans l'indigence : *Laissez-moi les enfants, je prendrai soin de leurs jours; et que la veuve place en moi sa confiance.* Ces paroles tirées de Jérémie, et prononcées par le défunt à sa dernière heure, ont été écrites en gros caractères sur une planche de bois de hêtre: elles seront bientôt effacées; mais la tradition les conservera.

Les habitants de ma paroisse ne sauraient oublier les morts; et ce souvenir ne leur est point pénible. Lorsque j'ai perdu quelqu'un de mes paroissiens, la cloche funèbre appelle tout le village à la prière, les cantiques des morts retentissent dans les champs, et frappent les échos des bois et des collines; toute la nature semble prendre part au deuil d'une famille, et s'attendrir avec ceux qui pleurent. Le cimetière entoure l'église, et chaque dimanche, lorsque mes paroissiens viennent à la messe, ils foulent la cendre des morts, et prient pour leurs amis et pour leurs proches qu'ils ont perdus. Quand les sages du canton se réunissent à la porte de l'église, sous un grand orme qui fut planté par l'ordre de

Sully, et qui porte encore son nom, ils ne manquent pas d'invoquer la sagesse de leurs ancêtres, dont ils voient les tombeaux autour de leur assemblée. Il m'est arrivé quelquefois, en prêchant dans la chaire évangélique, d'évoquer les morts qui dorment dans l'enceinte sacrée : alors toutes les générations du hameau semblent se réveiller et se réunir devant moi pour rappeler l'exemple des mœurs antiques, et confirmer l'autorité de mes paroles.

Ce souvenir des morts n'est point accompagné d'images sinistres, et tourne au profit de la vertu : il empêche les hommes de redouter le trépas, et donne souvent au plus simple des villageois l'héroïque résignation de Socrate; il inspire d'ailleurs les sentiments d'un véritable patriotisme. Il n'est point de patrie chez un peuple qui n'a point d'aïeux et pour qui les morts ne sont rien : dans tous les lieux où la vue d'un tableau pareil inspire des sentiments doux et pieux, je crois qu'on a plus de respect pour les lois, que les traditions sont plus religieusement conservées. Si les ancêtres du hameau revenaient à la vie, ils reconnaîtraient leurs mœurs, leurs coutumes et leur langage : rien n'est changé dans leurs familles depuis qu'ils ont cessé de vivre. C'est à vous, M. l'Ermite, à nous dire s'il en est de même dans les grandes villes.

Dor...,
Curé de. . . . , dép. des Hautes-Alpes.

M. le curé de... a cru devoir consoler le genre humain d'une vérité dure; nous craignons qu'il n'ait consolé personne : il n'est pas impossible qu'à Paris même on trouve plus de poésie que de vérité dans la lettre qu'il nous adresse; pour toute réponse, nous lui promettons d'aller nous faire enterrer dans sa paroisse, s'il veut bien nous recevoir.

Il nous reste à faire connaître la lettre d'un autre de nos correspondants, retiré dans une province éloignée de la capitale.

Du château de..... 15 novembre.

Il est une grande ville dont les journaux de Paris ne parlent presque point, et j'en suis fâché; cette grande ville est Paris. Grace à l'exemple que vous leur donnez, M. l'Ermite, ils en parleront davantage, je vous en remercie au nom des gens de la province; car nous ne sommes plus au temps où Paris n'inspirait point de curiosité aux bons provinciaux; où cette capitale, dans laquelle ils venaient fort rarement, leur paraissait comme une ville située au-delà des déserts : les choses ont bien changé, j'ai entendu dire dans ma famille que mon grand-père était venu à Paris au commencement du siècle dernier : avant de partir pour ce grand voyage, il fit son testament; ma grand'mère l'embrassa les larmes aux yeux, et fit dire des messes pour son retour. Lorsqu'il revint, les cloches de la paroisse de... sonnèrent en carillon, et tout le village alla en procession au-devant de lui, comme s'il fût revenu de la croisade contre les Sarrasins.

Aujourd'hui, un pareil voyage a beaucoup perdu de ce qu'il avait autrefois d'extraordinaire et de merveilleux; toutes les distances sont rapprochées, et nos villes de province semblent n'être plus que des faubourgs de Paris, tant les communications sont faciles et fréquentes. Tous nos gens du bel air se croient obligés de faire le voyage de Paris au moins une fois chaque année. Toutes nos jeunes filles, qui sont fort curieuses, brûlent de voir la capitale; et j'ai vu des contrats de mariage dans lesquels un mari signait l'engagement de montrer Paris à sa femme. Vous voyez donc, M. l'Ermite, combien il est important de parler de Paris dans les journaux de la capitale.

Dans nos provinces, on se moquerait de quelqu'un qui n'aurait point vu la Chaussée-d'Antin et le Palais-Royal; qui n'aurait point dîné au moins une fois chez Véry, ou bien au Rocher de Cancale; qui n'aurait point vu jouer Talma ou mademoiselle Duchesnois : un jeune homme ne passerait pas pour être bien élevé s'il n'avait achevé son éducation à l'école de Brunet; et celui qui n'aurait pas vu l'*Enlèvement d'Hélène* par les chevaux de Franconi, serait regardé presque comme un sauvage. Nous avons, dans notre province, plusieurs jeunes gens qui partent pour Paris lorsqu'on annonce un début ou une pièce nouvelle. Un de nos voisins nous a quittés dernièrement pour voir la rentrée de Fleury, que les journaux avaient annoncée quelques jours d'avance. Vous voyez, M. l'Ermite, quel est l'esprit des provinces; j'espère que vous viendrez à notre secours, et que vous ne nous laisserez rien ignorer de ce qu'il faut savoir pour être reçu dans la bonne compagnie.

A B.

Paris, 26 novembre.

Monsieur l'Ermite, j'ai reconnu les originaux de tous vos portraits, et j'espère bien faire un jour des commentaires à vos feuilletons comme on en a fait à ceux de La Bruyère. Il me semble voir toutes les figures que nous retrace votre véridique pinceau, et que vous avez rencontrées au café Tortoni, à l'Opéra et dans le parterre de Feydeau; je ne puis assez vous remercier, pour mon compte, d'avoir ainsi introduit dans les journaux la peinture des mœurs et des ridicules. Jusqu'à présent, on épiait la sottise dans les livres; par-tout ailleurs elle jouissait du droit de bourgeoisie : on n'osait la poursuivre, ni dans les cafés, ni dans les salons, ni dans les coulisses. Vous vous êtes chargé de cette tâche, qui n'est pas sans difficulté et sans inconvénient; je vous en félicite, et j'en félicite tous vos lecteurs ; j'aime mieux voir analyser le cœur humain que de voir juger une mauvaise pièce, un mauvais livre : les personnages bizarres ne sont pas dans tous les romans ni sur la scène. La littérature, sans doute a ses travers ; mais ce monde a des folies qui n'appartiennent ni aux vers ni à la prose ; et pour rire d'une sottise, il ne faut pas toujours attendre qu'elle soit imprimée. Je laisserai volontiers en paix la prose de nos écrivains et tous les alexandrins du monde pour rire avec vous des prétentions d'un fat ou de la ridicule présomption d'un sot.

Vous le dirai-je, d'ailleurs, M. l'Ermite ? Rien n'annonce mieux que la société a repris son allure et son équilibre, que ces sortes de peintures : elles sont comme ces figures de géométrie qui annonçaient à Robinson Crusoé qu'il était venu des hommes dans son île. De même qu'on ne peut retracer le tableau d'un paysage au milieu d'un tremblement de terre, il est des nuances délicates dans les mœurs qu'on ne peut saisir au milieu des révolutions : les ridicules sont des barques légères qui ne se laissent apercevoir qu'au moment où l'orage a cessé de gronder sur l'horizon politique : je suis encore tenté de les comparer, permettez-moi cette image un peu singulière, à cet oiseau de bon augure qui revint dans l'Arche pour annoncer que le déluge était fini. Continuez donc à les peindre ; parlez-nous souvent de Paris, de ses mœurs, et

faites revivre parmi nous cet ingénieux *Spectateur*
qui, comme vous, écrivit dans un temps où la paix
succédait à de longs orages.

O***.

Paris, le 28 novembre.

Monsieur, quoique né sur les rives du Tage, je
suis presque aussi gai que si j'avais vu le jour sur
les bords de la Seine; et je suis tout-à-fait de l'avis
du philosophe abdéritain, qui définit l'homme *un
animal riant*. Cette disposition d'esprit, si peu naturelle à mes compatriotes, m'a déterminé de bonne
heure à quitter mon pays, et à venir me fixer chez
un peuple dont quelqu'un a dit : « Le jour même de
la fin du monde, les Français mettront cet événement en vaudevilles, et danseront sur les ruines de
la terre aussi long-temps qu'il s'en trouvera un morceau assez grand pour y former une contredanse. »
Il y a dix ans que je suis à Paris, et que je m'aperçois qu'on a fort exagéré, sinon la gaieté des Français en général, du moins celle des Parisiens. Cette
observation n'est pas nouvelle pour vous, Monsieur,
qui la faites remonter à Julien le philosophe (que
d'aucuns s'obstinent à surnommer l'*apostat*); mais
vous n'avez point assez dit que cette gravité, disons
mieux, que cette mélancolie du caractère parisien

faisait chaque jour des progrès remarquables, et qu'ils étaient sur-tout sensibles dans la classe la plus élevée; vous n'avez point dit que la plupart des conversations ne roulaient aujourd'hui que sur les apparitions nocturnes, sur les revenants, ou tout au moins sur les voleurs; que, dans la société, les grands succès n'étaient plus réservés à l'esprit, au talent, à la figure, à la naissance, mais à l'art de conter ce qu'on appelle des *histoires* (c'est-à-dire des contes), art qui se borne à raconter les choses les plus invraisemblables avec toute l'apparence de la conviction, en fermant d'avance la bouche aux gens incrédules, mais honnêtes, par cette préparation oratoire : « Ce que je vais vous raconter, je *l'ai vu.* »

On ne se borne plus à ces vieilles histoires qui se ressemblent toutes, et dont la transition banale est toujours : *C'est comme*, etc.... Maintenant c'est un événement de la veille, du jour, du moment même, que l'on débite, et que l'on fait circuler dans Paris avec la rapidité de la matière électrique : tantôt c'est un général dont six hommes enveloppés de manteaux noirs ont arrêté la voiture au milieu de la nuit, pour avoir le plaisir de se colleter avec ses gens; tantôt c'est une main invisible qui abat toutes les nuits, sur le Pont-Neuf, la boutique d'une marchande d'oranges. Quand, par hasard, le fond de l'aventure est véritable, on y ajoute une foule de détails, de circonstances romanesques, qui la dénaturent entièrement, et font révoquer en doute la vérité elle-même.

Ne pourriez-vous donc pas, monsieur, quand l'occasion s'en trouvera, attaquer une manie destructive de toute conversation, et dont le plus grave inconvénient n'est peut-être pas de fausser le jugement et l'imagination de la jeunesse, si attentive à ces sortes de récits?

J'ai l'honneur d'être, etc.

N° XXVI. [7 décembre 1811.]

LA LOTERIE.

There should be no endeavour where there is no reasonable hope.
ROSCOMMON.

Il ne devrait pas y avoir d'efforts là où il n'y a pas d'espérance raisonnable.

Je connais un habitué de la Comédie Française et de tous les salons de Paris qui déclare hautement, au risque de se compromettre par son audace, qu'*il trouve du talent à Racine*. En vain cherche-t-on à lui faire entendre poliment qu'une pareille assertion ne peut guère se passer de l'épithète de *niaise*, il prend pour une réfutation du fait tout ce qu'on lui dit sur la manière dont il l'énonce, et ne manque jamais d'en revenir, avec entêtement, à cette conclusion : *Vous aurez beau dire, mais ce Racine a du talent.*

Dût-on m'affubler du même ridicule, je répète assez volontiers que c'est une charmante invention que la mythologie ;

Que les Athéniens étaient un peuple aimable ;
Que leur esprit m'enchante, et que leurs fictions
Me font aimer le vrai sous les traits de la fable.

Je me souviens que, dans ma première jeunesse, le livre que j'aimais le plus, après *Robinson Crusoé*, c'était celui de l'abbé Banier, où il expose, où il explique ces emblêmes ingénieux au moyen desquels les anciens donnaient, en quelque sorte, une ame à tous les êtres, un corps à toutes les pensées.

Ces souvenirs de collége me revenaient il y a quelques jours à l'imagination, en examinant un très joli dessin de Gravelot, où la *Fortune* est représentée avec tout le charme des attributs que donnent à cette déesse les médailles d'Adrien, de Commode et d'Antonin. Il y a loin de ces charmantes allégories aux plats rébus que présentent les jetons de la plupart de nos maisons de jeu, sur lesquels on voit pour emblême un *cygne*, et pour exergue : *Sit fortunæ signum!* Quelle pitié! On m'objectera peut-être que messieurs les banquiers de jeu ne sont pas obligés d'avoir autant d'esprit et d'imagination qu'Homère, Hésiode ou Ovide; mais ils pourraient du moins avoir le bon sens de ce fermier-général qui achetait tout fait

L'amour qu'il ne pouvait pas faire.

Il est plaisant que ces réflexions sur la fortune me soient venues dans l'esprit le jour où je devais être témoin d'un de ses plus bizarres caprices. Cette petite aventure particulière fait partie d'un tableau général, elle peut amuser mes lecteurs; je vais la leur conter, en les priant de n'en point chercher la morale dans le dénouement.

J'ai un domestique doué, entre autres qualités, d'une exactitude si rigoureuse, qu'on pourrait, au besoin, s'en servir en mer comme d'un *garde-temps*, pour trouver les longitudes. Il a coutume d'entrer dans ma chambre à sept heures précises pour faire mon feu : mardi dernier, il ne vint qu'à sept heures et demie, j'en conclus qu'il lui était arrivé quelque chose d'extraordinaire : on va voir que je ne me trompais pas. Je demande la permission de prendre un moment la forme du dialogue pour rendre notre entretien dans toute sa naïveté.

« Vous êtes en retard, Paul; que vous est-il donc arrivé? — C'est que je cherche depuis une demi-heure comment je m'y prendrai pour annoncer à Monsieur.... — Quoi donc? — Que je le quitte. — Et la raison? — C'est que je vais me marier avec la fruitière notre voisine. — Mais vous n'avez rien ni l'un ni l'autre? — Pardonnez-moi, monsieur, nous avons mis à la loterie. — C'est une chance de plus que *Jeannot*, qui croyait pouvoir y gagner sans y mettre; mais ce n'est pas encore là ce qu'on appelle du bien au soleil. — Monsieur aurait bien raison, si la voisine n'avait pas rêvé de *loups* et *d'eau bourbeuse*, après avoir mangé avec moi un civet de lièvre, circonstances qui indiquent, d'une manière infaillible, la sortie des n°s 3, 6, et 1, sur lesquels nous avons mis un terne sec de 6 fr. : ce terne, d'après le calcul du buraliste, doit nous produire 33,000 francs, dont la moitié forme la dot de ma femme, et l'autre mon patrimoine. Chacun de nous prend cinq ou six mille francs sur sa part pour acheter un petit fond de limonadier que nous avons en vue, et que Monsieur voudra bien achalander en disant un petit mot, dans son *Bulletin,* de mon talent pour faire les glaces. »

J'interrompis mon homme pour lui réciter la fable du *Pot au lait;* mais, tout en se moquant des folles espérances de la laitière qui fonde sa fortune sur un si fragile appui, il ne concevait pas que j'élevasse un doute sur la sortie d'un terne annoncé non seulement par le rêve de *loups* et d'*eau bourbeuse,* mais par la rencontre qu'il avait faite, en allant au bureau de loterie, d'un fiacre numéroté 613, où se trouvent les nombres 3, 6 et 1.

Je voulus prouver à ce pauvre garçon qu'il était la dupe du préjugé le plus ridicule; je l'assurai que tous les médecins (excepté le docteur Pedro Rezi, médecin de l'île de Barataria, dont Sancho était gouverneur) lui déclareraient que la chair de lièvre n'a point de vertu prophétique; qu'il n'y avait rien de commun, du moins dans le sens où il l'entendait, entre les loups, l'eau bourbeuse, et la loterie: je ne parvins pas même à lui faire comprendre qu'il était prudent de remettre après le tirage à s'occuper d'achats et de préparatifs qui supposaient le gain du terne sec. Sa confiance me parut si fermement établie, j'avais si peu de chose à répliquer pour l'instant à la réponse qu'il faisait à mes objections, « Monsieur verra si je ne gagne pas, » que désespérant de le ramener à la raison, je voulus m'amuser, jusqu'au bout, de sa folie. C'était le lendemain jour du tirage de la loterie; je me promis d'y assister.

Pour donner à ma curiosité une occasion et non pas un intérêt de plus, j'entrai par la porte *honteuse*, dans un bureau de loterie de la rue du Faubourg-Montmartre, à l'enseigne des *Cornes d'Abondance*. Deux jeunes filles s'y occupaient à tresser, avec des faveurs roses, des guirlandes de feuilles de chêne; trois *clarinettes* et *la grosse caisse* de la section buvaient dans un coin, à compte sur le produit des fanfares, tandis qu'un gros garçon, d'un air capable, décorait, avec les guirlandes de ces demoiselles, le cadre du tableau qui devait renfermer les sommes gagnées et les numéros sortis. Après avoir pris et payé un billet *tout fait*, d'un petit écu, dont la *bonté* me fut garantie par une de ces jeunes filles qui me le choisit elle-même, je pris mon chemin vers la rue Neuve-des-Petits-Champs, en faisant la réflexion qu'il n'est point d'état qui n'ait son charlatanisme.

La foule m'annonça que j'approchais du temple de la Fortune. Un moraliste de mauvaise humeur n'aurait pas manqué de tirer un beau mouvement oratoire de la position de ce temple auprès d'un égout; moi, je me souvins des beaux vers d'Horace sur la déesse d'Antium, et je marmottai dans mes dents :

> *Diva gratum quæ regis Antium,*
> *Præsens vel imo tollere de gradu*
> *Mortale corpus, vel superbos*
> *Vertere funeribus triumphos.*

Au bout d'une ruelle étroite, j'entrai dans une cour peu spacieuse, dont l'un des côtés présente un vaste fronton servant de couronnement à une grande porte dans le style antique. Le tympan du fronton renferme un encadrement destiné à faire paraître au dehors les numéros sortis, à mesure qu'ils sont proclamés dans la salle : c'est devant cette porte qu'une foule de commissionnaires s'assemblent pour copier les listes qu'ils vont colporter dans toutes les rues de Paris, en attendant que les bureaux les fassent officiellement connaître. Parvenu dans la grande salle avec beaucoup de peine, j'aperçus mon domestique à l'autre extrémité; mais il me fut impossible de me faire jour jusqu'à lui.

Pour tirer parti de ma position, en attendant la cérémonie, je n'avais rien de mieux à faire que d'écouter ce qui se disait autour de moi : toutes les conversations avaient pour objet le motif qui avait déterminé la mise de chacun de mes voisins. Celui que j'avais à ma droite était, à ce qu'il m'apprit lui-même, un honnête bonnetier de la rue aux Ours, qui mettait depuis deux ans à la loterie avec l'intention d'en employer les bénéfices à l'établissement d'un magasin de nouveautés dans la rue Vivienne. A ma gauche, se trouvait une jeune et jolie ouvrière en linge, qui fondait sur son gain l'espoir d'ouvrir une boutique de modes sous les galeries de bois, au Palais-Royal. A quelques pas de là, un grand homme sec, qu'à sa tournure seule j'aurais reconnu pour un joueur de profession, se plaignait d'avoir dérangé une *martingale* qui lui rapportait un louis par jour, pour suivre le 77 qui compte 118 tirages de *vieillesse :* il dissertait si vivement sur les *séries* et les *intermittences*, qu'il me fut impossible de savoir pourquoi une grosse femme qui se trouvait devant lui était sur le point de se prendre aux cheveux avec une de ses voisines, lorsqu'un signal annonça le moment du tirage et fit cesser le tumulte.

Deux domestiques en livrée ouvrirent une porte qui sert de cloture à une espèce de théâtre, c'est là que vinrent se placer les oracles du hasard. Un enfant, vêtu en bleu, avec une ceinture rouge, les yeux bandés, et d'un aspect tout-à-fait mythologique, fut exhaussé sur une table, à côté d'une énorme roue de fortune, ornée de glaces entre ses rayons; il tira successivement les 90 numéros : dépliés l'un après l'autre, nommés à haute voix, montrés au public, et renfermés dans des étuis de carton de même forme et de même poids, on les fit rejeter par un autre enfant, dans une roue semblable à la première. Ces préliminaires achevés, le tirage commença, et le silence le plus absolu régna tout-à-coup dans cette tumultueuse assemblée.

Les cinq numéros gagnants furent tirés l'un après l'autre, et répétés au même instant et comme par magie, dans un bas-relief, à l'autre extrémité de la salle. Chaque sortie excitait un murmure où l'on distinguait deux parties, comme dans un chœur d'opéra : celle de l'espoir déçu, dans le genre chromatique, et celle de l'espoir réalisé, sur un mode vif et brillant. C'est là qu'un peintre doit venir observer la nature, étudier tous les mouvements, toutes les expressions dont la face humaine est susceptible. Parmi tant de figures décomposées par la tristesse, j'étais curieux sur-tout d'examiner celle de mon ambitieux valet. Je n'avais pas fait grande attention aux numéros sortis : qu'on juge de ma surprise en voyant arriver mon homme, de sa nature très lourd et très sérieux, la figure rayonnante de joie, et gambadant comme un fou, avec une petite femme toute ronde qui pendait à son bras ! Par un de ces hasards qui déconcertent pour long-temps toutes les règles de la prudence, tous les raisonnements de la sagesse, il avait gagné son terne et fait fortune. J'étais encore d'humeur à faire un sermon, mais il n'était plus d'humeur à l'entendre; je me bornai à le féliciter d'avoir été plus heureux que sage. Les acclamations le suivirent dans la rue; la fanfare l'attendait à la porte de sa prétendue, chez laquelle il donna le soir même un souper où le civet de lièvre ne fut pas oublié, comme on peut croire. Paul est un honnête homme, son bonheur me réjouit; mais j'aurais desiré qu'il le dût à d'autres circonstances.

N° XXVII. [13 DÉCEMBRE 1811.]

CORRESPONDANCE.

Paris, 10 décembre 1811.

Sans habiter un désert, ou quelque lieu retiré, sans même quitter le centre de Paris, je n'avais plus de communication avec le reste de la France. Aujourd'hui, elle a pris à mes yeux un nouvel intérêt : on m'y parle de cette société où j'ai brillé à mon tour, de ces mœurs que j'ai peut-être jugées avec trop de passion et de préjugés, de ces usages que j'ai oubliés, de ces modes dont j'ai vu se dérouler le cercle brillant; et c'est un ermite qui observe et qui peint tout cela avec autant de charme que de vérité.

Il est au port, il regarde les flots sans avoir l'air de s'en soucier ni de les craindre. Il me reporte quelquefois aux jours de ma jeunesse; et si je ne puis reconnaître ses habitudes actuelles, je ne peux du moins me méprendre aux détails qu'il me donne sur sa vie passée. Nous avons connu les mêmes personnages, nous avons parcouru les mêmes salons; je pourrais lui dire ses aventures, ce qui n'intéresserait aujourd'hui que lui et moi, quoiqu'il ait été de fort bon ton, pendant quelques années, de faire sa confession générale au public.

J'ignore les motifs qui l'ont porté à se faire Ermite. Voici ceux de ma vocation :

Assez indépendant par caractère, et constant par goût, je n'ai su changer ni mes mœurs, ni mes idées, ni mes liaisons, ni mes habitudes; le dirai-je! ni mon costume, lorsque le temps, la mode et mille autres causes changeaient tout ce qui se trouvait autour de moi : c'était le moyen d'être, en peu d'années, entièrement seul dans le monde. Aussi, peu à peu, me suis-je vu dans une retraite parfaite, que mon caractère, mes goûts, mon âge et ma santé, m'ont rendue très convenable. La société serait devenue pour moi, comme pour vous, M. l'Ermite, un spectacle dont je pourrais juger impartialement les scènes et les acteurs, sans un petit inconvénient qui m'empêche de diriger à mon gré mes observations. Je suis goutteux, par conséquent souvent impotent, et jamais bien alerte.

Quarante-deux verres d'eau chaude que j'ai avalés n'ont pas même changé la goutte de place, et j'ai eu besoin de quelques restaurants pour mon estomac; mais enfin, décidé à vivre avec mon ennemi, j'ai résolu du moins de profiter de mon isolement et de mon incognito pour me placer au milieu de ce tumulte que forme la société dans les grandes villes. Bien sûr d'être seul par-tout, j'ai voulu seulement apercevoir de ma solitude le plus grand nombre possible de scènes diverses, de mœurs différentes, de tours variés ; et, ne pouvant étendre mes pèlerinages loin de mes foyers, j'ai choisi le lieu de mes méditations au milieu du parterre de l'Opéra. C'est là, Messieurs, que depuis quarante ans (car j'ai été vieux de bonne heure) je vois continuellement passer sous mes yeux des modes, des usages, des scènes, un luxe, des arts, des manies, qui changent sans cesse, et qui me surprennent quelquefois par leur singularité. En effet, ce qui se passe sur le théâtre n'est pas, à beaucoup près, ce qu'on y voit ; le grand foyer diffère du foyer des acteurs ; les coulisses ne sont pas habitées par le même peuple que les corridors ; le ton, la politesse, les manières ne se ressemblent pas aux premières et aux quatrièmes ; il y a des usages, un maintien, pour le balcon, qui ne sont plus ceux du parterre ou du paradis ; la sortie de l'Opéra offre un spectacle différent des entr'actes ; la loge de l'actrice voit d'autres scènes que la loge à l'année ; partout les ridicules, l'esprit et les caractères ont des nuances marquées, et de ces nuances-là quelques unes valent la peine qu'on les observe. Lorsqu'il s'agit de noter des travers, ou de faire la satire des manières et des ridicules, ce n'est pas au loin qu'il faut aller chercher une abondante récolte, et chacun peut s'écrier :

O fortunatos nimium sua si bona norint!

Et ces arts et ce luxe qui étalent leurs prestiges sur cette magnifique scène, n'ont-ils rien qui mérite d'être remarqué sous quelques rapports généraux, étrangers à telle ou telle représentation? Autrefois je parcourais avec la curiosité et l'ardeur de la jeunesse cette forêt de machines que j'ai vu bien perfectionner depuis le temps où l'on poussait à la main, et une à une, des coulisses qui ressemblaient à des feuilles de paravent. L'Opéra a ses arts comme ses modes, sa politique et ses révolutions. N'ai-je pas été aussi le témoin des terribles divisions qui se sont élevées entre les partisans de Lulli et de Rameau, entre ceux de Gluck et de Piccini? Enfin les années et un long séjour m'ont fait connaître la carte de ce pays, plus singulier qu'on ne pense. J'y conduirai quelquefois vos lecteurs, si l'impression de cette lettre dans votre ouvrage m'annonce que mon offre n'est pas rejetée.

J'ai l'honneur d'être, etc.

Le Solitaire de l'Opéra.

J'ai reçu, à quelques jours de distance, deux lettres qui prouvent à quel point le champ de la dispute est vaste, et le peu d'espoir qu'il y a de rapprocher certains esprits : l'une de ces lettres servira de réponse à l'autre.

Paris, 4 décembre.

Monsieur, il faut que vous soyez doué d'un beau sang-froid, ou retenu par de bien misérables considérations, pour ne pas vous élever avec plus de force et de courage contre ce débordement d'ignorance, de sottise et de mauvais goût, dont la France est en grande partie submergée : est-ce assez de quelques épigrammes, plus ou moins innocentes, pour faire justice du charlatanisme et de l'orgueil de nos prétendus savants, de l'abondante stérilité de nos artistes, de la dégradation de nos gens de lettres, de la bêtise insolente de leurs protecteurs, en un mot, de l'abrutissement général vers lequel on s'achemine, et où nous serions, depuis vingt ans, irrévocablement plongés, sans le secours d'un bras puissant qui retarde notre chute?

Dans l'empire des arts, le génie, l'enthousiasme, le talent même est éteint; si j'ouvre le livre nouveau le plus vanté, la première chose que j'y découvre, c'est le motif particulier qui l'a fait écrire, et le but intéressé que l'auteur s'y propose. Si le désœuvrement me conduit au théâtre, je vois que rien n'est au dessous des pièces modernes qu'on y représente, si ce n'est la maladresse des acteurs qui les jouent, et la stupide patience du public qui les écoute. Si je jette les yeux sur les monuments de nos arts, je gémis de penser qu'en attestant aux siècles à venir la grandeur et la magnificence du prince sous le règne et par les ordres duquel de si grands travaux ont été entrepris, ils déposeront en même temps de la médiocrité présomptueuse et du mauvais goût de nos artistes. Tranchons le mot : il n'y a plus d'artiste; tout est artisan, depuis le mathématicien qui prétend que la toise du menuisier doit remplacer les plus sublimes formules de Kepler ou de Newton, jusqu'à ce journaliste qui n'a d'opinion qu'après avoir consulté le registre de ses abonnés. Le domaine des sciences et des lettres est envahi par une nuée d'agioteurs rimant, chantant, peignant, chiffrant, qui spéculent tantôt sur un problème d'algèbre, et tantôt sur un couplet de chanson; et l'on se plaint de la critique amère!!!...

J'ai l'honneur d'être, etc.

Th Fl.

Paris, 9 décembre.

Eh! monsieur, au lieu de vous amuser à critiquer tel ou tel usage innocemment ridicule, tel ou tel abus dont vous oubliez trop souvent de rechercher les avantages, ne devriez-vous pas nous faire justice de cette manie de dénigrement qui semble s'être emparée de tous les cerveaux à-la-fois? Comment se fait-il que, parmi vous autres barbouilleurs de papier à la feuille, il ne s'en trouve pas un qui prenne la tâche honorable de redresser ce travers de l'esprit parisien, et de prouver que l'époque où nous vivons est, je ne dis pas seulement la plus glorieuse, on ne trouverait pas de contradicteurs, mais, à tout prendre, la plus remarquable, à ne l'envisager même que sous le rapport des progrès de la civilisation, des lettres et des arts? Cette rage de tout fronder a passé des journaux dans les salons, des salons dans les boutiques; et si les étrangers veulent nous prendre au mot, ils peuvent, à l'exemple du Livonien Kotzebue, nous regarder comme le peuple le plus ignorant, le plus futile, et même le plus triste de l'Europe. Il est de fait cependant (et c'est cela qu'il faudrait avoir le courage de dire) que la France jouit, au temps où nous vivons, d'un honneur qu'on a pu lui contester à toute autre époque, celui de primer également dans les armes, dans les sciences, dans les arts et dans les lettres. Nous pouvons être, en fait de liberté, au dessous de nous-mêmes; mais nous sommes encore au dessus des autres.

On a beaucoup crié contre quelques philosophes de l'autre siècle, et on leur a prodigué l'épithète de *mauvais Français*, parcequ'ils reconnaissaient la supériorité de nos voisins en quelques points de leur législation; parcequ'ils faisaient l'éloge de quelques institutions étrangères que nous avons adoptées depuis; mais ces mêmes hommes, ces Montesquieu, ces Voltaire, qui avaient acquis à tant de titres le droit de gourmander leurs concitoyens, sont eux-mêmes la preuve de cette supériorité qu'ils contestaient quelquefois à leur patrie: leur plume, comme la lance d'Achille, guérit la blessure qu'elle fait. Il n'en est pas ainsi des chefs de nos frondeurs modernes : quand ils assurent que l'esprit et le goût deviennent chaque jour plus rares, on ne peut les opposer à eux-mêmes; ils sont bien sûrs de convaincre ceux qui ne lisent que leurs écrits, et c'est malheureusement le plus grand nombre.

De grace, monsieur, vous, en qui j'ai surpris quelquefois des mouvements de franchise et de justice, prenez en main la défense de votre siècle et de la vérité ! Est-il donc si difficile ou si dangereux de démontrer par les faits que les sciences n'ont jamais brillé d'un plus grand éclat; que la France est aujourd'hui la seule patrie des arts; que si les lettres ne comptent qu'un très petit nombre de ces esprits du premier ordre dont la nature s'est montrée de tout temps avare, elles citent, dans tous les genres, des noms dont elles s'honorent; que le luxe, ce besoin des grands états, n'a jamais été dirigé par un goût plus pur, et appliqué à de plus nobles objets; enfin que, dans toutes les branches de la civilisation, les progrès sont tels que, ne pouvant en nier l'évidence, on a pris le parti d'en contester les avantages? Voilà, monsieur, un emploi vraiment digne de vous : je ne puis vous répondre que cette manière d'envisager les choses augmente beaucoup le nombre de vos lecteurs; mais elle augmentera du moins la considération avec laquelle j'ai l'honneur d'être, etc.

L. DE SAINT-M...

N° XXVIII. [17 décembre 1811]

LA JOURNÉE
D'UN COMMISSIONNAIRE.

> *O curas hominum ! ô quantum est in rebus inane !*
> Perse, Sat. I.
>
> Que de soins on prend, que de peines on se donne pour les choses frivoles !

Ce n'est pas seulement pour les riches que Paris est *un pays de Cocagne*, c'est pour tous ceux qui savent tirer parti des avantages et des agréments que cette ville leur présente, dans quelque condition que le sort les y ait placés. J'ai passé, comme beaucoup d'autres, par tous les degrés de la bonne et de la mauvaise fortune; et je ne suis pas encore bien sûr d'avoir été plus heureux avec soixante mille livres de rente, dans un bel hôtel du faubourg Saint-Germain, que je ne l'ai été depuis à mon quatrième étage de la rue Saint-Lazare. J'avais alors pour tout domestique ma portière, qui venait allumer mon feu, préparer mon déjeuner et ranger mon appartement, tout aussi bien que le plus habile valet de chambre. Je n'avais plus à ma suite ou plutôt à ma charge, deux ou trois laquais bien fainéants, qui se disputaient à qui me servirait le plus mal; mais, pour quinze sous, j'avais tous les matins à mes ordres, un petit commissionnaire bien intelligent, bien leste et bien fidèle. Je ne voyais plus de voiture sous ma remise, mais à deux pas de chez moi j'en trouvais vingt sur la place; je sentais encore moins vivement la perte de mon cuisinier, en songeant que dès la pointe du jour cent restaurateurs, dans tous les coins de Paris, étaient occupés non seulement à préparer mon dîner, mais à prévoir jusqu'aux moindres caprices de mon appétit.

J'ai trouvé, dans la médiocrité de ma fortune, (où je me repose aussi voluptueusement qu'Horace) un avantage auquel la tournure de mon esprit et de mes goûts me fait attacher un grand prix : c'est celui de me mettre, pour ainsi dire, en contact avec toutes les classes de la société, et de pouvoir embrasser d'un coup d'œil l'intervalle qui sépare la pauvreté de l'extrême opulence. Je me suis fait tout à-la-fois une étude et un plaisir d'observer les mœurs de mon temps, et d'en esquisser le tableau; ce qui m'impose l'obligation de m'arrêter avec le même intérêt dans les palais et dans les greniers; de visiter tour-à-tour les magasins, les boutiques et les échoppes; de dîner alternativement dans les salons de Beauvilliers et dans les cabarets de la Courtille : de me trouver un soir au balcon de l'Opéra, et le lendemain à la galerie de l'Ambigu; de fumer ma pipe à la tabagie du Hameau, en sortant de prendre une glace au café de Foi. Cette variété de costumes, de langages, d'attitudes, compose un vrai panorama moral, où, sous la main d'un peintre habile, la population entière de Paris finirait par trouver sa place.

Toute la science de l'observation se réduit pour moi à deux points : écouter parler les riches, et faire parler les pauvres. Fidèle à cette maxime, je ne manque guère d'entrer en conversation, quand l'occasion s'en présente, avec le cocher de fiacre, le porteur d'eau, le marchand de vieux habits, tous gens qui ont beaucoup à raconter, parcequ'ils ont beaucoup vu. Plus d'une fois ces entretiens m'ont fourni la preuve que la Fortune, en distribuant les places, fait parfois de bienlour des bévues; témoin l'homme qui sort de chez moi, et qu'à son langage, à son caractère, à ses sentiments, on ne s'attendrait certainement pas à trouver au coin d'une rue.

Ce commissionnaire m'apportait une lettre; je la pris sans lever les yeux sur lui, et je me contentai de lui dire *qu'il n'y avait pas de réponse.* Étonné de voir qu'il ne sortait pas, je crus qu'il était sourd, et je lui répétai plus haut *qu'il n'y avait pas de réponse.* « J'entends bien, me dit-il en riant; mais je vois aussi que Monsieur ne me reconnaît pas. — Non, mon ami. — J'ai pourtant fait bien des courses pour vous, quand vous demeuriez dans la rue Saint-Lazare : il est vrai qu'il y a de ça bien long-temps; je n'avais que seize ans alors. — Comment! tu serais ce petit garçon..... — Qui portait, tous les matins, vos billets sans adresse à cette jolie dame de la rue Saint-Florentin. Rien qu'à la manière dont la femme de chambre me remettait la réponse, je savais déja si vous me paieriez ma commission double. — Tu as bien de la mémoire, mon pauvre Chambéri! — Si Monsieur a besoin de moi le jour, la nuit, il n'a qu'à parler : je ne suis plus tout-à-fait si leste; mais peut-être bien aussi que Monsieur, quand il écrit aux dames, n'a plus besoin qu'on revienne si vite? — Hélas! non, mon enfant; aussi toutes mes commissions sont-elles maintenant du même prix. Mais parlons de toi : tu n'as pas changé d'état, à ce qu'il me paraît; cependant l'occasion était belle. — J'ai toujours été content du mien : j'aime l'indépendance, et c'est pour n'être le domestique de personne que je me suis fait celui de tout le monde. — Tu fais donc bien tes affaires? — Je vis, et je trouve moyen, au bout de l'année, d'avoir encore trois ou quatre napoléons de reste; mais il y a des jours de guignon : hier, par exemple... la maudite journée! je ne l'oublierai de ma vie. — Assieds-toi, bois un verre de vin, et conte-moi ton histoire de la veille. — La voici : A six heures du matin, une petite dame de la rue Traversière me fait venir; elle me charge d'aller au-devant d'un jeune homme qui doit arriver à Paris, dans deux heures, par la route de Lyon, et de lui remettre un billet de *la plus grande importance*. Muni de mes instructions, je vais m'établir à la barrière ; j'attends ; personne ne vient : je retourne chez la dame ; le feu était au logis : le jeune homme, arrivé par un autre chemin, avait été reçu, au débotté, par un mari qu'il croyait bien loin, et l'explication entre eux était si vive, que je me gardai bien d'entrer pour demander mon argent.

« Je retournais à mon poste ; chemin faisant, on m'arrête pour faire le déménagement d'un peintre en miniature. Je monte au cinquième au-dessus de l'entresol, dans la rue de la Lune ; je conviens de prix, et je descends chargé de tout le mobilier du jeune artiste ; mais, au bas de l'escalier, le marchand de vin me prend deux chaises et un trumeau pour se payer, dit-il, d'un petit mémoire que le peintre a oublié de solder. Le tailleur, le boulanger, la blanchisseuse, attendaient dans la cour ; l'exemple du marchand de vin les gagne : chacun s'empare d'un meuble, et en moins de rien le déménagement est complet. Le pauvre garçon, témoin de son désastre, prit son parti de bonne grace, et s'en alla en riant, sa boîte à couleurs sous le bras, achever le portrait d'une actrice de l'Ambigu, sur le paiement duquel est assignée ma commission.

« Comme je le quittais, un jeune homme, descendu d'un cabriolet de louage, où il était avec une petite femme d'une figure très espiègle, vint à moi, me remit un *nécessaire* en maroquin rouge de chez Garnesson, et après avoir pris le numéro de ma médaille, me chargea de porter cette boîte dans une maison de prêt, d'emprunter dessus soixante francs, et de les lui porter à la *Galiote*, cabinet n° 15. Examen fait du nantissement, le buraliste auquel je m'adressais ne voulut me prêter que douze francs; un second ne fut pas plus généreux : je n'acceptai point une somme aussi modique, et j'allai à la *Galiote* rendre compte au jeune homme du peu de succès de mon message. Le garçon apportait la carte du déjeuner; elle se montait à trente-deux francs : on avait compté sur le Mont-de-Piété pour en acquitter le montant. Privé de cette ressource, il fallut tout avouer à la jeune dame, qui se vit obligée, pour sortir de la *Galiote*, d'y laisser son *cachemire* en gage. Cette commission-là ne me rapporta pas plus que les autres.

« Je commençais à prendre de l'humeur, quand un homme m'aborde sur le boulevart, et me demande si je suis de force à porter douze mille francs en écus; je réponds affirmativement, et je m'achemine avec lui vers l'hôtel Grange-Batelière, bien convaincu que cette commission va me dédommager de toutes les autres. Nous montons chez un baron allemand qui nous reçoit de la manière la plus brutale : il prétend que nous ne lui avons pas gagné loyalement la somme que nous réclamons, et finit par nous proposer deux cents louis en *billets payables dans six mois*. Il fallut bien en passer par-là. Celui qui m'avait amené sortit en déclamant « contre l'*indélicatesse* des joueurs d'à présent, qui ne se font pas scrupule de payer les mémoires du boulanger et du boucher de préférence aux dettes sacrées du jeu, qu'on acquittait autrefois dans les vingt-quatre heures. » En disant ces mots, mon homme part et disparaît comme un éclair. Je ne perdis pas mon temps à courir après lui.

« La nuit était venue, le temps était pluvieux ; je quittai mes crochets pour prendre un parapluie, et j'allai attendre les piétons à la sortie du théâtre des Variétés. Avant la fin de la dernière pièce, un militaire me remit une jeune personne de seize ou dix-sept ans sous le bras, en me chargeant de la conduire rue Grenier-Saint-Lazare ; c'était une très jolie petite ouvrière en linge. La pauvre enfant accélérait tant qu'elle pouvait sa marche en m'interrogeant à chaque pas sur l'heure qu'il pouvait être. Nous arrivons enfin ; elle frappe à une porte d'allée ; on tire le cordon ; et tandis qu'elle était occupée à chercher quelque monnaie dans son sac, son père, qui l'attendait dans la loge du portier, fait tout-à-coup une si terrible explosion, que, sans penser à mon salaire, la petite me ferme bien vite la porte au nez et me laisse dans la rue, bien plus affligé de sa mésaventure que de la mienne.

« Je ne me décourage pas facilement; il était onze heures, j'avais une dernière ressource, j'en fais usage à l'instant même : un falot à la main, je me rends dans la rue des Bons-Enfants, à la porte d'une maison de jeu, avec l'espoir d'être employé par quelque joueur heureux dont la générosité me paiera ma journée entière. Vers deux heures du matin paraît un gros homme, enveloppé d'une houppelande; je fais la question d'usage : *Monsieur veut-il un falot?* « Allons, marche, coquin ! » me répond-il. Cette apostrophe me paraît de bon augure (il y a tant de gens qui ont le bonheur insolent !); je la prends pour un ordre, et me voilà trottant devant le gros homme jusqu'au bout de la rue Neuve-Saint-Eustache. Il frappe à coups redoublés à la porte d'un hôtel garni; tandis que le portier s'éveille, je lui demande quinze sous pour ma course : *Quinze sous*, me répond-il d'une voix de tonnerre; *si le passe-dix m'avait laissé quinze sous, au lieu de prendre un falot, j'aurais pris un potage.* Cela dit, il entre, referme la porte, et je regagne tristement ma demeure, en songeant, pour me consoler, que les jours se suivent et ne se ressemblent pas.....

— En voici la preuve (dis-je à ce brave homme en lui mettant un napoléon dans la main)! Reviens me voir, mon garçon : tu as de la probité, de la gaieté, et de l'esprit; les gens comme toi sont les seuls qui soient bien venus dans mon ermitage, sous quelque habit qu'ils s'y présentent, et c'est pour cela que je vois si peu de monde. »

N° XXIX. [18 décembre 1811.]

MISCELLANÉES.

Nec scit quà sit iter
OVIDE, *Met.*, l. II, p. 170
Il ne sait quel chemin prendre.

Je ne suis pas de ces hommes qui affectent de dédaigner les qualités qui leur manquent. Je n'ai point de mémoire, et j'en suis d'autant plus fâché, que je connais tout le prix de cette faculté brillante qui met en œuvre l'esprit qu'on a, et supplée à celui qu'on n'a pas. De combien de succès n'est-elle pas la source? Que deviendraient, sans mémoire, tant de conteurs de salons, de discoureurs de tables, de collecteurs de bons mots? Que deviendraient nos érudits d'athénées, prodigues, le soir, de citations apprises le matin? nos jurés-chronologistes, aussi riches en dates que les marbres d'Arundel? Je suis en admiration continuelle devant le mérite de tous ces messieurs-là; et quand je pense qu'avec de la mémoire peut-être aurais-je pu marcher un jour leur égal, je ne me console pas d'en être privé.

J'ai fait tout ce que j'ai pu pour suppléer, par la mnémonique, au vice de mon organisation cérébrale, et j'ai vu le moment où je devenais fou en cherchant à profiter des belles inventions de M. Feinaigle, dont je suivais assidûment les cours. Ma tête était un vrai chaos; il y régnait une telle confusion de mots et d'idées, qu'à tout moment j'accouplais dans la même phrase les noms d'*Alexandre* et de *poëlon*, d'*Athènes* et d'*alambic*, de *Thermophyles* et de *perroquets*, etc. Désabusé de toutes ces mémoires artificielles, j'ai pris le parti d'en revenir à des tablettes que je porte toujours sur moi, et sur lesquelles j'inscrit quelques mots, quelques *summa capita*, dont je me sers ensuite comme de jalons pour retrouver mes idées. Il est vrai qu'il en est souvent de ces indications, énoncées d'une manière trop concise, comme des nœuds que je fais à mon mouchoir, et qui ne servent qu'à me faire souvenir que j'oublie quelque chose. Je me trouve quelquefois, en relisant mes notes, dans la même perplexité que ces habitués du café Lloyd qu'Addisson nous représente, dans *le Spectateur*, occupés à déchiffrer un papier tombé de sa poche, et cherchant un sens mystérieux à ces mots: *Le chien du logis; le hibou; le grillon; M. Thomas Jnkle; un juif qui devait un jambon; l'abbaye de Westminster; les Pyramides*, etc., etc.

Pour remédier à ce nouvel inconvénient, depuis quelque temps j'ai pris l'habitude de faire tous les soirs le relevé de mes tablettes sur de petits carrés de papier où j'énonce ma pensée d'une manière intelligible. Je jette pêle-mêle dans un carton toutes ces bribes, dont je me sers ensuite pour composer mes articles hebdomadaires. Pressé par le temps et par le desir de faire passer sous les yeux de mes lecteurs un plus grand nombre d'objets, je vais aujourd'hui puiser au hasard dans mon carton. Peut-être, en faveur de la variété, me pardonnera-t-on ce bavardage sans suite et sans liaison, que j'ai cru pouvoir présenter sous le titre des *Miscellanées*.

Caricatures parisiennes.

On ne peut faire un pas dans Paris sans remarquer certaines figures qu'on y voit de temps immémorial, et qui semblent s'y maintenir par succession. Cette observation, dont je suis journellement frappé, me fait regretter que l'ouvrage publié incognito sous le titre piquant de *Personnages fameux dans les rues de Paris*, n'ait pas été confié à des mains plus habiles. De combien de détails, d'anecdotes, et de portraits on pouvait l'enrichir ! Un Manuel de ce genre devrait servir d'appendice aux *cicerone parisiens;* car il me semble qu'on doit être aussi curieux de connaître les originaux qui distinguent cette capitale, que les monuments qui la décorent. Depuis quelque temps, Paris a fait, dans ce genre, deux pertes irréparables: la première est celle de ce fameux chevalier de Jean, si connu par sa bravoure, ses créanciers, ses folies, et ses dettes. Fidèle au costume des jeunes gens de l'autre siècle, on le voyait, chaque jour, au Palais-Royal, en pantalon de tricot bien étroit, coiffé en fer à cheval, et tout prêt à vous conter l'histoire d'une belle Juive d'Amsterdam, dont il avait jadis entrepris la conversion. L'autre personnage, enlevé plus récemment encore à la curiosité des amateurs, est le maître de tous nos maîtres en fait d'armes les plus renommés, le vieux père D****. Depuis vingt-cinq ans il faisait tous les jours, entre deux et trois heures, quatre tours sur le boulevart de la Madeleine; il était reconnaissable aux oscillations de sa tête, à l'ampleur de sa redingote, à l'énormité de sa canne et à l'antiquité de sa perruque, où les cheveux étaient plus rares encore que sur son front. Cinquante ans avant, ce même homme avait fait tourner la tête aux plus jolies actrices de la Comédie-Italienne.

Hommes de lettres.

Pour prouver que la profession d'homme de lettres est un des états les plus honorables, on dit que son but est d'instruire, d'amuser et de corriger l'espèce humaine. Pour prouver que c'est le plus honteux des métiers, on nomme quelques uns de ceux qui l'exercent.

— L'amour-propre lui-même a ses moments de modestie. Je me trouvais, il y a quelques jours, avec un homme de lettres qui faisait de son mieux l'éloge de son dernier ouvrage, qui vient de paraître. « Vous devriez, dis-je, en envoyer un exemplaire à chacun de vos amis. — Si je donne mes ouvrages à mes amis, me répondit-il avec beaucoup d'ingénuité, qui est-ce qui me les achetera? »

Vanité des vanités.

On rit de l'ignorance des Chinois quand ils vous présentent une carte du globe terrestre où la Chine occupe à elle seule plus de place que le reste du monde; mais il est un autre peuple beaucoup plus instruit, beaucoup plus éclairé, chez lequel l'orgueil national est quelquefois tout aussi absurde. Les Anglais se font centre comme les Chinois : à les en croire, tout a commencé, tout se rapporte, tout finit aux îles britanniques; le reste de la terre n'en est, à leurs yeux, que le complément, que l'appendice. Leurs savants, leurs gens de lettres, leurs artistes, leurs voyageurs, ne sont occupés qu'à leur forger des titres de gloire. Ce n'est plus en Égypte, ce n'est plus dans les Indes, qu'il faut chercher l'origine de la civilisation : le capitaine Wilford ne vient-il pas de prouver, le plus sérieusement du monde, que la Grande-Bre

tagne était le berceau de la religion des Indiens?
Risum teneatis!

Bonnes actions.

Combien *de bonnes actions perdues faute de registres!* comme dit Montaigne. De ce nombre ne sera pas celle du brave Goffin [1]; elle occupe les cent voix de la Renommée; tous les arts s'empressent d'en consacrer, d'en immortaliser le souvenir; et cette fois la gloire est la récompense de la vertu.

— Les détracteurs de l'humanité auront beau dire, le mystère dérobe au jour au moins autant de bonnes actions que de mauvaises. J'étais dimanche dernier chez une pauvre femme qui a connu de plus beaux jours, et je fus à peu près témoin d'un fait que je vais rapporter en peu de mots. Le docteur ***, médecin des pauvres dans une des sections de Paris, avait été appelé pour donner des secours à cette femme, réduite à l'état le plus déplorable : il s'aperçut aisément que la misère était la source du mal dans un corps fatigué par *les besoins du jour et les pleurs de la nuit;* aussi se contenta-t-il de dire à la malade que, dans une

---

[1] On sait par quel dévouement, quelle patience et quel courage cet homme parvint à sauver, au milieu d'un éboulement de carrière, les victimes de cette catastrophe. On a peu d'exemples d'un sacrifice aussi généreux de sa propre vie. Goffin vécut et reçut, avec une pension, la croix de la Légion-d'honneur.

heure, il lui enverrait quelques pillules dont il ne doutait pas qu'elle ne se trouvât bien.

En effet, la pauvre femme, lorsque j'entrai chez elle, venait de recevoir une petite boîte dans laquelle étaient renfermés dix napoléons, avec cette ordonnance : « Employez le contenu selon vos be-
« soins; prenez patience, et tranquillisez-vous sur
« l'avenir. » Je ne cède point à l'envie de nommer cet excellent homme; je le connais assez pour ne pas le confondre avec ces bienfaiteurs anonymes que Champfort compare ingénieusement à la Galatée de Virgile :

Fugit. . . . . et se cupit ante videri.

La grande nouvelle.

C'est un lieu de rendez-vous très agréable que la boutique de certains libraires; on y trouve beaucoup d'oisifs et quelques originaux qui sont bons à observer. Chacun a son habitué de fondation, assis auprès du comptoir, feuilletant la brochure nouvelle, donnant très haut son avis sur l'ouvrage du jour, sur l'académicien de la veille et sur la pièce du lendemain. Le jugement qu'il porte est adopté sans examen par le badaud qui vient acheter *le Secrétaire de la cour*, ou *le Cuisinier impérial*. Celui-ci court s'en faire honneur dans un café, dans un salon, et ne manque pas de donner pour *sienne* une opinion attrapée en courant, et qu'il soutient avec autant d'opiniâtreté que si elle lui eût coûté trois semaines de réflexion.

C'est là qu'on apprend que nous avons encore des poëtes, mais que les ouvrages en vers ne se vendent plus; qu'on demande des mémoires secrets, des lettres inédites, comme on demandait autrefois du *Saint-Évremont* et des *Lettres persanes;* qu'au lieu de vingt romans par semaine, il n'en paraît plus que deux ou trois ; que, depuis les romans de madame Cotin, il n'y a pas eu dans ce genre un seul véritable succès.

Toujours à l'affût de nouvelles, d'observations de toute espèce, je suis entré samedi chez Delaunay, où plusieurs personnes étaient assemblées : « Eh bien ! messieurs, dit un homme à figure joviale, qui venait acheter le *Parfait Distillateur,* vous savez la grande nouvelle? — Mon Dieu oui, répondit un militaire en feuilletant la grande édition des *Commentaires* de Polybe, le maréchal de *** va prendre le commandement d'un corps d'armée. — Vous n'y êtes pas, interrompit un armateur du Havre en payant un atlas de marine, il s'agit du corsaire l'*Abeille*, qui vient de conduire à Lorient un *trois-mâts*, venant de la Jamaïque. — Cette nouvelle peut être de quelque intérêt à la Bourse, répartit un gros homme en cheveux ronds et en habit noir, qui marchandait un Diurnal en maroquin rouge; mais celle qui occupe tout Paris, c'est le sermon que M. l'évêque de ** prêchera le jour de la Pentecôte à Saint-Sulpice. — Vous nous la donnez belle, avec votre sermon! (cet interlocuteur portait un ruban à la boutonnière.) Monsieur veut parler, sans doute, de cet Américain qui vient de faire sauter la banque de la rue de Tournon? » Un jeune artiste nous assura qu'il n'était bruit que d'un nouveau tableau de Gérard. Un grand homme à besicles, qui m'avait tout l'air d'un candidat d'Institut, ne supposait pas qu'on pût s'occuper d'autre chose que de la maladie d'un académicien septuagénaire.

« Rien de tout cela, reprit l'homme qui avait parlé le premier: ma nouvelle, d'une toute autre importance que les vôtres (et vous allez en convenir), c'est qu'on vient de découvrir une *manière de coller les vins*, qui les fait vieillir de quatre ans en moins de quinze jours. » Et moi, de tant de réponses différentes à la même question, j'ai conclu que *la grande nouvelle*, pour chacun, est presque toujours celle qui flatte plus particulièrement son goût, sa passion, ou son intérêt.

Mesdames du Deffant et Geoffrin.

La mémoire de madame du Deffant n'a point à se louer de la publication de sa Correspondance avec Horace Walpole. On savait déja que cette dame avait eu beaucoup d'esprit; mais on ignorait, en grande partie du moins, les défauts de son caractère.

Il n'en est pas de même du volume que vient de publier M. Morellet sur madame Geoffrin : il ajoute à l'opinion favorable qu'on avait déja des excellentes qualités de cette femme célèbre. Après avoir lu les lettres de madame du Deffant, on se félicite d'avoir échappé au malheur de la connaître. Après avoir lu l'éloge de madame Geoffrin, et les lettres qui l'accompagnent, on partage tous les sentiments de son panégyriste, et l'on s'associe aux regrets qu'a dû causer sa perte.

N° XXX. [20 DÉCEMBRE 1811.]

ENTERREMENT
D'UNE JEUNE FILLE.

> Elle était de ce monde, où les plus belles choses
> Ont le pire destin :
> Et, rose, elle a vécu ce que vivent les roses,
> L'espace d'un matin.
> MALHERBE, *Stances*, l. II

Servius Sulpicius cherchant à consoler Cicéron de la perte de sa fille, lui écrivait : « A mon retour d'Asie, quand je partis d'Égine pour me rendre à Mégare, mes yeux s'arrêtèrent sur les objets dont j'étais environné : je voyais Égine devant moi, Mégare était derrière, le Pirée à ma droite, et Corinthe à ma gauche. Que de villes florissantes renversées aujourd'hui sur la terre! Comment, au milieu de ces immenses débris, puis-je croire, me disais-je à moi-même, qu'un homme se laisse abattre par la perte d'un enfant......? »

Ces réflexions, si justes, si philosophiques, ne consolèrent pas le père de Tullia, parcequ'il est des douleurs sur lesquelles la raison ne peut rien, et des larmes qu'il faut laisser tarir. Dans la carrière que j'ai parcourue, j'ai vu tomber à mes côtés des compagnons, des frères d'armes, dont j'ai déploré la perte; mais en songeant à ces idées de gloire, à cette illustration héréditaire, qui s'attachent au nom des guerriers morts au champ de l'honneur, en pensant qu'une vieillesse douloureuse m'attendait peut-être au sein d'une retraite obscure, je ne pouvais m'empêcher d'envier le sort de ceux que leur trépas immortalise. Chaque jour m'enlève quelque ancien ami, d'un âge aussi avancé que le mien; je le regrette et ne murmure point : *où leur vie s'est éteinte, elle y était toute,* comme dit Montaigne; la mort est la conséquence immédiate d'une longue vieillesse.

Mais qu'une jeune fille, à peine au sortir de l'enfance, à qui le ciel devait encore une longue suite d'années, sur qui la nature avait épuisé tous ses dons, que la naissance et la fortune environnaient de leurs plus brillants prestiges, soit enlevée tout-à-coup aux embrassements de sa mère, aux vœux de sa famille, aux espérances de l'amour, il y a dans ce cruel arrêt du sort je ne sais quel renversement des lois générales, quel assemblage de circonstances, de pensées, d'expressions contradictoires, dont l'esprit se révolte en même temps que le cœur se brise.

Le titre que j'ai donné à cet article a dû mettre mes lecteurs suffisamment en garde contre les émotions qu'un pareil sujet leur prépare : ils ont la liberté de ne pas me lire, mais je n'ai pas celle d'écrire aujourd'hui sur une autre matière. J'admire cette flexibilité de talent qui rend un écrivain tellement maître de son esprit, qu'il peut en appliquer l'exercice aux idées les plus étrangères à celle dont il est préoccupé; cette faculté est une de celles dont je suis privé le plus complétement : ma pensée est toujours sous l'influence du sentiment qui me domine; et je cherche d'autant moins à l'en affranchir, que c'est uniquement par là que je vaux, *si je vaux quelque chose*. Comme tous les hommes d'un naturel très gai, j'ai mes jours de mélancolie profonde, et ce ne sont pas les moins doux de ma vie : l'un des plus beaux et des moins sombres esprits de l'antiquité, Ovide, a dit :

.... *Est quædam flere voluptas.*

« Il y a quelquefois du plaisir à pleurer. » Je l'éprouve plus que personne, et si j'ai la mauvaise honte d'en rougir, je n'en suis pas moins prêt à me faire à moi-même l'application de ce beau vers d'Young :

Scorn the proud man that is asham'd to weep.

« Méprisons l'homme orgueilleux qui a honte de verser des larmes. »

Les grandes pensées naissent presque toujours des sentiments les plus tristes. C'est, pour ainsi dire, en présence de la mort que l'orateur romain composait son *Traité de la nature des Dieux*, que Montaigne écrivait ses plus beaux chapitres. Combien la douce philosophie des Socrate, des Sénèque, des Bacon, qui nous montrent la pierre du tombeau comme un passage entre la vie et l'immortalité, est plus consolante que celle des Lucrèce, des d'Holbach, des Freret, qui nous invitent à nous plonger sans réflexion dans cette profondeur muette et obscure qu'ils appelaient néant, et dont ils cherchent à nous dérober la vue!

Quelquefois une circonstance particulière devient l'objet de mes sombres méditations; tel est l'événement auquel j'ai fait allusion en commençant cet article, et dont cette courte digression ne m'a point éloigné.

Robertine de Vilarmont était fille d'un brave capitaine de vaisseau, d'un compagnon d'armes du bailli de Suffren, qui, par vingt ans de glorieux travaux, a sans doute acquis le droit de jouir, au sein de sa famille, d'une fortune considérable, dont il ne doit rien à ses services. Il comptait encore au nombre de ses devoirs l'obligation d'élever son fils pour l'État, et sa fille pour faire le bonheur d'un jeune militaire qui, par son nom, son rang et son mérite, se serait montré digne d'une pareille récompense. J'avais connu M. de Vilarmont dans l'Inde : beaucoup plus jeune que moi, son père me l'avait adressé comme à un mentor; de retour en France, nos relations d'amitié n'ont pas été interrompues. Il y a deux ans que je l'accompagnai à Rochefort, lorsqu'il s'y rendit pour installer son fils en qualité d'aspirant sur un vaisseau que lui-même avait commandé, et sur lequel le grand-père de ce jeune homme avait arboré, trente ans avant, son pavillon de vice-amiral. Cette filiation de gloire était de bon augure; aussi notre jeune Léon, pour prix d'une action d'éclat, a-t-il déjà reçu la décoration des braves.

Mademoiselle de Vilarmont touchait à sa quinzième année : élevée sous les yeux et par les soins de la plus tendre mère, on la citait déjà comme un modèle de toutes les perfections. C'était la première année que la jeune Robertine paraissait dans le monde; tous les yeux étaient tournés sur elle; et son heureuse mère jouissait avec trop de confiance (pourquoi n'osai-je pas dire avec trop d'orgueil?) des succès brillants qu'obtenait sa fille dans les concerts, dans les bals de famille, dont elle était l'ornement. L'anniversaire de la naissance de mademoiselle de Vilarmont avait été l'occasion d'une fête brillante chez son grand-père maternel; elle y avait fait ce qu'on appelle événement, par le charme répandu sur toute sa personne, par l'extrême supériorité des talents dont elle avait fait preuve, et qu'une touchante modestie faisait ressortir encore avec plus d'éclat.

M. de Vilarmont n'avait pu venir avec ces dames; j'avais été chargé par lui du soin de les conduire; et pendant tout le temps du bal, qui se prolongea fort avant dans la nuit, je fis auprès de la belle Robertine l'office de *cavalière servante*. Je tenais, pendant qu'elle dansait, son éventail et son mouchoir; je la ramenais à sa place, et j'avais soin de la couvrir de son schall aussitôt que la contre-danse était finie. J'étais sous le charme tout comme les autres... Qu'il fut promptement et douloureusement détruit! Il était deux heures lorsqu'on sortit. Robertine avait dansé la dernière *anglaise*, elle avait chaud; sa mère voulait qu'elle se reposât; mais avec un schall, un *par-dessus* en fourrure, dans une voiture bien fermée, quel danger pouvait-il y avoir?... Nous descendîmes; le cocher n'était point à ses chevaux : pendant que les laquais couraient après lui, il fallut attendre quelques minutes sous un péristyle glacé (inconvénient presque général à Paris, et dont les palais même ne sont pas exempts). Enfin, la voiture avança, madame de Vilarmont me descendit chez moi, et l'aimable Robertine me dit en me quittant qu'elle ne pouvait plus se passer de moi, et qu'elle me retenait pour tous les bals de l'année prochaine. « Si je suis encore en vie, lui répondis-je en riant; car il y a bien loin pour moi jusque-là. » Devais-je croire qu'il y eût encore plus loin pour elle?

Je retournai le surlendemain chez M. de Vilarmont; la famille était réunie dans la chambre de Robertine, qu'un violent mal de tête retenait au lit : ses yeux étaient étincelants, sa peau brûlante, sa respiration pénible. Je ne sais quel affreux pressentiment me saisit. L'air de sécurité répandu sur toutes les figures, même sur celle de la mère assise au chevet du lit de sa fille qui lui tenait la main, m'aurait surpris, s'il n'eût été motivé par l'assurance doctorale d'un jeune médecin, en *Titus* artistement bouclée, lequel assurait (en se regardant au miroir et en secouant du bout du doigt le reste d'une prise de tabac tombé sur son jabot de batiste) *que le pouls n'avait plus qu'un mouvement fébrile, effet inévitable du paroxysme de la veille.* Je sortis, moins rassuré par les grands mots du docteur que par la prudence du père et la jeunesse de la malade.

J'allai passer trois jours à la campagne : de retour chez moi, mon portier me remit mes lettres; dans le nombre s'en trouvait une de plus grande dimension que les autres : je l'ouvre, et sur un papier gris-de-lin satiné, dont les vignettes lugubres n'offrent à l'œil que des attributs de mort, je lis, avec une émotion impossible à décrire, les mots de *convoi*, de *service*, de Robertine.... Je me jette dans une voiture; j'arrive à l'hôtel de Vilarmont : on y suspend déjà les fatales draperies. Je traverse les appartements déserts, je cours au cabinet de M. de Vilarmont : il s'y promène à grands pas; il me voit et se jette dans mes bras sans articuler un seul mot...

Ce silence du courage aux prises avec le malheur repoussait toutes ces consolations banales dont l'indifférence est prodigue. « Venez, me dit-il après quelques moments, j'ai besoin de vous pour m'aider à forcer ma femme à quitter cette maison... » Quel spectacle m'attendait auprès de cette mère infortunée! Jamais le désespoir ne s'est offert à mes yeux sous des traits aussi déchirants : à genoux près de la porte de la chambre de sa fille, dont ses amies lui interdisaient l'entrée, elle ne pleurait plus; ses yeux sanglants étaient secs, fixes, égarés : « Robertine! ma fille!... » étaient les seuls mots qui pussent s'échapper de sa bouche. Je fis à dessein moi-même retentir à son oreille ce nom chéri; ses larmes recommencèrent à couler, bientôt ses forces l'abandonnèrent; elle s'évanouit, et nous profitâmes de ce moment cruel pour la transporter, par le jardin, dans la voiture où son mari monta avec elle pour la conduire chez son père. Je revins au salon, où tous les amis de la famille, en habits de deuil et dans le plus morne silence, étaient assemblés pour la cérémonie funèbre; les croisées ouvertes laissaient voir, sous la grande porte de l'hôtel, le cercueil recouvert d'une draperie blanche à franges d'argent, et entouré de vingt jeunes filles vêtues de blanc, le front couvert d'un long voile de mousseline, et dont les sanglots et les prières arrivèrent jusqu'à nous. Le maître de cérémonie vint nous prévenir; nous descendîmes. Le corps avait été placé dans un char drapé comme le cercueil, et sur lequel étaient montées quatre jeunes filles qui tenaient les coins du drap mortuaire, et tendaient à leurs compagnes le bout des bandelettes d'argent dont le cercueil était entouré. Les parents, ensevelis en quelque sorte sous leurs voiles de crêpe, suivaient à pied, et les nombreux amis, dans des carrosses de deuil, prolongeaient le cortége, dont la marche était fermée par les domestiques de la maison, vêtus en noir.

La première station se fit à l'église des Mathurins, où fut célébrée la cérémonie religieuse, après laquelle le convoi se mit en marche dans le même ordre, et s'achemina vers le cimetière de Montmartre.

A notre approche, les portes fatales s'ouvrirent; le concierge nous conduisit silencieusement au fond de la vallée, où, sous des touffes de verdure, près de la tombe où dort le chantre des Saisons, la terre avait été creusée pour recevoir les restes d'un être charmant que le ciel sembla n'avoir montré quelques moments au monde que pour y laisser l'éternel regret de sa perte. Robertine n'avait point de nom à transmettre à la postérité; sa mémoire appartient tout entière à ses parents inconsolables; aussi, pour toute épitaphe, se sont-ils contentés de faire graver sur la pierre qui la dérobe à jamais aux regards, la stance de Malherbe que j'ai citée au commencement de cet article.

N° XXXI. [23 DÉCEMBRE 1811.]

MÉLANGES.

Nos dames, après avoir emprunté aux reines Médicis une partie de leur ajustement, se livrent aujourd'hui à quelques unes de leurs habitudes. On sait que la mère de Charles IX avait fait venir à sa cour un fameux astronome dont les avis et les prédictions n'ont peut-être pas médiocrement influé sur la conduite de cette reine superstitieuse. Cet usage s'introduisit à la cour de Henri IV; et Marie de Médicis se faisait tirer les cartes, au moins une fois par mois, par l'intrigante et malheureuse Galigaï. De nos jours, Fabre d'Églantine a cru faire justice sur la scène de ce misérable ridicule, et n'a fait que le mettre à la mode. Il existe à Paris une moderne Sibylle dont la réputation et les moyens d'existence sont uniquement fondés sur la crédulité puérile des femmes de la meilleure société, et sur la curiosité de quelques personnes qui veulent, ainsi que nous, connaître au juste ce qu'il faut de sottise et d'impudence pour établir un pareil impôt dans une grande ville au commencement du dix-neuvième siècle. Ce n'est ni dans la forêt de Dodone, ni sous les voûtes mystérieuses d'un temple qu'habite la pythonisse; c'est au milieu de Paris, dans la rue de Tournon, à l'enseigne énigmatique du *Bureau de correspondance générale*. Le lecteur va s'effrayer, et croire sans doute que cette correspondance s'entretient avec Satan, Moloch, Asmodée ou Belphégor; qu'il se rassure; la sorcière parisienne ne correspond qu'avec les dames, avec les hommes qui poussent la galanterie jusqu'à imiter leur faiblesse, mais sur-tout avec les cochers, les laquais et les femmes de chambre. Il n'est pas aussi aisé qu'on pourrait le croire d'être admis en sa présence : d'abord, vingt équipages, plus brillants les uns que les autres, obstruent les avenues du temple; et puis il faut savoir à qui l'on parle, et, toute magicienne que l'on est, il est plus sûr d'avoir quelques heures devant soi pour se reconnaître.

Ce n'est donc, pour l'ordinaire, qu'à votre seconde visite que vous obtenez les honneurs de la séance. Un laquais vous introduit dans un salon richement décoré, et, à l'heure précise du rendez-vous, l'enchanteresse paraît, et le charme commence. Quel moment! le passé, le présent et l'avenir vont être mis à-la-fois sous vos yeux au moyen d'un simple jeu de cartes; et voilà comme les plus grands effets naissent pour l'ordinaire des plus petites causes! Il est vrai de dire cependant que ces cartes sont beaucoup plus grandes que les autres, et tarotées en forme d'hiéroglyphes. La magicienne les mêle, en se recueillant d'une manière très édifiante, et les assemble selon les savantes combinaisons de l'*Etteila*: puis après vous apprenez, quand les agents secrets ont bien fait leur métier, que vous êtes jeune ou vieux, marié ou garçon; que vous avez eu une jeunesse orageuse, etc.; mais à tout prendre, comme le passé n'importe guère, on glisse là-dessus assez légèrement.

Pour l'avenir, c'est autre chose : on ne vous cache rien, sur-tout quand vous demandez le *grand jeu* qui coûte un louis. Nous nous étions contentés du petit; et que voulez-vous savoir pour six francs? Aussi avons-nous appris *que nous ne tarderions pas à nous marier, que nous aurions des enfants, que nous pourrions ne pas les élever tous, que nous éprouverions des pertes cruelles, mais que nous ferions une fortune immense.* Lorsque nous avons fait observer à la dame que ses prophéties, à la dernière près, étaient toutes réalisées depuis plus de dix ans, elle s'est rejetée sur les erreurs du petit jeu, qui n'était pas fort sur l'avenir. Nous n'avons pourtant pas jugé à propos d'en apprendre pour le moment davantage; et, après avoir médité sur cette prédiction et sur la formule favorite de la prophétesse, *vous entendez bien? vous concevez bien?* nous sommes sortis convaincus, comme Aly, que

> Les esprits dont on nous fait peur
> Sont les meilleures gens du monde.

— Si l'on écoutait certains réformateurs, Paris serait bientôt soumis à une règle aussi sévère que l'ordre de la Trappe : les uns voudraient supprimer les voitures, pour que les gens de pied marchassent plus à leur aise ; les autres voudraient que les chevaux n'allassent qu'au pas ; ceux-ci desireraient qu'on transformât toutes les rues en canaux ; ceux-là se plaignent que les fontaines coulent nuit et jour ; quelques personnes, pour avoir eu probablement le menton râflé par une raquette, se déchaînent contre les joueurs de volant devant les portes ; et l'on va même jusqu'à déclarer la guerre à ces troupes de petits baladins, d'escamoteurs, qui garnissent les boulevarts, depuis le temple de la Gloire jusqu'à l'Arsénal, sous prétexte qu'ils retardent la marche de l'homme affairé, qu'ils favorisent l'adresse de quelques filous et les projets de quelques beautés nocturnes.

Mais ces légers inconvénients peuvent-ils balancer, dans une ville immense, les avantages de ces spectacles où des milliers d'individus des classes inférieures de la société trouvent, à si peu de frais, le soir, un délassement à leurs pénibles travaux ? Nous ne dissimulerons pas le plaisir que nous trouvons nous-mêmes à nous glisser dans ces groupes de curieux qui se rassemblent autour de ces opérateurs, dont l'un vous offre *une poudre incomparable pour les dents;* l'autre *une pierre à détacher,* qui rendrait à sa couleur première le linceuil qui enveloppe une momie égyptienne; un troisième, *une pommade au moyen de laquelle les cheveux croissent à vue d'œil : le tout pour la bagatelle de deux sous.*

Comment passer sans s'arrêter devant ce rival des Beaumé, des Klaproth, établi depuis quelques jours sur le boulevart Poissonnière? C'est avec le simple appareil d'une table, d'une bouteille et de quelques verres, que ce chimiste en plein vent vous démontre les propriétés des acides, et qu'au moyen d'une dissolution de tournesol et d'un peu de vinaigre, il tire de la même fiole une liqueur qui prend successivement la couleur du vin, de la bière, du cidre et de l'eau-de-vie. A quelques pas de là, voyez ces deux petites filles qui se sont fait un moyen d'existence de la facilité qu'elles ont acquise de *tourner* une heure sur elles-mêmes avec une incroyable vitesse. Plus loin, c'est une famille entière, depuis le grand-père jusqu'à l'enfant à peine sorti du berceau, qui exécute sur un vieux tapis de Bergame des tours de souplesse dont on s'amuse en frémissant. Joignez à ces baladins l'orgue de Barbarie qui joue la romance du *Jardinier fleuriste;* le physicien qui démontre les propriétés de la bouteille de Leyde; le grimacier qui chante *la Bourbonnaise*; les temples du *Pestum* en bouchons de liége; le vaisseau *le Majestueux*, en verres de couleur; les parades, les marionnettes, le mouvement de quatre théâtres et de cent huit cafés éclairés comme des salles de bal, on aura l'idée du spectacle que présentent les boulevarts, et l'on ne sera pas de l'avis des humoristes qui proposent d'en bannir tant d'objets divers qui en font le charme, dans la vue d'en faire une promenade aussi majestueuse et aussi gaie que la grande allée du Luxembourg.

— Je ne fais aucun cas du talent de Vadé, et je n'aime pas à entendre sur la scène le langage des halles; ce qui ne m'empêche pas d'y faire de fréquentes visites, et d'en bien connaître les habitants. Les mœurs de ces gens-là valent mieux que leurs manières; le contraire est également vrai parmi les gens du monde. Je ne sais pas jusqu'à quel point cela peut être utile ou agréable à dire; mais il est démontré que, s'il existait dans cette grande ville un *Journal des bonnes actions*, le plus grand nombre y paraîtrait sous la rubrique des *Halles*. Je citerai à ce propos un fait que je n'ai pas recueilli, mais que j'ai vérifié sur le lieu même.

Il y a quelques jours qu'un de ces voituriers qui amènent à Paris la marée fraîche, cédant à un mouvement de pitié, prit en chemin sur sa voiture un homme qui paraissait accablé de fatigue. Ce misérable, soit qu'il fût informé d'avance que le voiturier était porteur d'une somme d'argent assez considérable, soit que le hasard le lui fît découvrir, trouva le moyen de voler quinze cents francs, et de se glisser à bas de la charrette, à l'insu du malheureux conducteur qui ne s'aperçut qu'à la Halle, en déchargeant sa voiture, de la perte qu'il avait faite. Ses lamentations attirent la foule; on veut connaître toutes les particularités de la triste aventure du père Masson (c'est le nom du voiturier) : il la raconte avec une simplicité touchante; ces *dames* l'écoutent les poings sur les hanches et les larmes aux yeux, et quand il a fini de parler, trois ou quatre d'entre elles partent sans s'être communiquées autrement que par des gestes, et vont faire, chacune de leur côté, une collecte dont le produit, égal à la somme volée, est apporté, un instant après, au père Masson, qui pleure de joie et de tendresse, et n'a plus à craindre que d'être étouffé dans les embrassements de ses robustes bienfaitrices.

Deux jours auparavant, une pauvre femme, blessée à la halle par le timon d'une voiture, avait été transportée sous l'auvent d'une marchande de poisson : celle-ci ne se contenta pas de lui prodiguer les premiers secours; elle fit une quête pour la pauvre femme, étonnée, en recouvrant ses sens, de se trouver, pour la première fois de sa vie, en possession d'une somme de cent écus. Rien de plus facile à déterminer que les premiers mouvements de cette classe du peuple; et nous avons été malheureusement témoins, pendant les orages de la révolution, de l'horrible parti qu'on pouvait en tirer.

N° XXXII. [25 DÉCEMBRE 1811.]

LE GENRE SENTIMENTAL.

Ille dolet vere, qui sine teste dolet.
MARTIAL, ep. XXXIV

.... Le vrai deuil, sais-tu bien qui le porte?
C'est cestuy-là qui sans témoings se deult
Imit. de MAROT.

Parlerai-je d'Iris? chacun la prône et l'aime;
C'est un cœur, mais un cœur!... c'est l'humanité même.
Si d'un pied étourdi quelque jeune éventé
Frappe en courant son chien, qui jappe épouvanté,
La voilà qui se meurt de tendresse et d'alarmes;
Un papillon souffrant lui fait verser des larmes.
GILBERT

Je pense comme Juvénal, « que la nature, en nous donnant des larmes, prouve assez qu'elle nous créa sensibles, et j'ajoute encore avec lui que la sensibilité est un de ses dons le plus précieux [1]; » mais c'est un don enfin; nous l'apportons en naissant; il se développe en nous et malgré nous, dans

---

[1] .... *Mollissima corda,*
Humano generi dare se natura fatetur;
Quæ lacrymas dedit: hæc nostri pars optima sensus.
JUVÉNAL, sat. XX.

des proportions différentes, comme notre taille et notre figure; c'est une disposition de l'ame: depuis quelque temps on en fait une étude.

J'ai vu fonder en France cette école *sentimentale*, il y a près d'un demi-siècle; j'en ai connu les principaux professeurs, et j'en ai suivi les progrès depuis la mélancolie jusqu'aux vapeurs, aux maux de nerfs, et aux convulsions inclusivement. La fausse sensibilité (je n'ose pas me servir du mot de *sensiblerie* dont la conversation commence à s'enrichir), la fausse sensibilité a donné pendant long-temps et donne encore aujourd'hui un caractère dans le monde: beaucoup de gens lui doivent des succès, en attendant qu'elle leur vaille un ridicule; car, comme dit Duclos, toute affectation finit par se déceler, et l'on retombe au-dessous de sa valeur réelle.

On ne se douterait pas en quel lieu, en présence de quels objets, ces réflexions me sont venues à l'esprit: dans mon *ermitage de la Chaussée-d'Antin* cela paraîtrait naturel; mais dans *l'ermitage de J.-J. Rousseau*, dans ce réduit charmant qu'habita l'auteur d'*Émile*, qu'habite aujourd'hui l'auteur de *Sylvain*, quand j'avais sous les yeux la petite table de noyer sur laquelle ont été écrites tant de pages éloquentes où respire la sensibilité la plus vraie; quand tous les objets dont j'étais entouré me ramenaient à l'idée d'un écrivain dont les écrits seront à jamais les délices des ames tendres : ne regarde-t-on pas comme une profanation d'avoir été chercher dans un pareil endroit le sujet d'une satire contre la sensibilité? J'aurais assez mauvaise opinion, je l'avoue, de celui qui parcourrait avec indifférence cette habitation d'un grand homme, qui se promènerait froidement dans le petit jardin où Jean-Jacques médita les livres de l'*Émile*, qui s'arrêterait sans émotion sous ces vieux châtaigniers où il se reposait au retour de ses courses dans la forêt de Montmorency; mais ce respect pour l'auteur de quelques beaux écrits empêche-t-il de trouver excessivement ridicule cette dame qui vient tous les ans, à pareil jour, à cette ermitage célèbre pour s'y rouler par terre avec des spasmes convulsifs, comme en éprouvaient certains dévots sur le tombeau du diacre Pâris? Empêche-t-il de trouver un peu d'exagération dans ces larmes que j'ai vu verser par une jeune mère et sa fille dans la chambre d'un homme qui mit ses enfants à l'hôpital? Empêche-t-il de rire de cette foule de pèlerins qui ne sont venus là que pour inscrire leurs noms sur les murailles du jardin, et jusque sur le buste du héros, dont la joue droite est couverte tout entière par le nom célèbre de M. *Thoté ?*

J'ai le malheur, car c'en est un peut-être, de n'être jamais dupe de ces jongleries sentimentales, de ces émotions *à froid*, de ces douleurs solennelles qu'étalent nos comédiens, et sur-tout nos comédiennes de société. J'ai plus d'une fois déjoué des coryphées du genre; comment ne serais-je pas en garde contre leurs élèves! Ce que j'écris en ce moment, je le disais à un jeune homme qui m'avait accompagné à Montmorency, et dans lequel j'ai cru reconnaître quelque penchant à ce genre d'affectation. Je lui montrais en sortant, à quelques pas de l'ermitage, la petite maison où deux jeunes époux, célèbres dans les arts, vinrent se renfermer, il y a quelques années, pour se soustraire au tourbillon du monde, et vivre pour eux seuls.

« Qu'ils doivent être heureux ! s'écria mon jeune homme, et combien j'envie la félicité dont ils jouissent! Entrons, Monsieur, je veux la voir cette retraite charmante qu'habitent la jeunesse, l'innocence, et l'amour!..... » Je modérai son enthousiasme en lui apprenant que, trois mois après, les deux époux revinrent à Paris, chacun de son côté, pour demander le divorce. « Que voulez-vous conclure de tout ce que vous m'avez dit? reprit mon jeune compagnon avec un peu d'humeur. — Qu'il faut se défier d'un sentiment qui s'annonce avec ostentation; que la fausse sensibilité cache beaucoup d'autres défauts ; que la véritable n'est pas toujours exempte de vanité, et s'allie quelquefois avec une sorte d'inhumanité. — On ne s'attend pas à ce dernier trait! dit-il, et je voudrais bien savoir comment on s'y prend pour soutenir un pareil paradoxe! — Par des exemples que vous ne recuserez pas, continuai-je en riant, car je les prendrai parmi les gens de votre connaissance.

« Je vous ai vu quelquefois chez madame Vernon ; elle tient un rang distingué parmi nos peintres, et convient elle-même qu'elle doit la plus grande partie de son talent à son excessive sensibilité. Tout le monde connaît l'étroite amitié qui l'unit à M. Maurice, l'un de nos plus grands artistes : celui-ci tomba dangereusement malade à l'époque où madame Vernon travaillait à son tableau de *la communion de saint Jérôme*. Elle ne quitta point le lit de son ami, lui prodigua les plus tendres soins, qu'elle ne voulut partager avec personne du moment où la maladie eut pris un caractère tout-à-fait effrayant. Le tableau était resté sur le chevalet, faute de modèle pour achever la tête du saint Jérôme, où il s'agissait de lutter contre la plus belle composition du Dominiquin. Tout-à-coup la dame est frappée de l'image qu'elle a sous les yeux ; le désespoir de l'amitié cède un moment à l'enthousiasme des arts ; l'artiste saisit ses pinceaux, ébauche d'une main sûre les traits de son ami mourant, et fait de ce portrait le plus beau de ses ouvrages. On assure que M. Maurice, qui revint de cette maladie contre tout espoir, ne se montra pas très sensible à cette marque d'attachement.

« Je vous ai souvent entendu vanter M. de Valmont et sa femme comme les modèles de toutes les vertus conjugales; vous avez, je crois même, fait des vers où vous les comparez alternativement à Philémon et Beaucis, à Pétus et Arria. — Et j'ai fait beaucoup d'honneur aux uns et aux autres, reprit le jeune homme avec chaleur. Me nierez-vous aussi qu'ils s'adorent, et que, sous les glaces de l'âge, ils ont conservé l'un pour l'autre tout l'amour, toute la sensibilité de leur jeunesse? — Vous dites plus vrai que vous ne croyez, répondis-je; mais je ne nie rien, je cite des faits, et je vous laisse le soin de prononcer.

« Convaincus de cette vérité *sentimentale,* qu'en toute liaison où les ames sont étroitement unies le plus à plaindre est celui qui a le malheur de survivre à l'objet aimé, chacun d'eux, comme vous allez voir, s'est placé d'avance dans cette position cruelle. Je me trouvais, il y a quelque temps, à la campagne avec M. et madame de Valmont, chez madame Desmaisons, leur parente. Un matin, je rencontrai de très bonne heure M. de Valmont dans le parc; en nous promenant ensemble, nous arrivâmes à un bosquet de sycomores et d'acacias d'un aspect tout-à-fait *romantique.* Nous nous assîmes sur deux chapiteaux brisés; et là, M. de Valmont, d'un son de voix qu'on pouvait croire altéré par les larmes, me fit part du projet qu'il avait formé de placer en ce lieu le tombeau de sa femme. « Elle affectionne cet endroit, me dit-il; c'est de ce côté qu'elle dirige ordinairement nos promenades, et, plus d'une fois, je l'y ai surprise le mouchoir sur les yeux : sa santé s'altère ; je devine la pensée qui l'occupe, et ses vœux seront satisfaits. Pendant toute la saison-je me suis occupé, à son insu, d'arranger ce bosquet conformément à la destination mélancolique qu'il doit recevoir, et dont la seule pensée m'a déja coûté bien des pleurs. » J'étais tout étourdi de la singularité de cette confidence, et je ne savais trop quelle part je devais prendre à cette douleur anticipée, lorsque la cloche du déjeuner vint me tirer d'embarras.

« Nous reprîmes en hâte le chemin de la maison ; le repas fut gai ; madame de Valmont y rit beaucoup, et en sortant de table elle prit mon bras pour faire un tour de promenade, tandis que son mari restait au salon à lire les journaux. Tout en causant, soit hasard, soit intention, elle me ramena au lieu que je venais de quitter ; puis tout-à-coup, à la vue de ce bosquet, saisie d'un tremblement convulsif, elle parut au moment de se trouver mal : je voulus l'éloigner de ce lieu funeste, mais elle y pénétra malgré moi, et s'assit sur le même chapiteau qu'occupait son mari une heure auparavant. Après avoir respiré des sels dont elle est toujours munie, « Vous ne vous doutez pas, me dit-elle en sanglotant, de la cause du mal subit que je viens d'éprouver ; je tombe dans le même état chaque fois que j'approche de ce bosquet, et je ne puis m'empêcher d'y revenir sans cesse. (Je crus qu'elle allait me parler de sa fin prochaine.) Le pauvre ami baisse sensiblement, continua madame de Valmont; il vient souvent rêver dans ce lieu solitaire, et jamais nous n'en approchons ensemble sans qu'il ne me serre la main avec une expression qui se fait entendre à mon cœur. C'est là que j'ai choisi son dernier asile; la place que doit occuper son monument est marquée par ce saule pleureur que j'ai planté moi-même, et qui grandira sous mes larmes. » (Le jeune homme à qui je parlais se prit à rire aux éclats.) « J'eus toutes les peines du monde à n'en pas faire autant que vous, continuai-je, et je me fis la question que je vous adresse maintenant à vous-même · de quelle nature est la sensibilité de ces deux tendres époux qui s'occupent, vivants, des soins qu'ils se rendront après leur mort, et qui ont le courage de se familiariser d'avance avec l'idée d'une éternelle séparation?

« Mais, puisque je suis en train de conter (les vieillards ne s'arrêtent pas facilement), je veux vous faire part d'une autre anecdote du même genre, que vous garantira toute la ville de Montpellier.

« Le docteur Lestrat est un des plus habiles médecins de cette ville; jamais amoureux de roman n'imagina autant de folies pour épouser sa belle que n'en fit le docteur pour obtenir la main de mademoiselle Émilie de Vigneul. Une maladie de poitrine, à laquelle madame Lestrat succomba au bout de deux ans de mariage, plongea son mari dans le plus affreux désespoir : rien ne put le déterminer à une dernière séparation; et, pour soustraire à la tombe des restes adorés, il imagina de confier la dépouille mortelle de sa chère Émilie à un artiste habile qui prétend avoir dérobé aux Égyptiens le secret de conserver les corps. Le succès passa même ses espérances, il revit sa femme ; c'était elle, ses traits, son attitude ; son teint même avait conservé l'éclat et la fraîcheur de la vie.

« Cette précieuse momie, vêtue avec une simplicité élégante, fut placée, comme dans un état de sommeil, sur un canapé de velours noir dans le cabinet de M. Lestrat; un rideau de taffetas bleu-de-ciel la dérobait aux regards profanes, et chaque jour l'époux inconsolable venait auprès d'elle nourrir ses regrets et sa douleur. Pendant deux ans, même chagrin, mêmes assiduités : après ce terme, on remarqua que le docteur faisait des visites moins fréquentes à sa femme depuis qu'il allait plus souvent chez madame Dorsange. Peu à peu le cabinet fut abandonné et la porte condamnée. Il y avait six mois qu'on n'était entré dans ce boudoir *sentimental*, quand M. Lestrat convola en secondes noces.

« Cependant la nouvelle épouse, qui n'ignorait pas jusqu'où son mari portait la sensibilité, avait exigé qu'on répudiât sa rivale embaumée. M. Lestrat fit des démarches auprès de la famille Vigneul pour qu'elle reprît sa parente; les Vigneul, piqués de ce nouveau mariage, n'acceptèrent point sa proposition. Pendant toutes ces négociations, la pauvre Émilie avait été reléguée dans un vieux coffre au fond du garde-meuble où la maîtresse vivante de la maison ne voulut pas la souffrir. Les Vigneul s'obstinant dans leur refus, il fallut avoir recours au curé de la paroisse; mais celui-ci, apprenant qu'on lui proposait d'inhumer une femme morte depuis quatre ans, refusa la sépulture. Dans cet embarras extrême, le pauvre docteur, qui ne savait plus à qui s'adresser, prit le parti d'enterrer sans bruit la défunte dans un coin reculé de son jardin; et il ne reste aujourd'hui d'autres vestiges de cette femme tant pleurée que six pieds de terre, où le gazon ne croît plus, à cause de l'odeur du camphre et des aromates qui s'en exhale encore.

Je ne prétends pas, ajoutai-je à mon jeune compagnon de promenade en terminant ce récit, conclure, comme les stoïciens, que la sensibilité soit un mal, encore moins un vice; mais je désire que vous trouviez dans cet entretien la preuve d'une vérité dont je voudrais vous voir convaincu; c'est que la vraie sensibilité est un sentiment plein de pudeur, auquel le mystère est plus nécessaire encore qu'il ne l'est à l'amour. »

N° XXXIII. [26 DÉCEMBRE 1811.]

LES AMIS.

> O divine amitié, félicité parfaite!
> Seul mouvement de l'ame où l'excès soit permis,
> Change en biens tous les maux où le ciel m'a soumis.
> Compagne de mes pas, dans toutes mes demeures,
> Dans toutes les saisons et dans toutes les heures,
> Sans toi tout homme est seul; il peut, par ton appui,
> Multiplier son être et vivre dans autrui.
>
> VOLT., IVe Disc. en vers.

> ...... *Absentem qui rodit amicum;*
> *Qui non defendit, alio culpante*.....
> ....
> ....
> .... *Hic niger est; hunc tu, Romane, caveto.*
>
> HOR, sat. IV.

> Défiez-vous de celui qui médit de son ami absent,
> ou qui ne le défend pas quand on en dit du mal.

A en juger par le mot de Sénèque : *O mes amis, il n'y a plus d'amis!* on ne s'est jamais bien entendu sur la valeur du mot *amitié*, ou du moins il y a long-temps qu'on a senti la nécessité de le détourner de sa véritable acception, pour avoir occasion d'en faire usage. J'ai la plus profonde vénération pour ces amitiés *antiques* qui ont fourni de si beaux vers aux poëtes, de si belles pages aux historiens, de si nobles maximes aux moralistes; mais je suis un peu humilié pour l'espèce humaine, qu'il faille remonter jusque dans la nuit des siècles pour trouver ces mémorables exemples. Les Thésée et les Pyrithoüs, les Oreste et les Pilade, les Nisus et les Euryale, sont dignes de tous nos respects; mais les temps héroïques où ils ont pu vivre sont bien voisins des temps fabuleux, et pour m'enthousiasmer sur leurs vertus j'aurais besoin d'être plus sûr qu'ils ont existé.

L'amitié est de tous les sentiments celui que l'on connaît le moins par expérience, et celui dont on parle le mieux. Cicéron, Plutarque, Sénèque, en ont fait une peinture admirable; ils en avaient une idée sublime; mais on voit qu'ils parlent de ce qu'ils imaginent, et non de ce qu'ils ont senti; ils font de l'amitié une vertu divine : le seul Montaigne en a fait la plus douce et la plus noble des passions humaines. Il est désormais impossible d'écrire une page sur l'amitié sans citer ce passage de l'auteur des *Essais:* « Si l'on me presse de dire pourquoi je « l'aimais (La Béotie), je sens que cela ne peut s'ex- « primer qu'en répondant : Parceque c'était lui, « parceque c'était moi..... Les plaisirs mêmes, au « lieu de me consoler, me redoublent le regret de « sa perte; nous étions à moitié de tout, il me semble « que je lui dérobe sa part. » Ces quatre lignes contiennent la définition, l'éloge et le code de l'amitié véritable. Voyons ce que d'autres philosophes ont entendu par ce mot.

Adisson prononce avec trop d'humeur « que l'amitié des gens du monde n'est qu'une confédération de vices ou une ligue de plaisirs. » (*Friendships of the world, confederacies in vice, or leagues of pleasures.*) La Rochefoucauld me semble plus près de la vérité quand il dit : « Ce que les hommes ont « nommé amitié n'est qu'une société, un ménage-« ment réciproque d'intérêts, un échange de bons « offices; ce n'est enfin qu'un commerce où notre « amour-propre se propose toujours quelque chose « à gagner. » Il aurait pu ajouter, avec Mirabeau, que c'est du moins un heureux détour de l'amour-propre de pouvoir s'aimer dans autrui sans craindre d'être accusé du plus léger intérêt personnel. Mais laissons là ces généralités qui sont du domaine de la plus haute morale, et, sans sortir du petit cercle de nos observations journalières, examinons quel rôle joue l'amitié dans l'état actuel de nos mœurs.

« J'ai trois sortes d'amis, disait plaisamment « Champfort : les amis qui m'aiment, les amis à qui « je suis indifférent, et les amis qui me détestent. » Cette boutade d'un homme d'esprit offre la classification la plus exacte sous laquelle on puisse ranger les amitiés du jour. Je dois le dire à l'honneur de la société et de l'époque où nous vivons : la première de ces trois espèces d'amis, ceux qui s'aiment, est peut-être, à tout prendre, plus commune qu'elle ne l'a jamais été. (Bien entendu qu'il n'est point question ici de ces exceptions sublimes, de cette *nécessité*, de cette *ame en deux corps*, de cette sainte *couture* dont parlent Aristote, Cicéron, et Montaigne; mais de ces liaisons agréables qui établissent entre deux personnes un commerce habituel de confiance, de soins et de bons offices.) Une remarque générale, que je pourrais appuyer d'un assez grand nombre d'observations particulières, c'est que les exemples de cette *bonne* amitié ne se trouvent guère aujourd'hui qu'entre des personnes de sexe différent : madame de Cénis peut en servir de modéle.

Je l'ai connue dans sa jeunesse; l'amour répandait alors plus d'éclat que de bonheur sur sa vie; sa rupture avec le vicomte de Senneterre fut accompagnée de circonstances dont sa réputation eut à souffrir; sa légèreté, sa coquetterie, passaient en proverbes. Obligée de chercher un asile hors de France à l'époque de nos troubles civils, l'adversité qui l'atteignit dans son exil développa en elle une force de caractère et des vertus qu'elle-même ne se connaissait pas. Après dix ans de séparation, un malheur commun réunit de nouveau deux personnes qui se haïssaient depuis long-temps pour s'être aimés quelques mois : madame de Cénis devint l'amie de M. de Senneterre; et celle dont l'amour eut tant à se plaindre est aujourd'hui citée comme un modéle de la plus tendre et de la plus constante amitié. Je suis fâché que le cadre étroit où je suis resserré ne me permette pas de partir de ce fait et d'une foule d'autres qui se présentent à-la-fois à mes yeux et à ma mémoire, pour venger les femmes du reproche injuste que leur font Plutarque et ses nombreux échos, de ne pas être susceptibles d'amitié.

Duclos, dans son livre des *Considérations sur les Mœurs*, où il fait une peinture assez piquante des amis *indifférents*, observe « que le privilége d'un an-« cien ami n'est guère que d'être refusé de préfé-« rence, et obligé d'approuver le refus; trop heu-« reux si, par un excès de confiance, on lui fait « part des motifs! »

Durfort est mon ami d'enfance; nous avons jusqu'ici partagé bonne et mauvaise fortune : il est appelé à une place éminente; il connaît mes ressources, mes besoins, et plus d'un emploi est à sa disposition : je suis étonné qu'il ne pense pas à moi; ses grandes affaires l'occupent, je me montre; il est flatté de me voir, mais il n'est pas obligé de deviner l'objet de ma visite. (Tous les amis ne ressemblent pas à ceux du *Monomotapa*[1].) Il m'en coûte beaucoup, mais enfin je le mets sur la voie....... Il me refuse, mais là, bien franchement, sans me cacher ses motifs : « Un refus ne peut me fâcher, moi,

---

[1] La Fontaine, fable des *Deux Amis*.

vieil ami de la maison...... Il a fallu contenter de préférence des inconnus recommandés dont on courrait risque de se faire des ennemis....; l'occasion se représentera. Elle se représente vingt fois, et toujours les mêmes considérations avec elle. Je prends de l'humeur, je suis prêt à rompre pour toujours avec Durfort, mais je me souviens à propos du précepte de Bacon : « Il faut savoir aimer ses amis jus-« que dans leur prospérité. »

J'étais avant-hier chez madame de Sainte-Luce, avec l'énorme baron d'Orfeuil, lequel, après dîner, digérait péniblement, enfoncé dans une bergère où il faisait semblant de réfléchir. Un étourdi a la maladresse de parler de la mort récente du pauvre Darcis, ami intime du baron. On craint qu'il n'ait rouvert une blessure encore vive; on cherche à détourner la conversation : d'Orfeuil la ramène sur ce triste sujet; il ne tarit point sur les louanges de son défunt ami, et termine par ce trait : « Nous étions liés depuis trente ans; il manquait de tout; il est mort dans la misère, et ne m'a jamais emprunté un écu. »

Tout à côté de cette masse grossière d'égoïsme et d'*indélicatesse* se trouvait un docteur soi-disant médecin, gros réjoui dont la face rubiconde annonce la bonhomie la plus triviale et la familiarité la plus incommode. C'est bien la créature la plus communicative qu'il y ait sur le globe. Il vous appelle son ami la première fois qu'il vous rencontre, et vous tutoie la seconde. Nous sommes sortis ensemble, et j'ai remarqué que, dans la longueur du boulevart Italien, il a donné ou plutôt pris la main à vingt personnes, et qu'il en a salué pour le moins quarante. Tout le monde connaît son petit dialogue avec M. de N*****, qu'il aborda auprès du poele, à la sortie de l'Opéra, en lui disant : « *Bonsoir, mon ami ; comment te portes-tu ?—Fort bien, mon ami ; comment te nommes-tu ?* »

Parlons maintenant des amis qui se détestent entre eux, ou dont l'un déteste l'autre. « Quelquefois, dit, je ne sais plus en quel endroit, Rivarol, qui me fournit à-la-fois la preuve et la citation, deux hommes se lient pour hair, à frais communs, telle personne ou tel parti ; ils sont unis pour des haines communes. » Je pourrais signaler quelques unes de ces odieuses associations, dont la lâcheté, la bassesse, et l'envie, ont formé les nœuds ; mais ce serait aussi par trop abuser du nom d'ami que de le donner à des complices.

Par la raison que l'amitié a ses dupes, elle a ses hypocrites. Connaissez-vous M. Le Bon ? C'est l'homme de France qui a le plus mauvais goût, l'esprit le plus faux, et qui écrit le plus mal. Je ne dirai pas que c'est celui dont la plume est la plus vénale ; il ne faut décourager personne. Quoi qu'il en soit, ce M. Le Bon parle beaucoup d'amitié, mais de cette amitié mâle, vigoureuse, qui n'admet point de petites considérations. S'il faut l'en croire sur parole, il est doué d'une trempe de caractère à la Duclos; il ne transige jamais avec la vérité : *Amicus Plato, magis amica veritas;* telle est sa devise. Plus il aime ses amis, moins il les épargne, plus il est choqué de leurs défauts ou de leurs travers. Non seulement il leur doit la vérité, mais il la doit aussi au public; et c'est ordinairement lui qui reçoit ses confidences amicales. Un de ses amis vient-il à mettre au jour un ouvrage, sa vieille amitié, qui l'éclaire aussitôt sur les défauts qui s'y trouvent, au point de lui en montrer qui n'y sont pas, s'empresse de lui donner en public des conseils qui dispensent la haine de prendre part à la discussion. On conviendra, j'espère, que cet ami-là ne doit pas être mis au nombre de ceux dont parle Tacite : *Pessimum genus amicorum, laudantes,* etc. La pire espèce des amis sont les flatteurs.

« La peste soit de pareils amis ! s'écria le marquis de Senneville, en présence de qui j'esquissais ce portrait. Comment se dit-on l'ami de l'homme que l'on déchire? Je soutiens, moi, que l'amitié doit être aveugle sur les défauts. Vous connaissez ma liaison avec ce pauvre chevalier de Mirecourt; il avait trois passions malheureuses : le jeu, les femmes et les vers; les deux premières ont causé sa ruine, et la troisième a fini par le couvrir de ridicules. Il avait en moi la plus grande confiance; mais, loin de l'attrister par d'inutiles conseils, j'ai fait mon devoir d'ami en respectant ses faiblesses et en caressant jusqu'au bout son amour-propre d'auteur. » — Monsieur, répondis-je à cet ami tout aussi perfide que l'autre, si j'avais connu M. de Mirecourt, je l'aurais engagé à se munir contre vos louanges d'un certain charme dont parle Virgile :

Si ultrà placitum laudarit, bacchare frontem
Cingite, ne vati noceant [1].

Je parlais encore à M. de Senneville, lorsque je vis entrer dans le salon un grand jeune homme, au devant duquel plusieurs autres coururent : j'entendis chuchoter les mots de *duel*, de *bois de Vincennes*, de *mort sur la place*. Je m'informe; j'apprends qu'il est question d'une querelle entre trois amis rivaux, laquelle avait eu pour cause une petite danseuse, et pour résultat la mort d'un de ces jeunes gens et la fuite de son adversaire, tandis que le troisième était allé passer quelques jours à la campagne avec la moderne Hélène, objet de la dispute.

S'il est pénible de penser qu'une femme est la cause d'une rupture sanglante entre des amis de plaisirs, il est consolant d'en voir une autre servir,

---

[1] Si on vous loue outre mesure, ceignez votre front de verveine, de peur que l'éloge ne vous porte à la tête.

en quelque sorte, de lien entre deux hommes qu'aucune circonstance, aucun rapport d'âge, de convenance, de position, ne semblait devoir rapprocher. En effet, pourquoi Senard est-il admis dans l'intimité de quelques grands seigneurs? A-t-il un nom connu, de la fortune, quelques qualités brillantes? Non, c'est un aventurier sans esprit, sans talents, sans naissance. — J'entends; c'est un de ces bouffons aimables dont les facéties......... — Rien moins que cela : Senard est le plus triste, le plus lourd et le plus maussade des hommes; mais il n'a pas quitté les coulisses de l'Opéra depuis la première représentation d'*Ernelinde;* mais il n'entre pas une élève à l'école de danse, pas une jeune apprentie dans une boutique de lingère ou de modes, dont il ne connaisse les moyens, les ressources et l'existence; c'est le répertoire ambulant de la chronique scandaleuse de la capitale. Je ne sais pas trop comment on appelle maintenant à Paris l'emploi qu'exerce l'ami Senard; mais je me souviens encore du nom qu'on lui donne en province.

Que faut-il conclure de ces différentes observations? Que l'amitié dans toute son excellence est aujourd'hui ce qu'elle a toujours été, la chose du monde la plus rare; qu'on rencontre plus communément qu'autrefois, sur-tout entre personnes de sexe différent, de ces liaisons agréables, fondées sur l'estime, la bienveillance et l'habitude; et qu'on serait tenté de croire avec La Bruyère que les meilleures amitiés sont celles qui succèdent à l'amour; enfin, que le mot *ami* est maintenant de tous les mots de la langue française celui qui reçoit de l'usage les acceptions les plus diverses et les plus éloignées de sa véritable signification.

N° XXXIV. [27 décembre 1811.]

LES NOCES.—LE MARIAGE.

> Point de milieu : l'hymen et ses liens
> Sont les plus grands ou des maux ou des biens.
> VOLT., *Enfant prod.*, acte II, scène I

Le chancelier Thomas More compare assez brutalement un homme qui se marie « à un imbécile mettant la main dans un sac pour en tirer une anguille qui s'y trouve seule avec une centaine de vipères. Il y a cent contre un à parier, ajoute-t-il, que c'est une vipère qu'il prendra. » Un autre chancelier du même pays, Bacon, énonce une opinion directement contraire, et prétend qu'il y a tout au plus, dans le sac du mariage, une vipère contre cent anguilles. Pour moi, je serais tenté de croire que les anguilles et les vipères sont mélangées, là comme par-tout ailleurs, dans une proportion à peu près égale, et qu'il ne s'agit que de bien choisir. Mais ne voilà-t-il pas un troisième philosophe, Lamotte-le-Vayer, qui nous assure « que le sommeil dont Dieu assoupit notre premier père avant de lui présenter une femme, est un avis de nous défier de notre vue, et de prendre une femme les yeux fermés. » Le mariage a eu de tout temps plus de détracteurs que d'apologistes; les poètes comiques, qui ne se lassent pas depuis trois mille ans d'en faire le fond, ou tout au moins le dénouement de leurs ouvrages, ne le présentent guère que du côté plaisant ou ridicule; les faiseurs de contes, d'historiettes, d'épigrammes, ne tarissent pas en bons mots sur les tribulations du mariage. Juvénal et Boileau ont épuisé, sur ce sujet, *leurs mordantes hyperboles.*

Heureusement tous ces messieurs n'en ont dégoûté personne. Cette robe de safran dont il a plu au libertin Ovide d'affubler le dieu d'hyménée..., *croceo velatus amictu,* n'en reste pas moins, sinon la parure à la mode, du moins le vêtement d'usage chez toutes les nations policées. On rit de ce qui est plaisant, mais on fait ce qui est utile, et le mariage l'est à tout âge. Une épouse est une maîtresse pour un jeune homme, une compagne pour un homme d'un âge mûr, et une garde pour un vieillard. Cet état a ses chagrins, ses inquiétudes, mais il est le seul enfin où l'on puisse espérer de réunir toutes les douceurs de l'amitié, tous les plaisirs des sens et de la raison; en un mot, tout le bonheur dont la condition humaine est susceptible. Cet espoir, qui ne se réalise pas toujours, il faut l'avouer, ne perd rien de son crédit en multipliant ses dupes. Je ne vais pas de fois à l'église que je n'entende publier des bans; je ne m'arrête pas devant la porte d'une mairie que je ne la voie couverte d'annonces de mariage; d'où je conclus que l'institution ne périclite pas, et que nous nous éloignons toujours davantage de ces temps de corruption où le célibat était en honneur.

Je suis de ma nature assez enclin à louer le présent aux dépends du passé; je n'oserais pourtant pas affirmer que les mariages de convenance que j'ai vu pratiquer autrefois fussent généralement moins heureux que les mariages d'inclination que je vois faire aujourd'hui : il ne m'est pas bien démontré que la raison des parents, que leurs préjugés même, ne soient pas des garants plus certains d'une union bien assortie que les passions de la jeunesse, que ces préférences irréfléchies que l'on prend trop souvent pour les penchants du cœur: quoi qu'il en soit, je ne me presse pas de conclure dans une question de cette importance, et jusqu'à ce que j'aie à produire en faveur de mon opinion une masse de preuves suffisantes, je supposerai que les avantages et les inconvénients du mariage sont aujourd'hui ce qu'ils étaient autrefois, que rien n'a changé quant au fond, et mes observations ne porteront que sur les formes.

Autrefois, les filles étaient élevées dans les couvents, et n'en sortaient que pour se marier; c'est à la grille du parloir qu'une jeune personne recevait la première visite de l'époux qu'on lui destinait. Je me rappelle encore le jour où j'accompagnai mon père et ma mère au couvent des Carmélites de la rue de Grenelle, pour en retirer ma sœur aînée qui devait se marier quelques jours après; je me vois encore, à dix ans et demi, en habit à la française, l'épée au côté, siégeant dans une grave assemblée de famille où ma sœur fut introduite, parée d'une robe de satin broché à fleurs d'or, dont le précieux travail se développait sur un panier de six pieds d'envergure. Je n'ai point oublié le petit coffre en laque du Japon, dans lequel étaient renfermés les dentelles et les diamants héréditaires dont il fut fait mention au contrat; mais il est une circonstance plus profondément gravée dans ma mémoire : c'est le moment où ma sœur, avant de se rendre à l'église, s'agenouilla devant mon père et ma mère pour demander et recevoir leur bénédiction. Il y avait quelque chose de bien touchant, de bien auguste dans cet usage patriarcal. Peut-être ne pouvait-il subsister avec celui qui autorise une fille à tutoyer sa mère. Mais laissons là de vieux souvenirs, et voyons comment les choses se passent aujourd'hui.

J'avais remarqué, depuis quelques mois, les assiduités du jeune Léon de Senneterre dans la maison de M. Dawn, l'un de nos plus riches et de nos plus honorables financiers : le jeune homme, dont le père avait été mon ami, m'avait fait une demi-confidence; aussi n'ai-je point été surpris, lundi dernier, en recevant un billet de *faire part*, dont l'*Amour*, armé d'un flambeau, traçait les premières lettres avec une guirlande de roses. L'enveloppe contenait, suivant l'usage, deux lettres au nom de chacune des deux familles : je m'amusais à en examiner les vignettes, lorsqu'on m'annonça M. Léon de Senneterre; il venait me prier d'assister à la signature du contrat, et de le diriger dans le choix et dans l'achat des présents de noce. Je n'avais pas assez de confiance dans mon propre goût; je proposai de nous adjoindre madame de R***, qui m'avait été d'un si grand secours le jour où j'avais été parrain [1].

Nous nous rendons chez elle. Le service que nous lui demandons est un plaisir pour elle : nous montons en voiture, et nous commençons nos courses. Le choix des robes est la chose la plus importante; aussi commençons-nous par visiter le magasin de Nourtier. En un moment, madame de R*** a fait dérouler deux cents pièces des plus riches, des plus nouvelles étoffes, et couper dix ou douze robes de satin, de velours, de tulle, de tricot de Berlin, de mousseline unie, brodée, lamée, etc.

En sortant de chez Nourtier, nous nous rendons

---

[1] Voyez le n° II.

chez un négociant russe, qui nous accommode de deux magnifiques fourrures tout récemment arrivées de Vitinsky.

Un Grec, de Smyrne, nous vend quatre schalls de Cachemire, au nombre desquels il s'en trouvait un bariolé de couleurs si dures, de dessins si bizarres, si laid en un mot, qu'on se crut obligé de le payer presque aussi cher que les trois autres.

Les parures de diamants étaient commandées, depuis trois mois, chez Sensier; l'art du metteur en œuvre n'a jamais été poussé plus loin : l'écrin seul a coûté deux mille francs.

Dans un pays où les choses gagnent tant à la manière dont elles sont présentées, le choix de la corbeille de mariage et du sultan n'était pas à négliger : Tessier fut assez habile ou assez heureux pour ne rien laisser à desirer sur ce point à madame de R*** elle-même. La corbeille, en forme d'autel antique, n'était pas moins remarquable par l'élégance que par le fini du travail : des miniatures allégoriques d'un goût exquis, peintes sur velours par les artistes les plus distingués, et encadrées dans des bordures de perles, ornaient les parois extérieures; le dedans, tapissé d'aromates précieux, exhalait à-la-fois tous les parfums de l'Arabie. Robes, diamants, schalls, dentelles, tout fut enfermé dans cette brillante enveloppe. Le sultan, d'un goût plus simple, était orné de guirlandes de roses exécutées en chenille avec un art extrême, et renfermait des gants, des essences, des pâtes, des pastilles, plusieurs flacons d'eau de Ninon et de cosmétiques orientaux.

Arrivés à l'hôtel, où tout le monde était déjà réuni pour la signature du contrat, Léon s'empressa de déposer son tribut aux pieds de la belle Victorine. La curiosité des femmes ne leur permit pas de différer d'un moment l'inventaire de la corbeille; il fallut tout voir, tout examiner pièce à pièce : les jeunes personnes essayaient les diamants, se drapaient avec les schalls, et de temps en temps quelques soupirs trahissaient un petit mouvement de jalousie qu'excitait la seule vanité.

M. Dawn fait emporter les présents de noce dans la chambre de sa fille : chacun se place; le notaire met gravement ses lunettes, et commence une lecture en jargon gothique, à laquelle, fort heureusement pour sa modestie, la jeune épouse n'entend rien; Léon se penche à son oreille, et lui demande à voix basse s'il y a besoin de huit pages d'écriture pour convenir que l'on s'aimera toujours, et que fortune, peines, plaisirs, tout sera désormais commun.... La lecture achevée, chacun signe. L'officier public, ami de la famille, a fait la galanterie d'apporter avec lui le registre de l'état civil; l'acte est dressé, et Victorine est saluée du nom de comtesse de Senneterre, qu'elle n'acceptera cependant que le lendemain, après avoir reçu la bénédiction nuptiale dans une des chapelles de Saint-Roch.

La cérémonie fut courte, mais édifiante. Victorine, pendant la messe basse qui la termina, cachait avec peine, derrière son livre d'Heures, la profonde émotion qu'elle éprouvait. En sortant de l'église, et pendant qu'on attendait les voitures sous le portail, je ne remarquai pas sans attendrissement qu'elle vida sa bourse tout entière dans le tronc des pauvres de la paroisse, en cherchant à éviter tous les regards.

Le vieux général Senneterre avait exigé que la noce se fît à son château, à deux lieues de Paris. Il était midi lorsque nous y arrivâmes. La jeunesse du village, rassemblée au bout de l'avenue, nous salua d'un feu roulant de mousqueterie; en descendant de voiture, les jeunes filles offrirent des bouquets aux nouveaux mariés, qui ne parvinrent pas jusqu'à la salle à manger, où le déjeuner nous attendait, sans avoir reçu les félicitations du concierge, des gardes-chasse, des jardiniers, des fermiers et de tous les gens du château.

Les personnes invitées arrivèrent successivement; des félicitations occupèrent le temps jusqu'à l'heure du dîner, qui se prolongea beaucoup, grace à l'épithalame qu'avait composé l'ancien gouverneur de Léon, aux couplets dont chacun arriva muni, et à la gaieté du général, qui termina cette joyeuse séance par un sermon à son neveu, dont j'ai retenu le dernier trait :

« Souviens-toi, mon cher Léon, que dans un an, tout au plus, nous devons célébrer ici une autre fête, et mets-toi bien dans l'esprit que la plainte la plus grave qu'une femme puisse porter contre son époux, est celle dont une dame espagnole fit retentir les tribunaux de Madrid: *Mi marido es grand musico, buen escrivano, singular cantador, salvo que no multiplica.* »

Au signal des violons qui se firent entendre, on se leva de table pour passer dans la salle de bal: Julien dirigeait l'orchestre. Pour faire plaisir à son père, la mariée ouvrit le bal par un menuet qu'elle dansa de manière à me réconcilier avec cette danse insipide. Les quadrilles, les valses, les anglaises, se succédèrent ensuite avec tant de gaieté et si peu d'interruption, qu'on ne s'aperçut qu'à deux heures du matin de l'éclipse des jeunes époux. Il était jour lorsqu'on se sépara. La famille et quelques amis intimes restèrent au château, et ne se réunirent que pour dîner. On attendait avec impatience la jeune mariée; elle parut, et je me rappelai ces vers charmants de Desmahis :

> La jeune épouse de la veille,
> Tout à-la-fois pâle et vermeille,
> Avait encor l'air étonné ;
> Et, tout ensemble heureuse et sage,
> Laissait lire sur son visage
> Le plaisir qu'elle avait donné.

N° XXXV. [28 décembre 1811.]

HISTOIRE D'UN SCHALL.

> *Quæ longinquo magis placent*
> Tacite
> Ils plaisent d'autant plus qu'ils viennent de plus loin

C'était une première idée fort ingénieuse que celle de cette *histoire d'un louis d'or* adressée à Mlle Scudéri : cinq ou six auteurs français, anglais et allemands, ont jugé à propos de s'en emparer, et sont parvenus par ce moyen à se faire quelque réputation, sans dire un mot du pauvre *Isarn*, inventeur de cet ingénieux apologue, dont le nom serait inconnu, même dans la ville de Castres sa patrie, s'il n'eût été préservé d'un oubli total par les soins de ces biographes, *redresseurs* infatigables *des torts* des auteurs et du public. Que n'écrivait-il quelques phrases *sentant l'hérésie*, quelques propositions *mal sonnantes?* son nom se trouverait consigné dans cinquante volumes, et la Sorbonne l'eût illustré par un décret. *Les réputations ont aussi leur destin.*

Mon salut fait à M. Isarn, j'en viens à mon schall de cachemire, dont la destinée, presque aussi merveilleuse, est beaucoup plus vraie que celle du *louis d'or*, de la *pistole* d'Italie, de la *guinée* d'Angleterre, du *sopha* français, etc. On ne manquera pas de dire que l'histoire du *schall* est encore une de ces fictions inventées, ou plutôt reproduites, pour servir de cadre à quelques traits de critique ou de morale : on se trompera, du moins pour la plus grande partie des faits avancés dans ma narration; je pourrais administrer mes preuves, citer mes témoins; mais pourquoi ne me croirait-on pas sur parole dans un récit où il n'est question que des vicissitudes d'un tissu de cachemire? Passe encore si j'avais à parler de la destinée du Grand-Mogol!

Je n'ai ni le temps ni l'espace nécessaire pour expliquer à mes lecteurs par quelle suite de circonstances je me trouvais au Mogol vers la fin de l'année 1771, et par quelle aventure romanesque je fus conduit dans cette vallée de *Cassemira*, qu'il nous a plu de nommer Cachemire, et que les Persans ont, avec raison, surnommé *la vallée bienheureuse*. Je me contenterai de dire que l'*aldée*, c'est-à-dire le village où je vécus plusieurs mois, était renommé pour la beauté de ses laines et l'habileté de ses tisserands, dont les *cases* s'alignaient sur les deux bords d'un ruisseau, aux eaux duquel on attribuait en partie la supériorité des ouvrages fabriqués dans cet endroit. Tous les *harems*, tous les *zénanas* [1] de la Perse, du Mogol, de la Turquie, des deux presqu'îles du Gange, étaient tributaires des brillants produits de l'aldée de *Sérinagor*. Pendant mon séjour dans cette contrée délicieuse, je visitais souvent, et pour des raisons qui ne tenaient pas toutes à mon goût pour les arts industriels, l'atelier d'un riche banian [2], où se fabriquait alors un schall d'un travail admirable, commandé par Darma-Dévé, raja d'une province de Bengale, et destiné à la seule de ses épouses légitimes qui l'eût rendu père. Ce schall, remarquable par son extrême finesse, l'était encore plus par le dessin de ses palmes, composées de têtes de nègres, liées au moyen d'une espèce de guirlande au dessus de laquelle étaient écrits, en caractères arabes, deux vers du poëte Saadi, dont voici le sens littéral :

« *Jouissez, voilà la sagesse; faites jouir, voilà la vertu.* »

Aussitôt qu'il fut achevé, on l'enferma dans une boîte de bois de santal-citrin, et il partit pour sa destination.

Quinze mois après, je fus nommé à un petit commandement militaire à Cassimbazar, l'un des établissements français sur le Gange. Lorsque j'arrivai

---

[1] Logement des femmes asiatiques
[2] Marchand indien

au Bengale, la *famine-Hastings*[1] avait dévoré les deux tiers de la population, et la persécution la plus odieuse, dirigée par les mêmes mains, pesait sur tous les princes de ces riches et malheureuses contrées. Darma-Dévé, dépouillé de ses États au profit de la compagnie anglaise, avait péri par le poison; et l'une de ses femmes, amenant avec elle un enfant au berceau (l'unique héritier du raja détrôné), vint réclamer de la générosité française un asile dont elle ne jouit pas long-temps : elle mourut six semaines après son arrivée à Cassimbazar, en me recommandant son fils, qu'une jeune femme indienne apporta chez moi pendant la nuit. Cet enfant était enveloppé de ce même schall à la fabrication duquel j'avais, pour ainsi dire, assisté dans la vallée de Cachemire, et que je crus devoir laisser en présent à celle qui m'avait amené le jeune prince. A six mois de là des ordres supérieurs me rappelèrent en France, et je fus obligé de me démettre de mes fonctions de tuteur du jeune raja entre les mains du gouverneur de Chandernagor. Les destinées extraordinaires de cet enfant sont désormais étrangères à mon sujet.

J'étais au moment de mon départ pour l'Europe, et je revenais de Sirampour, où j'avais été faire mes

[1] Chaque fléau, dans ce pays, porte le nom de son auteur. Si cet usage était adopté en Europe, que de crimes illustrés par de grands noms!

adieux à quelques amis que j'avais dans ce comptoir danois, lorsque je fus attiré sur les bords du Gange par les cris d'une foule innombrable qui se portait autour d'un bûcher où devait se brûler une jeune veuve. Pendant mon séjour aux Indes, je m'étais tenu constamment éloigné de ces horribles spectacles, dont j'avais eu trop souvent l'occasion d'être témoin. Je me hâtais de regagner la route, après avoir reconnu l'objet de ces affreux préparatifs : je jette par hasard les yeux sur la victime, élevée sur une petite estrade d'où elle distribuait ses bijoux aux femmes qui l'avaient accompagnée. Qu'on juge de ma surprise! cette jeune Indienne était celle qui m'avait apporté, six mois avant, le fils du raja : elle me reconnaît à son tour, me sourit avec grace et bonté, détache le schall qu'elle portait à sa ceinture, et me l'envoie par une de ses esclaves : c'était le même qu'elle avait reçu de moi. Je suis obligé de faire grace à mes lecteurs des suites d'une reconnaissance qui faillit à me coûter la vie pour avoir voulu la conserver à une jeune dame des bords du Gange qui s'obstina, quelque chose que je pusse faire, à mourir à vingt ans sur le corps d'un mari de soixante-dix. Je m'éloignai de ce lieu funeste en frémissant de douleur et de colère, et en réfléchissant sur le contraste de la religion cruelle qui prescrivait un pareil sacrifice, et de la morale si douce dont je lisais un des préceptes sur le *schall de la veuve :*

« *Jouissez, voilà la sagesse; faites jouir, voilà la vertu.* »

A mon arrivée à Paris, en 1773, on ignorait jusqu'au nom de ces tissus asiatiques d'un usage si général aujourd'hui. M. le duc d'Aiguillon, auprès duquel je fus introduit, parut desirer quelques-unes de ces rares bagatelles que j'avais apportées des Indes, et ce ne fut pas sans peine que je me défis en sa faveur de ce schall auquel j'attachais d'intéressants souvenirs.

Peu de jours après, j'appris que M. le duc l'avait offert à madame Dubarri. Pendant un grand mois, on ne parla pas d'autre chose dans les petits appartements; toutes les dames de la cour vinrent l'essayer à la toilette de la favorite, et décidèrent, d'une voix unanime, que cette parure n'avait aucune espèce de grace : en conséquence, le schall fut relégué comme un objet de curiosité dans un cabinet de laque, où il serait peut-être encore si Lekain, jouant à Fontainebleau le rôle de Gengis-kan, n'eût fait naître au roi l'idée d'ajouter cet accessoire à la vérité du costume du prince tartare. Pendant plusieurs années, à toutes les représentations de *Zaire* et de *l'Orphelin,* j'eus occasion de revoir mon cachemire au front de Gengis et d'Orosmane.

A la mort de Lekain, il fut acheté fort cher par un fermier-général, qui en fit présent à la fameuse *Isabeau*; cette belle mulâtresse du Cap eut, comme chacun sait, le talent d'attirer sur elle, pendant quelques mois, tous les yeux de la capitale, de manger, en cinq ans, le fonds de deux riches habitations, et de ruiner en moins de temps encore trois grands seigneurs, cinq maîtres des requêtes et quatre fermiers-généraux, sans pouvoir enrichir le danseur Nivelon qu'elle aimait éperdument. Dans la déroute de sa fortune, cette courtisane américaine vendit le schall à M. d'Orvilliers, riche amateur, dont la vie et la fortune avaient été employées à entasser dans une vaste galerie des porcelaines du Japon, des magots de la Chine, la collection des costumes persans depuis Cambyse jusqu'à Thamas-Kouli-Kan, le recueil des observations astronomiques des Chinois, depuis Yu-le-Grand jusqu'à Fohi-Tzing-Li, et les échantillons de toutes les espèces de pierres qui entrent dans la formation de ce globe terraqué. Il avait payé mille écus une babouche de Soliman II, cent louis un éperon de Fernand Cortès, et deux cents piastres une plume du casque de Guatimozin. *Le schall de la veuve* figura dans cette friperie historique, et fut encore une fois mis en vente après décès. Une revendeuse à la toilette, qui l'acheta très bon marché, s'entendit avec une étrangère pour mettre cette parure à la mode. Nous touchons à l'époque la plus brillante de son histoire. La femme d'un fournisseur de l'armée d'Italie, resplendissante de jeunesse et de beauté, acheta ce cachemire cinq cent mille francs en assignats, apprit de M. G......, son amant, jeune peintre déja très habile, à se draper avec grace, et parut ainsi, en grande loge, à l'Opéra. Le lendemain, la dame au schall fixa de nouveau tous les regards au pavillon d'Hanovre; dès-lors le mouvement fut donné, la commotion fut générale; les femmes n'eurent plus qu'une pensée, qu'une volonté, qu'un desir, celui de se procurer un schall de cachemire, sans lequel on eût dit qu'il ne pouvait plus y avoir pour elles de bonheur sur la terre. Le *Journal des Modes* signala cette mode dans un de ses numéros, et l'illustra par une gravure. Deux Turcs et un Arménien, que des affaires de commerce amenaient à Paris, se virent en un moment dépouillés des cachemires crasseux qui leur servaient de ceintures et de turbans, et qu'on leur paya au poids de l'or. Nos marchands orientaux ne négligèrent pas ce moyen de fortune, et spéculant sur la durée d'un caprice soutenu par le luxe et la vanité, ils établirent à Paris un entrepôt de schalls, dont les maris et les amants se cotisèrent pour faire les frais. Cette concurrence ne servit qu'à rehausser l'éclat et la valeur du *schall de la veuve*, à la beauté duquel rien ne pouvait encore être comparé.

Au plus fort de cette frénésie pour la mode nouvelle, je tremblais pour les jours du plus cher de mes amis, qu'un amour dédaigné conduisait au tombeau. Brillant de tous les dons de la jeunesse, de la naissance et de la fortune, il avait eu l'inconcevable malheur d'adresser ses vœux à la seule femme, peut-être, dont il ne dût rien espérer. Cette Artémise de vingt-cinq ans, pleine de vanité, dévorée en secret du desir de se faire remarquer, n'avait trouvé rien de mieux pour cela que l'affiche d'une vertu farouche, qui s'était d'autant moins démentie, que son cœur et son esprit n'avaient point à lutter contre ses principes. Je connaissais bien cette dame, et j'avais découvert qu'avant tout elle voulait fixer l'attention sur elle : je tirai parti de cette observation pour guérir mon pauvre ami. Instruit que le traitant, propriétaire de mon schall, avait eu à rendre ses comptes au plus rigide des vérificateurs du trésor, et qu'en dernier résultat il se voyait forcé de vendre jusqu'aux diamants de sa femme, je fis offrir une somme considérable du cachemire à têtes de nègres; il me revint, et je l'adressai à mon ami, en lui indiquant l'usage qu'il en devait faire. Je ne sais pas jusqu'à quel point il suivit mes conseils, mais sa santé se rétablit, et je le trouvai quelques jours après dans les jardins de Frascati, donnant le bras à son inhumaine, autour de laquelle on se pressait pour admirer le *schall de la veuve.*

Au bout d'un an, un de ces caprices de petite-maîtresse, qui se font ordinairement moins longtemps attendre, décida de nouveau du sort de ce cachemire : il fut sacrifié au desir d'une aigrette de diamants, et déposé dans le bureau de prêt de la rue Vivienne, où la dame se procura partie de la somme nécessaire à l'achat de la *délicieuse* aigrette. Il en fut retiré par un juif qui le vendit à crédit à un jeune homme, lequel en fit cadeau, le jour de la Saint-Louis, à une très jolie actrice de la Comédie-Française, à son retour des eaux. Celle-ci, le soir de sa rentrée au théâtre, eut l'attention délicate de jeter son schall, au sortir du spectacle, sur les épaules de la femme d'un journaliste, très sujette à prendre des rhumes : l'article du lendemain prouva que la reconnaissance est solidaire dans un bon ménage. Là commence la ruine de l'*ancien* des cachemires.

Renfermé pendant deux ans dans une vaste armoire, enfoncé sous les pièces d'étoffes, sous les fourrures, les coupons de drap de toutes couleurs, sous un amas de linge de table, de lit et de cuisine, entassés pêle-mêle dans cette corne d'abondance, les vers se mirent dans le *schall de la veuve*; la femme du journaliste se disposait à en faire des jupons de dessous : dans cette extrémité cruelle, un auteur, en marché d'un succès, sauva mon cachemire d'un pareil affront, en offrant galamment de l'échanger contre de la *vieille vaisselle au poinçon de Paris*. Des mains du poete il passa sans intermédiaire dans celles de madame Durant, et au moyen de quelques reprises habilement faites, celle-ci trouva l'occasion de le faire figurer un moment comme neuf dans la corbeille de noce de la fille d'un ancien employé à la régie, qui le vendit six mois après pour acquitter le mémoire de son boulanger. J'ignore ce qu'il est devenu depuis ce moment jusqu'au 14 du mois d'août dernier, où il fut mis en vente, sur la place du Châtelet, par autorité de justice, comme l'ont annoncé les journaux. Je courus pour y mettre l'enchère, mais j'arrivai trop tard : le *schall de la veuve* venait d'être adjugé à madame ***. Dès le lendemain, il fut coupé en morceaux, que cette dame distribua à ses nombreux amis, pour en faire des gilets. Elle s'est réservé la bordure, en caractères arabes, qu'elle porte habituellement en ceinture, et dont la devise ne saurait être plus heureusement appliquée.

N° XXXVI. [29 décembre 1811.]

LES JOURNAUX.

> *Hæc tùm multiplici populos sermone replebat Gaudens.*
>
> Virg., *Æneid.*, lib. IV.
>
> Elle se plaît à répandre parmi les peuples cent bruits divers

C'est une fort bonne, fort utile invention que celle des journaux, et l'honneur nous en restera, en dépit de la dissertation très savante et très peu connue de Constantin Wolff, qui veut à toute force en attribuer le mérite au patriarche Photius. La *Bibliothèque* de ce dernier n'est qu'un recueil de jugements sur les livres qu'il avait lus dans son voyage d'Assyrie[1], et cet ouvrage, imité lui-même de l'*Art des Bibliothèques*, du grammairien Téléphe, ne me paraît avoir rien de commun avec les journaux dont l'Europe a décidément obligation à M. de Sallo, conseiller au parlement de Paris, le-

---

[1] Cette Bibliothèque offre, en outre, de très longs extraits textuels d'une grande quantité d'ouvrages aujourd'hui perdus.

quel, sous le nom d'Hédouville, fit paraître le premier numéro du *Journal des Savants* le 5 janvier 1665. Une observation qu'il est pourtant juste de faire, c'est que, trente-quatre ans avant, c'est-à-dire au mois d'avril 1631, le médecin Théophraste Renaudot avait imaginé de publier, sous le nom de *Gazette de France*, une feuille périodique qui paraissait tous les cinq jours, mais dans laquelle il n'était question que de nouvelles politiques. Quelques savants sont encore allés déterrer un père Jacob, carme de son vivant, qu'ils ont voulu donner pour père aux journaux, sous prétexte qu'il a publié, depuis 1652 jusqu'en 1664, une nomenclature insignifiante des livres qui ont paru en France dans cet intervalle de douze années.

Quoi qu'il en soit de l'époque précise de leur établissement, les journaux sont devenus un besoin d'habitude pour une classe très nombreuse de la société, et une source de plaisirs pour tous les goûts et pour tous les caractères. La curiosité y trouve des aliments; la mémoire y cherche des faits; l'étude, des matériaux; le travail, un délassement; et l'oisiveté, des distractions. Ne peut-on pas, à la rigueur, sans aucun travail, sans frais d'imagination, sans perte de temps (pour ceux qui ne connaissent qu'une manière de l'employer), se faire à son choix, par ce moyen, une petite réputation de politique, de connaisseur dans les arts, de littérateur, et même de savant? Quel homme d'état est mieux instruit que Néophile du mouvement des troupes, des armements, des promotions, des débats du parlement d'Angleterre, des délibérations du congrès d'Amérique, des intentions hostiles ou pacifiques des divers cabinets? A quelle source a-t-il puisé ses connaissances? quel publiciste a-t-il consulté? quelles archives s'est-il ouvertes? Il a lu les journaux.

Euthyme est le répertoire vivant de tous les ouvrages nouveaux : astronomie, physique, algèbre, poésie, littérature, romans, tout est de sa compétence. De quelque livre que vous parliez, il le connaît, il en fait l'analise, il en cite même quelques lignes, il finit par en porter un jugement sur lequel ne craignez pas qu'il varie jamais. Vous lui connaissez un emploi d'expéditionnaire qui vous paraît absorber tout son esprit et tout son temps : où prend-il donc celui de lire, d'extraire, de méditer tant de volumes? Il lit les journaux.

Vous vous mettrez l'esprit à la torture pour deviner par quel prodige Eraste, l'épais, le béotien Eraste, parle maintenant de beaux-arts en termes techniques ; se permet d'avoir une opinion en musique, en peinture; se montre instruit des affaires des tribunaux, des intrigues de coulisses, des ridicules à la mode, des travers du bon ton; en un mot, par quel prodige Eraste passe aujourd'hui pour un homme du monde : il lit et relit les journaux.

C'est sur-tout en province que l'influence et l'utilité des feuilles périodiques se fait sentir; c'est là qu'une grande partie de la vie se partage entre cette lecture et les discussions interminables qui en sont la suite. Chaque famille a son journal; elle en adopte exclusivement les opinions, et les défend quelquefois avec une opiniâtreté dont on pourrait craindre les suites, si, presque toujours, le journal du lendemain, en contredisant ce qu'il affirmait la veille, ne rétablissait la paix dans le petit cercle provincial où il avait semé la guerre.

Si jamais je fais un traité sur cette matière, je prendrai un ton plus sérieux pour discuter les avantages et les inconvénients réels de l'établissement des journaux; et, pour être plus sûr de n'oublier aucun des reproches dont ils sont journellement l'objet, je consulterai les auteurs qui ont eu le plus à s'en plaindre.

Avant qu'il existât des feuilles périodiques, un pauvre écrivain n'avait à craindre que l'oubli; le libraire était seul victime d'un mauvais ouvrage: aussi la création de ces tribunaux de la critique causa-t-elle une épouvantable rumeur sur le Parnasse; tous les enfants d'Apollon, légitimes ou naturels, déclinèrent à-la-fois cette juridiction prévôtale, et s'armèrent contre *les feuilles*, de toute la puissance des *in-folio*. Dès-lors commença, entre les auteurs et les journalistes, cette guerre perpétuelle où l'on vit plus d'une fois la mousqueterie de ces derniers démonter les canons de leurs adversaires. L'armée des critiques, d'abord assez mal commandée, eut le bonheur de voir passer dans ses rangs, et le bon esprit de reconnaître pour chef un des plus illustres capitaines du parti ennemi. Bayle, en publiant les *Nouvelles de la République des Lettres*, honora par ses talents et par son caractère une profession où se sont distingués après lui quelques hommes d'un véritable mérite, dont la liste ne serait pourtant pas fort longue.

Je jetais, au hasard, ces réflexions sur le papier, lorsque je reçus la lettre suivante : elle ne pouvait arriver plus à propos

Nérac, 13 décembre.

« Je pourrais, mon vieux camarade, m'écrier, comme je ne sais plus qui : *Beati qui habitant urbes!* [1] Je suis dans le Béarn comme je serais dans les déserts de la Floride, et je reçois si peu de nouvelles de la capitale, qu'il ne tient qu'à moi de me croire aussi loin de Paris que de Pékin. Ce n'est pas après vingt-sept ans de séjour dans la *grande ville* qu'on s'arrange pour n'y plus penser et pour vivre étranger à ses usages, à ses arts, et même à ses ridicules.

[1] Heureux ceux qui habitent les villes !

Je n'ai pas le moyen d'entretenir, à mes frais, sur les bords de la Seine, un Grimm ou un La Harpe pour me tenir au courant des nouveaux ouvrages, des nouvelles opinions, et des nouvelles sottises, dont je suis extrêmement curieux. Heureusement il existe des journaux, et cette invention est une de celles que ma position me permet de mieux apprécier. En conséquence, et attendu que le wisk de madame de Chavignac, le piquet du commandant de la gendarmerie, le boston de la femme du sous-préfet, et les contes de braconniers du ci-devant marquis de Serviès, n'absorbent pas tout mon temps et ne charment pas tous mes loisirs, je vous prie de m'abonner à un journal à l'aide duquel je puisse, chaque jour ou chaque semaine, me rapprocher un moment de Paris, et savoir au juste ce qui s'y passe. Je ne tiens ni au titre ni au format, ni même à ce que j'ai entendu appeler *la couleur* d'un journal ; peu m'importe qu'il soit philosophe ou religieux, qu'il soit obscur ou répandu, je ne fais acception d'aucun en particulier :

« *Mihi Galba, Otho, Vitellius, nec beneficio, nec injuriá cogniti* [1]. »

« Voici pourtant quelques conditions auxquelles je vous prie d'avoir égard :

---

[1] Je ne connais Galba, Othon, Vitellius, ni par des injures, ni par des bienfaits.

« Je voudrais que mon journal fût, comme moi, étranger à tout esprit de parti, à toute influence de salons, de coteries et d'antichambres; je voudrais qu'il y régnât un heureux mélange de la raison et de la gaieté, de l'utile et de l'agréable, et que les matières y fussent néanmoins distribuées avec ordre; je voudrais que tous les articles y fussent écrits avec assez de goût, de correction et d'élégance pour qu'il me fût permis de croire au talent du critique qui me donne son opinion sur l'ouvrage d'un savant, d'un artiste ou d'un homme de lettres; je voudrais que la louange eût toujours un fondement raisonnable, et le blâme un motif évident, mais sur-tout que l'esprit assaisonnât l'un et l'autre; je voudrais, ou plutôt je veux (car ces dernières clauses sont de rigueur) que la bonne foi préside à la rédaction du journal que je vous demande; que le ton en soit décent sans être gourmé, plaisant sant être trivial, varié sans être bizarre, et malin sans être méchant. A cela près, mon ami, choisissez, et abonnez-moi pour le plus long terme possible.

« Tout à vous, et de tout cœur,

MAURICE M***. »

Réponse.

Paris, le 22 décembre 1811

« Vous avez voulu vous moquer de moi, ou vous êtes fou, mon vieux capitaine. Ce que vous me demandez ne se trouve qu'au pays où l'on a découvert la pierre philosophale, la quadrature du cercle, la panacée universelle, et l'art de diriger les aérostats.

« Vous avez vu, comme moi, ce qu'on est convenu d'appeler le bon temps des journaux, celui où la verge et le flambeau de la critique étaient aux mains des La Harpe, des Chamfort, des Marmontel, etc.; eh bien! dans quelle feuille de cette époque auriez-vous trouvé cette réunion de qualités que vous exigez aujourd'hui? Un journal qui satisferait pleinement à tous les *je voudrais* de votre lettre suffirait seul pour illustrer une nation. Peut-être, à tout prendre, cette branche de littérature n'a-t-elle jamais été cultivée avec plus de succès. Je vois donc un moyen de vous procurer un journal, à peu de choses près, comme vous le desirez : c'est de vous abonner à tous, de prendre ce que chacun a de bon, de les corriger l'un par l'autre, et de tous ces éléments d'en composer un à votre goût et à votre usage.

« Le nombre des feuilles périodiques n'est pas

assez considérable pour qu'un véritable amateur, avec votre fortune, puisse être effrayé de cette dépense; trois ou quatre cents francs peuvent faire face à tout. Par ce moyen, vous vous procurerez le *Journal de l'Empire*, où vous trouverez quelquefois des articles qui se distinguent par un goût pur, une critique solide, une érudition sans pédanterie, quelquefois même par une gaieté piquante et originale; la *Gazette de France*, dont le succès se maintient [1] par le respect des principes, par un ton décent et impartial, qui devient chaque jour plus rare; par un esprit de modération également éloigné des déclamations du philosophisme et de l'intolérance de la secte opposée; le *Journal de Paris*, varié, piquant, dont les nouvelles ont souvent le mérite de l'à-propos et l'intérêt du moment, si précieux pour la capitale. Il y aurait de l'ingratitude à oublier le *Mercure:* on peut rire pour l'instant de son épigraphe, mais les *forces* peuvent lui revenir. D'ailleurs, c'est une de ces anciennes connaissances qu'on aime par habitude, et qui ont toujours leur couvert mis chez vous, en quelque état qu'elles s'y présentent. Vous recevrez aussi tous les cinq jours un petit journal de moderne origine, bien connu sous le nom de *Journal des Arts* [2] : il a toutes les qualités

---

[1] Il faut se ressouvenir que l'auteur écrivait en 1811.

[2] Plus connu sous le titre de *Nain jaune*.

de la jeunesse, de la gaieté, de la malice, de la franchise, et de la grace. Je ne vous parle pas du *Moniteur*, vous savez ce que c'est qu'un journal officiel, et je vous tiens quitte du *Journal des Modes*, et des *Petites-Affiches*, parceque vous n'avez point de femme, et que je ne suppose pas que vous en cherchiez une.

« Après avoir montré le beau côté de la médaille, vous attendez que je vous en fasse connaître le revers; je me contenterai de vous l'indiquer vaguement; car si quelques personnes trouvent l'éloge déplacé dans ma bouche, tout le monde trouverait la critique suspecte. Je vous recommanderai donc, sans aucune désignation spéciale, de vous prémunir, en lisant vos journaux, contre le ton doctoral et la morgue des uns, contre l'ennui et la futilité des autres; contre la partialité choquante et quelquefois vénale de ceux-ci, contre l'ignorance et le mauvais goût de ceux-là, contre la mauvaise foi de presque tous. Au moyen de ces petits correctifs et de quelques autres renseignements que je vous communiquerai d'une manière plus discrète (car il ne faut pas trahir le secret du corps), vous pourrez retirer de la lecture des journaux, instruction, plaisir et profit. »

N° XXXVII

CORRESPONDANCE.

Monsieur l'Ermite,

Vous êtes mon homme; ne changez ni de style, ni de retraite, ni de manières. Un de mes amis à qui l'étude de l'anglais n'a pas fait oublier le français, prétend que l'on retrouve souvent dans vos feuilles ce mélange de satire et de philosophie qui caractérise Adisson. Je me plais à le répéter d'après lui, mais ce que je ne crains pas d'affirmer d'après moi, c'est qu'on ne réunit pas plus d'esprit à plus de raison; c'est qu'à la pénétration qui saisit les ridicules, on joint rarement comme vous, l'indulgence qui les supporte; c'est qu'on ne fait pas rire plus ingénieusement des défauts que l'on veut corriger, et moins malignement des défauts incorrigibles. Je ne suis cependant pas toujours de votre avis, cher Cénobite, mais j'avoue que vous me plaisez lors même que je vous prends en faute. Vous êtes l'homme du monde avec lequel, je crois, j'aurais le plus de plaisir à discuter.

Enfin, vous m'avez tant amusé en me contrariant, que la fantaisie me prend aujourd'hui de vous contrarier pour m'amuser. Une assertion que je trouve dans le joli article que vous avez publié dernièrement sur *le Mariage*, m'en fournit l'occasion. Je la saisis.

Il y est dit : *Une circonstance plus fortement gravée dans ma mémoire, c'est le moment où ma sœur avant de se rendre à l'église, s'agenouilla devant mon père pour demander et recevoir sa bénédiction* (tout va bien jusque-là). *Il y avait quelque chose de bien touchant, de bien auguste dans cet usage patriarcal* (bien encore); *peut-être ne pouvait-il subsister avec celui qui autorise une fille à tutoyer sa mère.*

Voilà, mon cher Ermite, où je vous arrête, et ce qui me semble mériter examen. Rien de plus touchant, de plus respectueux, sans doute, que l'usage que vous regrettez, mais pouvez-vous le déclarer incompatible avec celui de tutoyer sa mère, sans donner lieu d'inférer, qu'à votre avis, rien n'est plus opposé au respect que le tutoiement? Cette opinion me semble bien rigoureuse; voyons si elle est fondée.

Depuis que l'usage de substituer, en certains cas, le singulier au pluriel, de désigner un seul individu par un prénom qui en indique une collection, a prévalu, par cela peut-être qu'en employant le *vous* avec quelqu'un, on lui donne à entendre que, vu le nombre de ses qualités, la quantité de ses dignités, la diversité de ses pouvoirs, son seul individu vaut plusieurs personnes, ou que plusieurs personnes se font admirer dans un seul individu : depuis que cet usage, dis-je, a été introduit, le *vous* réservé d'abord aux supérieurs seulement, est devenu insensiblement usuel entre égaux et même vis-à-vis des inférieurs; et ce solécisme, inventé par le respect, a fini par être adopté par la politesse; mais, manque-t-on de respect ou de politesse toutes les fois que l'on ose parler correctement? Le *tu*, me direz-vous, appartient au langage familier, ne mettez-vous donc aucune différence entre la politesse et la familiarité? quant à moi, j'en trouve une grande, lorsque vous dites à l'ivrogne qui se trouve sur votre chemin : *te rangeras-tu*, coquin? il est certain que cette phrase familière est aussi une phrase de mépris; mais est-ce dans le mot *tu* que le mépris réside? et si à ce *tu* ou substituait *vous*, la phrase serait-elle moins injurieuse? d'un autre côté, quand je dis à mon père « tu m'as donné des exemples d'honneur et de vertu que je n'oublierai de ma vie; » j'emploie sans doute le langage familier; mais le *tu* qui donne ce caractère à mon langage est-il un mot de *despect*, et le *vous* rendrait-il la phrase plus révérencieuse?

Ces deux mots, M. l'Ermite, me semblent, en dépit de la mode, pouvoir être employés indifféremment sans rien changer au sens du discours. Ils n'expriment pas ici le sentiment; mais c'est du sentiment qu'ils prennent leur valeur. Je dirai plus: ce *tu* qui est l'expression de la nature, est celle que l'on emploie de préférence dans les circonstances où la nature commande; c'est le mot des passions, et plus particulièrement le mot des affections les plus douces; car si dans l'injure ce *tu* peut être suffisamment suppléé par le *vous*, il ne peut l'être dans l'expression de la tendresse. Si vous n'étiez pas Ermite je vous dirais de consulter là-dessus la première femme venue, vous sauriez bientôt qu'il existe une grande différence entre *je vous aime* et *je t'aime*.

Je conviens, cependant, qu'un enfant très affectueux peut employer le *vous* avec ses parents; car je ne suis pas si exclusif que vous; mais ce *vous* sera si bien corrigé par l'accent avec lequel on le prononcera, que le cœur paternel entendra *tu* : mon expérience journalière m'autorise à l'affirmer.

Oui, M. l'Ermite, moi qui vous parle, je suis du matin au soir interpellé par des *vous* et des *tu*, qui n'ont pour moi que la même signification. Marié deux fois à des époques très éloignées, j'ai des enfants nés sous des lois bien différentes. Les deux premiers conformément à la gravité des usages antérieurs à la révolution, ont été instruits à ne se servir avec moi que du *vous*: les derniers, élevés conformément à des usages plus doux, me tutoient encore au moment où je vous écris: les uns et les autres m'aiment également, et m'expriment la même tendresse dans deux langues différentes; mais ce qui me prouve que ces deux langues ne sont pas également éloquentes, ce sont les réflexions suivantes, qui partent tout autant de mon cœur que de ma tête. Si mes premiers enfants quittaient avec moi le *vous* pour le *tu*, cela me paraîtrait bizarre, vu l'habitude prise; cela m'étonnerait, mais, certes, ne me chagrinerait pas. Ce ne serait pas sans un chagrin réel, au contraire, que j'entendrais mes derniers enfants passer du *tu* au *vous*, qui me semble un vrai *barbarisme* en français de famille; j'éprouverais une impression tout aussi douloureuse que celle qui se peint sur leur visage, lorsque le *vous* jeté dans une phrase de reproches, leur donne à redouter quelqu'altération dans ma tendresse. Ma fille, que je bénis d'avance, remettra sans doute en vogue l'usage dont vous déplorez l'oubli [1]; mais j'espère M. l'Ermite, que *vous* ne refroidira pas sa demande; autrement je me croirais invoqué moins pour une bénédiction que pour une absolution.

Concluons: le tutoiement peut fort bien se concilier avec le respect: mes enfants, qui me respectent, me tutoient; je tutoie ma femme que je respecte,

---

[1] La bénédiction paternelle.

ce qui ne m'empêche pas de l'aimer, quoique ni l'un ni l'autre ne soit pas absolument de bon ton, concession que je dois vous faire. Accordez-moi en échange quelque indulgence.

J'ai disserté un peu longuement, un peu trop pesamment peut-être, au sujet d'une opinion à laquelle vous n'attachez probablement pas beaucoup d'importance, mais à laquelle j'en attache beaucoup, moi : cela tient à la différence de nos positions. Je suis séculier, vous êtes régulier. L'expérience m'a appris ce que l'étude ne peut pas vous révéler. La question que nous traitons est une de celles dont la solution ne se trouve chez aucun théologien, et sur laquelle un père de famille, comme moi, en sait plus que tous les pères de l'église, comme vous, pour peu que vous soyez célibataire.

A.-V. A.,
De l'académie de Caen.

Cet académicien de Caen, qui passera quand il voudra pour un académicien de Paris, m'a écrit une lettre où je ne suis pas fâché qu'il y ait beaucoup d'esprit ; je n'ai pas besoin d'en dire la raison à ceux qui l'ont lue. Mon correspondant du Calvados s'y déclare l'apologiste des *tu* ; ses raisons me paraissent ingénieusement et grammaticalement fondées. Le solécisme *vous*, en parlant à une seule personne, est une des plus grandes irrégularités de nos langues modernes; mais ce n'est pas à un homme qui connaît aussi bien la différence entre les mots *je vous aime,* et *je t'aime* (que j'aprécie encore assez bien pour mon âge); ce n'est pas à lui, dis-je, qu'il est nécessaire de prouver que cette dernière locution exclut, dans notre langue, toute idée de respect, et que, par cela seul, elle peut paraître déplacée dans les relations des enfants avec leurs pères et mères. Il me semble qu'on se sert d'une expression impropre quand, pour autoriser cette familiarité, on dit qu'un fils doit être l'*ami* de son père. Ce n'est point cette sorte d'intimité que la nature et l'éducation établissent entre eux.

Le sentiment qui les unit est sans doute aussi tendre, mais il n'est pas le même. L'amitié suppose une égalité parfaite, des devoirs réciproques et rigoureusement semblables; elle s'offense de toute idée de subordination; or, on doit convenir que cette amitié-là, du moins, n'est point celle qui doit régner entre un père et ses enfants. Les mots consacrés par le vieil usage me paraissent bien mieux choisis: *amour paternel, piété filiale.* Le commentaire le plus simple de ces deux mots serait peut-être le meilleur argument en faveur de mon opinion.

N° XXXVIII.

QUELQUES PORTRAITS.

>Le cœur des femmes est comme ces pays inconnus
>où l'on aborde sans y pénétrer
>
>Mad. Riccoboni.

J'ai fait, sur les jeunes gens, une bien singulière remarque : c'est que certains travers, certains défauts, sont, pour l'ordinaire, garants des qualités qu'ils doivent avoir dans un âge plus mûr. C'est ainsi que j'ai vu souvent leur indiscrétion devenir de la franchise, leur présomption de l'assurance, et leur témérité du courage. Si je ne craignais d'être accusé de donner à une simple opinion l'importance ou le ridicule d'un système, non seulement je l'appuierais d'une foule d'exemples, mais je démontrerais que la proposition contraire est également vraie, c'est-à-dire qu'il est pour la jeunesse des qualités hors de saison, qui dégénèrent assez souvent en défauts, quelquefois même en vices, à une autre époque de la vie.

Je n'aime point, je l'avoue, la sagesse trop précoce; je veux des fleurs au printemps pour avoir des fruits dans l'automne. Cette manière de voir, qui trouvera plus d'un contradicteur, a du moins cela de bon dans un vieillard, qu'elle rapproche de lui les jeunes gens, et qu'elle le met à même de les éclairer des leçons de sa longue expérience ; c'est un avantage dont je jouis depuis long-temps : j'aime la jeunesse ; elle me recherche, je lui donne des conseils et non pas des leçons ; je lui cite des exemples et jamais des préceptes. Je revêts ordinairement la morale d'une forme dramatique, qui me permet de mettre en jeu les ridicules de mes élèves ; je m'en sers pour développer une petite intrigue dont le dénouement met, autant que je puis, en évidence de fait la vérité que j'ai voulu prouver ou l'erreur que j'ai cherché à combattre. Ce petit préambule n'était point inutile au récit dont, faute de mieux, j'ai l'intention de composer cet article. Peut-être trouverai-je l'occasion d'y placer quelques portraits de fantaisie qui n'ont séparément aucun modèle ; je m'empresse d'en prévenir la malignité, qui ne s'obstinera pas moins à y chercher des ressemblances.

Il y a quelques années que j'allais régulièrement une fois par trimestre à l'École-Militaire de Fontainebleau, pour y voir le jeune Ernest de Lallé, fils d'un de mes parents, orphelin dès son plus jeune âge, et dont la tutelle avait été confiée à mes soins. Après quatre ans de séjour à l'École-Militaire, il obtint une sous-lieutenance dans un régiment de hussards; j'allai moi-même lui en porter la nouvelle. Le général gouverneur de cet établissement rendit un témoignage très flatteur des qualités et des talents de ce jeune homme; mais il ne dissimula pas qu'il était atteint de présomption au point de faire craindre que ce défaut ne lui devînt très nuisible dans la carrière qu'il allait parcourir. Je ne fus pas aussi effrayé que le général : de la présomption à seize ans promet de la confiance à trente, et du caractère pour le reste de la vie. Je gardai quelques jours Ernest auprès de moi; je présidai à l'achat de ses uniformes, de ses équipages ; et, après avoir acquis plus d'une preuve de la justesse de l'observation qui m'avait été faite à son égard, je le fis partir pour rejoindre son corps.

Je le perdis de vue pendant six ou sept ans; mais il eut soin, dans cet intervalle, de m'informer assez exactement de l'avancement, des récompenses, qu'il avait mérités, et de ses succès en tout genre. Ce ne fut pas sans un extrême plaisir que j'appris qu'il avait obtenu la permission de venir passer trois mois à Paris. Je le vis entrer chez moi, dimanche dernier, en grand uniforme : son dolman décoré de deux ordres, son bonnet surmonté d'un brillant panache, ses bottes de couleur, tout annonçait la plus grande tenue. Je lui demandai s'il venait d'une revue, ou s'il allait en visite chez un ministre. « Non· tous ces apprêts avaient été faits pour moi; il avait

cru devoir me rendre ce témoignage de respect. »
Je le remerciai, en faisant l'éloge de son uniforme
et de la manière dont il le portait. Après l'avoir déterminé à prendre un habit moins ostensible, nous
causâmes familièrement, et je ne fus pas long-temps
à m'apercevoir que mon jeune parent n'était point
guéri de sa présomption, mais qu'elle ne se portait
déja plus que sur un seul objet.

Sa grande, son intolérable prétention était de
bien connaître les femmes, et son ridicule d'en parler avec une extrême légèreté. Une figure aimable,
une tournure élégante, beaucoup de confiance en
lui-même, avaient valu à mon petit-cousin quelques
bonnes fortunes de garnison : il ne doutait pas que
les plus brillantes aventures ne l'attendissent dans
la capitale. Ernest se croyait, par dessus tout, doué
d'un instinct merveilleux pour juger les femmes à la
première vue. « Talent dont il se glorifiait d'autant
moins, ajoutait-il avec fatuité, qu'à peu de chose
près toutes les femmes se ressemblent, *qu'elles n'ont
de bon que ce qu'elles ont de beau*, et qu'on peut toujours leur supposer tout juste autant de vertus qu'elles
ont de graces. »

Au lieu de m'amuser à réfuter ces impertinences,
j'eus l'air de les prendre pour des observations, tout
en me promettant bien de lui fournir l'occasion de
rire à ses propres dépens. Il desira que je le pré-
sentasse dans le monde. « Vous sentez, cher cousin,

me dit-il en arrangeant sa cravate noire devant une glace, que nous autres militaires nous sommes obligés de vaincre en courant, et, pour en être plus sûrs, de brusquer souvent la victoire. » Il me parut se savoir très bon gré de cette phrase charmante, qui avait eu sans doute beaucoup de succès à la table d'hôte de Strasbourg, ou dans une soirée de garnison à Landernau.

Je le conduisis, le soir même, chez madame de R***, où se trouvait réunie l'élite de la société de Paris de l'un et de l'autre sexe. Notre entrée ne fit pas la moindre sensation : ce premier échec lui fut d'autant plus sensible, que j'eus l'air de m'en apercevoir. Madame de R*** lui adressa quelques mots de politesse, et reprit une conversation particulière qu'elle avait interrompue. Ernest, dans un monde tout nouveau pour lui, mais se croyant bien sûr de n'y pas être long-temps étranger, me quitta pour prendre langue. Je riais dans un coin du petit manège plein de grace et d'adresse qu'il employait pour se faire remarquer des plus jolies femmes, et de la manière avantageuse dont il interprétait chacun des regards que la plus simple curiosité laissait tomber sur lui. Après avoir ainsi papillonné pendant une heure, il revint s'asseoir près de moi, et me dit à voix basse : « Je viens de prendre connaissance de la place; et, *soit dit sans présomption* (c'est sa phrase favorite), je crois y avoir déjà des intelligen ces : ce qui signifie simplement (car vous seriez homme à m'accuser de fatuité) que mes observations m'ont conduit à deviner, à peu de chose près, l'état et le caractère des différentes femmes à qui j'ai parlé. » Je l'engageai à me communiquer ses remarques. « D'abord je parierais, continua-t-il, que cette belle personne en robe de tulle brodée.... là.... près de cette *jardinière* dont elle examine les fleurs, est une jeune veuve au moment de contracter un second hymen; du moins c'est ainsi que j'interprète ce grand usage du monde, ces manières pleines d'aisance, et quelques mots qui lui sont échappés, dont je crois bien avoir saisi le sens. — Votre pénétration est en défaut : cette jeune femme était encore demoiselle il y a huit jours; elle rend, en ce moment, sa visite de noce, et c'est la première fois qu'elle vient dans cette maison. Ce grand usage du monde que vous remarquez en elle est le fruit, bon ou mauvais (nous examinerons cette question une autre fois), de l'éducation nouvelle, qui met de très bonne heure dans le monde les jeunes personnes qui n'y entraient autrefois qu'après leur mariage. — Soit, je me suis trompé, reprit Ernest; mais vous conviendrez que cette jeune fille, en robe de mousseline à l'enfant, qui soulève si lentement ses longues paupières noires habituellement baissées, qui écoute d'un air si indifférent et si timide ce gros monsieur dont les manières contrastent si brusquement avec les siennes; vous conviendrez, dis-je, que cette jeune fille ne peut être qu'une pensionnaire en vacances, qui vient passer quelques jours chez ses parents? »

Un grand éclat de rire fut ma réponse; il voulut en connaître la cause. « La femme dont vous parlez, lui dis-je, beaucoup moins jeune qu'elle ne le paraît, est veuve pour la seconde fois depuis un an; c'est un véritable Alcibiade femelle : elle a parcouru avec son premier mari, très riche banquier d'Amsterdam, toutes les places commerçantes de l'Europe, parlant du cours des changes, de la *hausse*, de la *baisse*, de l'*omnium*, presque aussi bien qu'un courtier du café Lloyd. Mariée en secondes noces avec un colonel de cuirassiers, elle a changé de mœurs et d'habitudes : sans cesse au manége de Sourdis, dont elle est la meilleure écolière, elle montait un cheval *à cru comme un soldat romain*. Plus d'une fois on a vu cette brillante amazone figurer à des revues d'apparat, suivre une charge de cavalerie, ou voltiger autour des escadrons. Aujourd'hui, sur le point de conclure un nouvel hymen avec le neveu d'un évêque, elle réussit assez bien, comme vous voyez, à prendre le ton et le maintien convenables à celle qui doit faire un jour les honneurs d'un palais épiscopal! »

Ces deux méprises avaient étourdi mon jeune connaisseur. « Je serais bien trompé, dit-il avec un peu moins d'assurance, si cette dame, dont le schall est jeté avec tant de grace et de négligence sur les plus belles épaules que j'aie vues de ma vie, n'était pas d'une extrême simplicité, et d'une disposition d'esprit très mélancolique. — On peut vous pardonner cette fois une erreur que beaucoup de gens partagent : les plus fins connaisseurs y sont trompés. Cette dame n'est rien de ce qu'elle paraît être; mais elle a fort habilement remarqué qu'il y a deux sortes de caractères à la faveur desquels on peut prendre beaucoup de liberté dans ce monde, la *mélancolie* et l'*ingénuité :* elle les affecte tous deux pour se mettre plus à son aise. — On n'entend rien à vos femmes de Paris! interrompit Ernest avec humeur; et si vous me demandiez ce que c'est que ces deux femmes, dont l'une, en écoutant un jeune homme qui lui parle bas, a l'air si inquiet, si émue, pendant que l'autre retourne avec tant d'indifférence, entre ses doigts, une lorgnette en corail; Dieu me damne si j'oserais assurer qu'il y a là deux personnes de bonne intelligence et une officieuse amie qui se met généreusement en tiers pour sauver l'inconvenance du tête-à-tête : je balancerais peut-être même à prononcer que la dame à la lorgnette fût la plus désintéressée dans cette affaire. — Et vous auriez raison; car vous n'avez pas deviné plus juste cette fois que les autres : madame de Melcourt (la dame à la lorgnette) pense, comme madame de Maintenon, *que rien n'est plus adroit qu'une conduite irréprochable;* et, bien résolue d'en avoir les honneurs sans en prendre les charges, elle a fait choix d'une amie assez peu spirituelle pour ne pas s'apercevoir qu'elle n'est que le moyen de communication d'un sentiment qu'une autre inspire, et dont elle se croit l'objet. — Pour achever de m'ôter toute confiance en ma pénétration, reprit Ernest avec dépit, il ne vous reste plus qu'à me soutenir que cette petite femme brune qui ne tient pas un moment en place, à qui tout le monde vient parler à l'oreille, dont j'ai surpris deux ou trois fois les yeux brillants attachés sur *nous* (un quart d'heure avant il aurait dit sur moi), et que voilà maintenant au piano, n'est pas la plus décidée coquette.... — Par suite de la fatalité qui vous poursuit, ce reproche de coquetterie, qui convient ici même à tant de monde, ne peut être plus injustement appliqué qu'à madame de Lineuil (c'est le nom de celle que vous me désignez), la meilleure, la plus fidèle et la plus tendre des femmes. Ces yeux, sur l'expression desquels vous vous méprenez si complétement, concentrent toute la chaleur d'une ame près de s'éteindre. Frappée du pressentiment, malheureusement trop vrai, qu'elle a peu de temps à vivre, elle presse en quelque sorte les années sur les jours : son activité sans exemple ne se ralentit pas un seul moment; elle aime et cultive avec succès tous les arts, protége tous les talents de son crédit et de sa fortune, soulage tous les maux, et sympathise avec toutes les douleurs. Un de ses amis lui disait dernièrement, à sa fête, qu'elle avait *la tête d'un homme, le corps d'une femme, et le cœur d'un ange*. Il n'y a rien d'exagéré dans cet éloge. Une femme aussi supérieure a droit à des ennemis ; madame de Lineuil en a beaucoup, mais je vous connais bien, vous n'en augmenterez jamais le nombre. »

La manière dont je m'étais exprimé sur le compte d'une femme dont il est si difficile de parler sans enthousiasme, même à 71 ans, avait si vivement ému mon jeune présomptueux, qu'il m'avait laissé là brusquement pour s'approcher d'elle, et qu'il ne la quitta plus de la soirée. Ils causaient ensemble au moment où je me retirai; et je crus remarquer dans le maintien d'Ernest je ne sais quelle timidité, quel défaut d'assurance.... Je ne voulais que le guérir de sa présomption; peut-être en est-il déja puni !

N° XXXIX.

LE PAYS LATIN.

. . Genus unde latinum
VIRG., *Æneid.*, lib 1, v 10.

Berceau de la nation latine.

Vendredi matin.

Ce n'est pas une chose aussi facile qu'on pourrait le croire, de tracer chaque semaine, d'après nature, une petite esquisse de nos mœurs, de nos préjugés, ou de nos ridicules. Les grands modèles, qui sont de tous les temps, ont été mis en œuvre par les grands maîtres; parmi ceux d'une moindre dimension, et qui appartiennent plus spécialement à notre époque, il en est qui sont trop ou trop peu éclairés pour qu'on puisse en saisir l'ensemble; d'autres qui n'ont point encore été remis en place; d'autres enfin, et c'est toujours le plus grand nombre, qui ne valent pas la peine d'être conservés. Le champ du ridicule est bien vaste, mais il est tellement barricadé de précautions, de distinctions, de considérations, qu'on ne peut y courir que par sauts et par bonds : d'ailleurs, il en est de certains articles de journaux comme du théâtre : on voudrait y trouver des portraits de fantaisies que tout le monde reconnût, mais où personne ne se reconnût; des mœurs vraies, des observations fines, des constrastes piquants, des préjugés anciens, le plus souvent détruits par des vices modernes; en un mot, des tableaux comme en ont tracé Molière et Adisson, dont les exemples gêneront toujours un peu leurs successeurs.

Il est assez maladroit, au moment de se livrer à un travail quelconque, de ne s'occuper que des difficultés qu'il présente; c'est pourtant ce qui m'arrive en prenant la plume pour commencer cet article, sans savoir encore à quel sujet je dois m'arrêter. J'ouvre mes tablettes; les notes que j'y trouve inscrites pour chaque jour de cette semaine portent toutes un caractère de frivolité, de gaieté folle, qui ne s'accorde pas avec la disposition actuelle de mon esprit; j'ai besoin de parler sérieusement pour ne pas faire beaucoup plus mal, avec beaucoup plus de peine. Je comptais sur ma correspondance; je viens de la relire : après avoir jeté au feu les libelles anonymes, après avoir réduit à leur plus simple expression les plaintes de mauvaise foi, les plaisanteries de mauvais goût, les critiques amères et les éloges intéressés dont je ne veux pas être complice, je me trouve ne pouvoir

faire usage que de deux lettres, dont l'une, en forme de discussion sur le caractère particulier du siècle où nous vivons, exigerait beaucoup de temps pour être rendue plus courte, et dont l'autre est de nature à ne pas être publiée sans réflexion. On m'y donne avis de l'intention où sont quelques dames de Maubeuge de me poursuivre *très sérieusement en réparation* pour avoir osé dire (car je prends toujours sur moi les torts de mes correspondants) que leurs premières conquêtes remontaient au temps du parlement Maupeou. C'est une bonne fortune pour moi qu'une pareille affaire; mais outre qu'elle n'a point encore de caractère officiel, il est clair qu'elle rentre dans le domaine de la plaisanterie que je me suis interdite aujourd'hui. Privé de toute autre ressource, je veux, pour cette fois, laisser au hasard le soin de me choisir un sujet...... On sonne à ma porte; quel que soit l'état ou la profession de celui qu'on vient m'annoncer, je suis décidé à en faire l'objet de cet article. . . . .
. . . .
. . . .

Vendredi, à minuit.

Sénèque a beau dire que c'est une folle témérité de s'en rapporter au hasard :

Cæca est temeritas quæ petit casum ducem,

j'ai toujours été d'avis qu'il fallait, de temps en temps, lui faire sa part. J'ai pris ce parti dans l'embarras où je me trouvais ce matin, et l'on va voir que je m'en suis assez bien trouvé. J'ai eu, par hasard, la visite d'un très jeune homme, nommé Charles d'Essène, qui ne vient ordinairement me voir que les dimanches. C'est le fils d'un ancien militaire retiré depuis plus de vingt ans au fond de la Sologne, dans une petite terre où il s'occupe de la première éducation de ses enfants. Pour compléter celle de son fils aîné, il a bien fallu qu'il se décidât à l'envoyer à Paris, sous la surveillance de quelques amis qu'il a conservés dans la capitale : je suis du nombre. Le jeune homme m'a pris en amitié, il vient me voir régulièrement toutes les semaines ; et ses fréquentes visites me sont doublement agréables, parcequ'elles me prouvent que les conseils de la vieillesse ne lui sont pas à charge, et que mes leçons ne lui semblent pas trop ennuyeuses. Dans nos entretiens, le profit n'est pas pour lui seul : si je lui raconte les faits du temps passé qu'il ne sait pas encore, il me rappelle ceux de la veille que j'ai déja oubliés ; car il en est de la mémoire des vieillards comme de leur vue : ils ne voient bien que les événements et les objets éloignés.

LE PAYS LATIN.

J'avais intérêt à faire jaser mon jeune étudiant; et, tout en déjeunant, j'ai voulu qu'il me racontât, dans les moindres détails, la vie qu'il mène à Paris. J'ai trouvé dans son récit une peinture fidèle des mœurs et des habitudes de cette classe vraiment estimable de jeunes gens dévoués à l'étude, et qui peuplent silencieusement un quartier de la capitale auquel les colléges de la Sorbonne, les pensions de l'ancienne Université, et plusieurs réunions savantes, ont fait donner le nom de *Pays Latin*. Je serai plus sûr de ne point altérer sa narration en le laissant parler lui-même.

« Vous savez que mon père a beaucoup d'enfants, qu'il a conservé peu de fortune, et que la petite pension de cent cinquante francs par mois qu'il me fait à Paris ne me permet pas d'y vivre en grand seigneur. On me destine au barreau; mes goûts particuliers me portent à l'étude des sciences naturelles : pour me mettre en état de prendre tout à-la fois des inscriptions à l'École de Droit, et de suivre les cours du Jardin des Plantes, j'ai vu qu'il fallait ménager mon temps plus précieusement encore que ma bourse. En arrivant à Paris, je suis venu loger dans un petit appartement qu'un de mes amis de collége, beaucoup plus âgé que moi, avait eu le soin de me faire préparer dans l'hôtel, ou plutôt dans le taudis qu'il occupe au centre du quartier Saint-Jacques. Je paie ce logement *neuf francs* par mois ; c'est vous donner une idée de sa magnificence. Je ne sais pas si vous savez que la rue de la Parcheminerie, où j'ai mon domicile, est située entre la rue de la Harpe, et la rue Saint-Jacques, et qu'elle ne serait habitée que par des parcheminiers et des relieurs, si l'on n'y comptait pas (indépendamment de la maison de la veuve Desaint) quatre prétendus hôtels garnis, dans l'un desquels je suis locataire. On le reconnaît à une petite planche de bois noir où se trouve inscrit, en caractères rouges, le nom de *l'Hôtel de Berri*. Figurez-vous une masure bâtie pendant les troubles du règne de Charles VII (s'il faut en croire une inscription gravée sur le chambranle de la porte principale), où l'on pénètre à travers une allée obscure, laquelle conduit à un escalier plus obscur encore, à l'aide duquel on peut, en ne quittant pas la corde grasse qui sert de rampe et de guide dans ce dédale, se hisser jusqu'au sixième étage.

« C'est là, tout juste à quatre-vingt-dix-sept marches au dessus du niveau de la rue, que se trouve ma chambre (le même corridor en renferme huit tout-à-fait semblables) ; elle est meublée d'un lit en serge d'Aumale vert-olive, d'une table en bois de noyer, recouverte d'un tapis de Bergame, de deux chaises d'église, rempaillées à neuf, et d'un petit poêle de faïence qu'on peut chauffer pendant deux jours au moyen d'un cotret coupé en quatre; ajoutez à cela un pot à l'eau et sa cuvette en faïence de couleur, un chandelier et une écritoire, et vous aurez l'idée la plus exacte du mobilier d'un étudiant en droit. Une bonne grosse servante picarde suffit au service de tous les locataires de l'hôtel de Berri; elle *fait* nos chambres et compte avec les blanchisseuses; elle a seule la responsabilité des chandelles et les clefs de la porte d'entrée, qu'elle ferme irrévocablement à neuf heures et demie. C'est encore elle qui se charge d'aller nous acheter, chaque matin, l'angle aigu du fromage de Brie dont se compose habituellement notre déjeuner. Vous avouerez que, pour trente sous par mois qu'il en coûte à chacun de nous, on ne saurait être ni mieux, ni plus agréablement servi.

« Nous sommes vingt-cinq étudiants logés au même hôtel: c'est un précis de l'Université; les quatre Facultés s'y trouvent. Nous sortons tous le matin à peu près à la même heure: les uns se rendent à l'École de Médecine, à l'Hôtel-Dieu, les autres au Collège de France ou au Jardin des Plantes, pour y suivre les différents cours ouverts dans ces établissements. Nous sommes six qui fréquentons spécialement l'École de Droit, et nous comptons parmi nous quatre jeunes théologiens, chargés d'en conserver l'espèce, qui assistent régulièrement aux conférences ascétiques de Saint-Sulpice. Comment contester à notre quartier son titre de quartier savant, lorsqu'on voit au point du jour cette foule d'écoliers externes qui se rendent aux lycées, leurs livres sous le bras et le déjeuner à la main; ces élèves de l'École Polytechnique qui sortent de l'hôtel pour faire une promenade militaire; ces professeurs, ces maîtres de quartier qui se rendent à leurs classes; ces amateurs de livres qui fouillent et bouleversent toutes les mannes du passage des Jacobins? Ajoutez à ce tableau des bataillons de garçons imprimeurs, le casque de papier en tête, de relieurs chargés de livres, qui circulent dans les rues, et vous aurez une idée de la population du Pays Latin.

« Ma journée se partage entre mes devoirs et mes plaisirs; les uns et les autres sont des travaux. Après une leçon de Droit romain, expliquée par le savant Berthelot, je cours au Jardin des Plantes écouter les ingénieuses hypothèses géologiques de M. Faujas. Au triste commentaire de M. Delvincourt sur le Code Napoléon, je fais succéder les éloquentes leçons d'anatomie comparée de M. Cuvier. Je trouve le temps d'assister aux leçons des Cotelle, des Pigeau, des Boulage, sans rien perdre des démonstrations des Haüy et des Desfontaines; j'étudie avec une égale ardeur (je ne dis pas avec un égal plaisir) Domat et Linné, Jussieu et Justinien. Vous voyez que j'ai fait mon profit de cet aphorisme du bonhomme Richard, que vous me répétez si souvent : *Aimez-vous la vie ? ne dissipez pas le temps, car la vie en est faite.* Presque tous mes camarades l'emploient aussi utilement.

« Nous nous réunissons à dîner dans la rue des Mathurins, à l'ancienne auberge de la *Tête-Noire*, tout près de la Sorbonne, dans la maison du fameux docteur Cornet, et, je crois même, dans la salle où fut arrêtée, il y a près de deux siècles, la censure du livre de *la fréquente Communion*. Pour trente-six francs par mois, on nous sert, à quatre heures, un modeste repas qu'assaisonne un appétit plus difficile à apaiser qu'à satisfaire.

« Nos délassements journaliers sont aussi simples que nos occupations; c'est à la Bibliothèque Sainte-Geneviève que se passent nos récréations, au Luxembourg que nous faisons nos promenades, et dans un petit cabinet de lecture de la place Saint-Michel (qui ne vaut pas celui de la rue de Grammont) que nous achevons nos soirées d'hiver. Je dois pourtant vous avouer que le dernier dimanche de chaque mois est pour nous une véritable fête : ce jour-là nous dînons à cinquante sous par tête, chez le fameux restaurateur Edon (le Beauvilliers du faubourg Saint-Germain); de là nous allons au café Procope, et quelquefois même, s'il faut tout dire, nous ne nous refusons pas un billet de parterre pour aller voir la première pièce à l'Odéon. »

Là finit le récit de mon jeune étudiant; je l'ai

écrit en quelque sorte sous sa dictée. Nous avons passé la journée ensemble : je l'ai mené dîner avec moi, et de là nous avons été à la Comédie-Française voir jouer le *Bourgeois Gentilhomme*. Il était plus de onze heures lorsque je l'ai reconduit à son hôtel ; aussi avons-nous eu toutes les peines du monde à réveiller la servante, qui nous a bien déclaré qu'elle n'aurait pas ouvert à d'autres qu'à M. Charles, et que, de mémoire d'étudiant, personne n'était rentré aussi tard à l'hôtel de Berri.

N° XL. [DÉCEMBRE 1811.]

LES ALMANACHS.

Nugis addere pondus
   Hor., Ep. XIX.
Il donne un air d'importance à des bagatelles.

Retenu dans mon grand fauteuil par un rhume (que j'aurais guéri, dans ma jeunesse, avec un bol de punch, au lieu d'orge perlé que m'ordonne aujourd'hui mon médecin), je n'avais rien de mieux à faire que de feuilleter les brochures nouvelles que mon libraire est venu m'apporter. En jetant les yeux sur un catalogue de nouveautés qu'il a laissé sur ma table, ce n'est pas sans quelque étonnement que j'ai compté *soixante-deux almanachs,* pour la plupart *chantants.* Mais pourquoi tant de chansons? Les grands effets font supposer de grandes causes; les grands produits de grands besoins. Or, comment se fait-il que les fabriques de couplets augmentent à mesure que la consommation diminue?

Par aperçu, nous aurons cette année six ou sept mille chansons nouvelles (je compte dans ce nombre le contingent des almanachs de province): mais pour qui travaillent ces infatigables chansonniers? Le peuple ne chante dans les guinguettes que de vieux refrains consacrés, de temps immémorial, à célébrer ses plaisirs; dans les salons, on ne chante plus que de grands airs italiens, d'une expression d'autant plus admirable qu'on n'y emploie guère que ces mots: *dolcè amore, mio bene, la mia felicita.* Si, de loin à loin, à la fin du concert, quelques jeunes personnes *soupirent* encore une romance française, c'est uniquement par égards pour Dalvimare ou Dominique, leurs maîtres, et en s'excusant auprès d'une assemblée qui fait bien plus de cas d'un *trille* (on ne m'entendrait plus si je disais d'une cadence) que de la pensée la plus ingénieuse et la plus délicate.

Je compare ces nombreux almanachs de nos jours, tout remplis de chansons anacréontiques, érotiques, satiriques, et gastronomiques, à ces vastes magasins anglais où sont entassées pêle-mêle des marchandises qui, faute de débouchés, perdent chaque jour de leur valeur. On pourra m'objecter que comparaison n'est pas raison, et qu'il faut bien que ces Recueils se vendent puisqu'ils s'impriment, et que le nombre en augmente tous les ans; mais le grand débit des almanachs (de toutes les étrennes les plus économiques) ne suppose pas le débit des chansons, et prouve seulement qu'il est plus facile de remplir un Recueil de fadaises lyriques que de toutes autres niaiseries.

Il est de fait que l'on chante moins, beaucoup moins qu'autrefois (en prenant ce mot *chanter* dans sa vieille acception), par la raison simple qu'on est moins gai; et l'on est moins gai parceque les dîners de six heures, qui se prolongent jusqu'à huit, ont amené la suppression des soupers, en attendant qu'ils amènent la ruine des grands spectacles, à laquelle concourent plusieurs autres circonstances. Je ne m'appesantirai pas aujourd'hui sur un projet que je me propose de traiter à fond quelque jour, en rappelant ces petits soupers que le bon Carmontel égayait par ses proverbes, Musson par ses facéties, Dugazon par ses historiettes. Je rappellerai avec plus de plaisir encore les soupers fins dont le vieux Collé faisait les délices par ses chansons gaillardes, que le *censeur n'avait pas voulu lui passer,* mais que la bonne compagnie lui passait quelquefois. Je crois le voir encore avec son habit de velours noir, sa perruque ronde et son nez de perroquet, tirant mystérieusement de sa poche un manuscrit recouvert d'une reliure flexible en maroquin, et choisissant avec malice une de ces jolies chansons que les dames n'écoutaient qu'à travers l'éventail, mais dont l'esprit, la grace et l'extrême gaieté faisaient pardonner la licence. Cet usage de chanter le soir à table était répandu dans toutes les classes : rien ne paraîtrait aujourd'hui plus ridicule.

Si l'on en excepte quelques ouvrières qui fredonnent, en travaillant, la romance dont elles ont appris l'air en écoutant les orgues de Barbarie ; quelques enfants qui psalmodient à leurs parents des couplets pris dans *le Parnasse du sentiment,* on ne chante plus à Paris que le 20 de chaque mois, au Rocher de Cancale.

Cette remarque ne m'empêche pas de convenir du progrès de notre littérature.... d'almanachs. Dans ma jeunesse, on donnait, pour tout cadeau du Jour de l'An, des *Étrennes Mignonnes,* dont quelques gravures grossières et une reliure de mouton rouge étaient les seuls ornements. L'intérieur contenait quelques adresses, deux ou trois vaudevilles en vogue, et un calendrier où l'on était sûr de trouver les *phases de la lune,* le *comput ecclésiastique,* et les *fêtes mobiles.*

Il y a maintenant almanachs et almanachs, et tous ne sont pas également présentables. Par exemple, il est d'usage qu'au premier de l'an la *toilette,* le *vide-poche,* le *bonheur du jour* d'une petite maîtresse, soient remplis d'almanachs ; mais vous n'y trouverez ni le *Chansonnier des Variétés,* qu'un papier commun et une expression grossière rendent tout au plus digne de figurer sur les comptoirs subalternes ; ni *la Lyre d'Anacréon,* délices des ouvrières en linge ; ni l'*Almanach de Famille,* ressource des gouvernantes et des précepteurs ; ni même le *Chansonnier des Graces,* malgré les prétentions de son titre. Les almanachs de *bon goût*, les seuls admis aux honneurs du boudoir, sont : le *Petit Almanach des Dames*, l'*Almanach dédié aux Demoiselles*, l'*Almanach de la Cour et de la Ville*, l'*Almanach dédié aux Dames*, et dix ou douze autres recommandables aux mêmes titres, c'est-à-dire par la beauté des gravures, des caractères et du papier; par le luxe de la reliure, où brillent en cent façons la moire, le tabis, et le maroquin. Mais que cet éclat est peu durable! A peine ces fastueux almanachs ont-ils brillé quelques jours entre les mains blanches et parfumées de celle à qui ses adorateurs en ont fait hommage; à peine le *Jour des Rois* est-il arrivé, que ces brillants livrets, abandonnés aux enfants, passent du salon à l'antichambre, où leurs feuillets salis, leur reliure en lambeaux, amusent encore quelques moments l'oisiveté des laquais.

Sic transit gloria mundi.

Combien est préférable l'existence moins brillante, mais plus assurée, de ce bon *Almanach de Gotha*, qui, depuis soixante ans, végète si paisiblement en Allemagne; grace à ce livret, il n'est pas de baron allemand qui ne puisse au besoin établir sa généalogie aussi authentiquement que s'il présentait une charte nobiliaire du temps de Rodolphe de Hapsbourg! L'éditeur de cet almanach a un grand moyen de fortune (je ne prétends pas affirmer qu'il en use); comme il tient registre de l'âge de toutes les princesses de l'Europe, il est possible qu'il ne répète pas toujours littéralement ce que disent les extraits de baptême, et qu'il économise à quelques hautes et puissantes dames les années que le temps leur prodigue.

Le premier et le meilleur des almanachs est encore l'*Almanach des Muses,* tout déchu qu'il est de sa splendeur première. On n'y voit plus briller les noms de Voltaire, de Gresset, de Colardeau, de Bertin, de Léonard, de Gilbert; mais, semblable à ces héritiers de grande maison qui portent obscurément un nom illustré par leurs aïeux, et qui jouissent néanmoins de leurs prérogatives, l'*Almanach des Muses,* tel qu'il est, est sûr d'aller prendre sa place, au bout de l'année, à la suite des quarante-huit volumes de la collection, et de finir honorablement sa carrière sur les rayons d'une bibliothèque. Quatre ouvrages du même genre ont, à mon avis, des droits au même privilège : ce sont le *Nouvel Almanach des Muses* (rival quelquefois heureux de l'ancien), les *Étrennes Lyriques,* le *Portefeuille Français,* et les *Étrennes de la Jeunesse.* On y retrouve plusieurs noms de bon augure, et quelques morceaux de main de maître.

Ce serait faire injure au *Caveau Moderne* que de le placer même à la tête de cette foule de *Chan-*

sonniers que le Jour de l'An voit éclore. Ce recueil annuel ne se recommande pas, comme les autres, par un extérieur imposant: un simple papier brun sert de couverture; le modeste carré de Limoges et les caractères de Perronneau composent toute sa parure typographique; mais plusieurs noms avoués des Muses se lisent au bas de ses pages.

Je ne terminerai pas ma revue des almanachs de 1812 sans parler de ceux que M. Blanchard publie à l'usage de la jeunesse. Ce respectable libraire consacre exclusivement son magasin à l'instruction et à l'amusement de l'enfance, ce qui lui a valu le surnom de *Berquin des libraires*. Tout son fonds se compose de *Chansonniers du premier âge,* de *Fablier du second âge*, de *Plutarque de la Jeunesse*, de *Petit La Bruyère*, de *Morale de l'Enfance*, de *Corbeille de fleurs* (ce qui veut dire, Recueil de Compliments pour les fêtes de tous les papas et de toutes les mamans de l'Empire français).

On pourra conclure de cet article que je suis, en général, très mécontent des almanachs de l'an 1812; j'y trouve cependant tous les éléments d'un petit chef-d'œuvre du genre, et j'invite les libraires à l'exécuter pour l'année 1813, en usant d'un procédé semblable à celui dont se servit Apelle.

Recette pour faire un bon et bel almanach.

Prenez, dans l'ancien *Almanach des Muses*, l'*Épître à mon ami Andrieux*, de M. Ducis; les deux *Fables* de M. Arnault, la première *Élégie* de madame Babois; *le Déguisement* de M. Millevoie, et le dizain de M. Vigée : dans le nouvel *Almanach des Muses*, les *Deux Missionnaires*, de Chénier; *le Serment d'Annibal*, par M. François de Neufchâteau; *Mes Adieux à la Vie*, de feu Dorange : dans le *Caveau Moderne*, les chansons suivantes: *l'Enfer en goguette, la Grisette et la Coquette*, de M. de Piis; *l'Anglais au Caveau, la Bonne et la Mauvaise chanson*, de M. Désaugiers; *Entrer et Sortir*, de M. Armand-Gouffé; *l'Amitié des Amants*, de M. Dupaty; *le Lit de Repos*, de M. Rougemont; *le Donneur de conseils* et *Allez donc*, de M. Brazier. Faites imprimer ces poésies chez Didot, sur vélin satiné; joignez-y *les jolies gravures de l'Almanach dédié aux Demoiselles, la vignette allégorique de l'Almanach des Dames, l'excellent Calendrier* qui se trouve dans *l'Annuaire* publié par le Bureau des Longitudes, et quelques *airs charmants* de Boyeldieu et de Dalvimare, qui terminent le *Chansonnier des Graces;* faites relier le tout par Bozerian ou Rosa, et trouvez le moyen de donner cet almanach à un prix raisonnable, vous n'aurez à craindre ni contrefaçon, ni concurrence.

N° XLI. [29 DÉCEMBRE 1811.]

LES ÉTRENNES.

Crede mihi, res est ingeniosa dare
OVIDE, *Élég.*, liv. II.
Croyez-moi, c'est un art que de savoir donner.

Le Jour de l'An approche; la grande affaire des étrennes occupe tous les esprits, et imprime à cette grande capitale une philosophie particulière, qu'il est plus amusant d'observer que facile de décrire. Ce jour, qui sert ordinairement de terme à la plupart des transactions sociales et administratives, pourrait, sous ce point de vue, devenir l'objet d'une discussion plus ou moins ennuyeuse. Un moraliste ne manquerait pas de prendre son texte sur le compliment et les visites d'usage au renouvellement de l'année; et Dieu sait tout ce qu'il pourrait dire de vrai, de sage, d'admirable et d'ennuyeux, à propos de la flatterie, de la dissimulation, de la bassesse et de la cupidité, qui mettent en mouvement les quatre-vingt-dix centièmes des gens que vous rencontrez alors sur votre chemin!

Pour moi, observateur plus frivole et moins morose, j'envisage la chose avec des yeux d'enfant, et je ne veux voir dans le Jour de l'An que les ETRENNES.

Cependant, comme on est convenu, quelque sujet que l'on traite, de prendre la matière *ab ovo*, et que l'érudition est aujourd'hui fort à la mode, je ne manquerai pas, pour faire parade de la mienne, de citer Nonius Marcellus, *de Proprietate sermonis*, lequel fait remonter l'origine des étrennes à Tatius, roi des Sabins. Le premier Jour de l'An (on ne sait pas très positivement la date), on avait fait présent à ce prince, un peu crédule, de quelques branches d'arbres consacrées à *Strenua*, déesse de la force; ce qui lui parut de bon augure. Comme cette même année fut pour lui très heureuse, il autorisa par la suite l'établissement de cette coutume, et donna à ces présents le nom de *Strenæ*, dont nous avons évidemment fait *étrennes*. En puisant à la même source, je pourrais dire encore des choses fort curieuses sur les fêtes auxquelles cet usage donna lieu chez les Romains; sur les présents de dattes et de miel qu'ils se faisaient à cette occasion; sur les étrennes que les chevaliers et le peuple donnaient à Auguste, et dont le produit servait à faire élever des statues à des dieux oubliés dans le Panthéon; mais je n'oublie pas que c'est de la chronique de Paris, et non de celle de Rome, qu'il est question pour le moment.

Étymologie à part, je croirais plutôt que cette fête tire son origine de celle que célébraient nos aïeux, les Gaulois, au renouvellement de l'année, et pendant laquelle ils se faisaient mutuellement de petits cadeaux de *gui de chêne* béni par les druides, en chantant une espèce de cantique qui avait pour refrain : *Au gui l'an neuf!* ce qui explique à-la-fois les présents et les chansons du Jour de l'An.

Quoi qu'il en soit, je ne vois jamais arriver ce jour sans éprouver quelque chose du plaisir qu'il m'a procuré aux différentes époques de ma vie, dont le cours se trouve, pour ainsi dire, marqué par les étrennes. Les bonbons me rappellent à ma première enfance; les joujous, à cet âge que l'on nomme si improprement *l'âge de raison;* les almanachs, les livres, m'indiquent mon adolescence; et ma jeunesse date, dans mes souvenirs, du temps où j'ai commencé à donner des étrennes, avec plus de plaisir encore que je n'en avais auparavant à en recevoir. Le bon temps que celui où je me croyais obligé de courir pendant huit jours, de maison en maison, pour y distribuer avec profusion une quantité de petits cadeaux achetés à grands frais, donnés avec prétention, et, la plupart du temps, reçus avec indifférence !

Il y a bien long-temps que je ne reçois plus d'étrennes, que je n'en donne plus qu'à mon portier et à mon domestique; mais, tout désintéressé que je suis sur le Jour de l'An, je m'en réjouis encore par souvenir et par curiosité. J'aime à courir les boutiques : dans tout autre temps, il faut du moins avoir le prétexte d'acheter; dans celui-ci, grace à l'extrême politesse de nos marchands, les curieux sont reçus presque aussi bien que les acheteurs.

C'est hier que j'ai fait ma tournée, après avoir pris la précaution de laisser ma bourse chez moi, de peur de tentation. Je me suis amusé quelques moments du spectacle que présentent les rues marchandes. A voir la foule qui assiége certaines boutiques, on les croirait livrées au pillage; chacun en sort les mains pleines : ici, c'est un homme grave qui porte un petit tambourin et une poupée sous le bras; là, une femme qui marchande des instruments de mathématiques. Les écrivains publics, dans leurs petits bureaux à roulettes, ne peuvent suffire à toutes les demandes qu'on leur fait de lettres, de couplets, de compliments de bonne année, pour lesquels ils ont cependant une rédaction banale qui s'applique merveilleusement à toutes les personnes, à toutes les circonstances.

J'ai vu le temps où le commerce des étrennes se faisait exclusivement sous les galeries du palais de Justice; on n'y trouve plus maintenant que des étalages de quelques bouquinistes à l'usage de la basoche, et quelques petits marchands de pantoufles, de chaussettes, de toques d'enfants, et de rabats.

LES ÉTRENNES.

Au temps dont je parle, les confiseurs de la rue des Lombards étaient en possession presque exclusive d'alimenter de bonbons Paris et la province : *le Grand Monarque* et *le Fidèle Berger* se sont maintenus au milieu des vicissitudes du temps et de la mode, et rivalisent encore aujourd'hui de profit, sinon de gloire, avec l'illustre Berthellemot, créateur de la littérature en *diablotins*. Pendant les dix dernières années qui ont précédé la révolution, les étrennes à la mode, dans les plus hautes classes de la société, étaient des porcelaines de Sèvres. On peut concevoir jusqu'où cette manie a été poussée, en se rappelant qu'à cette époque les petits appartements de Versailles, pendant la première quinzaine de janvier, étaient transformés en magasins de porcelaine, et que le roi lui-même s'en était établi le marchand *à prix fixe*.

Les belles porcelaines sont encore au nombre des objets que l'on offre le plus communément pour étrennes; et le magasin de M. Dagoty, sur le boulevard Montmartre, est un des plus richement assortis. C'est là que se trouvent ces beaux services de table qui réunissent à l'élégance des formes la beauté des couleurs et le fini des peintures; ces vases de cent louis, destinés à recevoir une anémone de quinze sous; ces élégants appareils propres à faire le café sans ébullition, et tellement perfectionnés par les procédés chimiques, physiques, pneumatiques, que l'on peut espérer d'avoir, à neuf heures et demie du soir, une demi-tasse de café, pour peu qu'on ait eu soin de s'y prendre trois heures d'avance pour ajuster la lampe à l'esprit-de-vin, le récipient, la capsule, le fouloir et autres ustensiles, auprès desquels l'appareil de Wolf n'est qu'un jeu d'enfant. Parmi les personnes qui examinaient ces brillantes inutilités, je reconnus madame ***; elle venait d'acheter *une Patrouille d'Amours en biscuit*. Cette parure de cheminée, très chère et d'assez mauvais goût, est du moins conforme aux inclinations bien connues de cette dame, qui ne cache pas l'estime toute particulière qu'elle a pour la jeunesse en uniforme.

En traversant le passage du Panorama, je remarquai avec peine que le beau magasin d'albâtre était désert : je n'y vis entrer qu'une dame qui venait y faire sa provision d'*alkermès* de Florence. Tout auprès, la boutique du papetier Susse ne désemplissait pas. Je me glissai dans la foule, composée en grande partie de jeunes gens qui venaient se munir de cartes de visites satinées, gaufrées, dorées, où l'art du graveur s'efforce de mettre en évidence tant de noms dévolus à l'obscurité : quelques provinciaux achetaient du papier de couleur à vignettes, dont les petits-maîtres des départements font encore une grande consommation. A leur place, j'aimerais mieux y porter ces *jolis écrans à double*

LES ÉTRENNES.   403

surprise, dont les transparents, adroitement ménagés, offrent des effets de lune, de neige, de soleil couchant : les plus nouveaux représentent une scène de l'opéra de *la Vestale*.

Après avoir admiré, chez Ybert, et chez Versepuy, les étoffes de Lyon les plus riches, les tissus de Cachemire les plus beaux; après avoir vu composer chez Laboullée *une Corbeille du Jour de l'An*, où les parfums les plus précieux, et sur-tout *l'Eau de Ninon*, doivent être renfermés dans des urnes de cristal d'une forme nouvelle ; après avoir visité successivement les bijoux de Sensier, les meubles de Thomire, les bronzes de Ravrio, et les modes de Leroi, je terminai mes courses au *Petit Dunkerque*, qu'on peut regarder comme l'entrepôt de toutes les productions du monde industriel. Dans l'espace de quelques heures, j'y ai vu passer l'élite de la cour et de la ville. Avec un peu moins d'habitude de la vie, je pourrais m'amuser à décrire plusieurs bagatelles charmantes, et qui ont été payées d'autant plus cher qu'elles sont jusqu'à ce moment uniques dans leur espèce; mais la description du bijou pourrait en faire connaître l'acquéreur, et déjouer les surprises que plus d'un époux se ménage.

De toutes les manières de distribuer des étrennes dans une nombreuse famille, la plus agréable et la plus délicate est d'en faire une loterie. J'ai assisté, l'année dernière, à un tirage de cette nature chez

M. R. D. S. J. D., à qui tous ses parents, à l'exemple de son beau-frère, peuvent donner le double titre de *frater et pater*. On avait étalé sur une grande table, dans un salon, des étrennes pour tous les âges : des poupées, des pistolets, des boucles d'oreilles, des rasoirs de Lemaire, des polichinelles, des colliers et des étuis de mathématiques. Des billets semblables et roulés, portant le nom et la spécification des différents objets mis en loterie, furent jetés et mêlés dans une urne de satin; après quoi chacun vint tour-à-tour, sur l'appel d'un des plus jeunes de la société, c'est-à-dire de la famille, puiser dans l'urne, et recevoir ses étrennes de la main du hasard. On peut se faire une idée de l'à-propos d'une pareille répartition : la paire de pistolets échut à un enfant au berceau, les rasoirs à une jeune fille, l'étui de mathématiques à la grand'maman, et les boucles d'oreilles à un maître des requêtes. Chacun, mécontent de son lot, comme c'est l'ordinaire, eut recours à des moyens d'échange, et les plus attrapés ne furent pas les moins heureux.

En terminant cet article de l'année, je veux me conformer à l'usage, et, à défaut d'étrennes plus substantielles, offrir à mes lecteurs le tribut économique des souhaits que je fais pour leur bonheur et pour leurs plaisirs.

Comme la santé est le premier des biens, que beaucoup de gens sont tentés de croire que la médecine est le plus grand des maux, et que pourtant, de long-temps encore, on ne pourra se passer de médecins, je *souhaite* que la fureur d'écrire, qui les a saisis depuis quelque temps, s'accroisse dans l'année où nous entrons, attendu que le temps qu'ils perdent à leur bureau est autant de gagné pour leurs malades.

Je *souhaite*, pour l'année prochaine, à mes abonnés-voyageurs, des auberges plus commodes, plus propres, et moins chères, des diligences mieux suspendues, où l'on puisse monter, pour faire cinquante lieues, sans avoir besoin de faire son testament d'avance.

Je *souhaite* aux amateurs de l'art dramatique des comédies dont le dialogue soit franc, les caractères vigoureux, les mœurs vraies, et qui ne soient pas tour-à-tour des recueils de madrigaux niais ou d'épigrammes fades; des tragédies où l'on retrouve quelque chose de l'élévation de Corneille, de l'élégance de Racine, du mouvement, de l'intérêt de Voltaire; où les situations soient amenées avec plus d'art que dans un opéra; où le style ne soit pas tantôt épiquement boursouflé, et tantôt bourgeoisement familier. Je leur *souhaite* des acteurs qui, bien pénétrés de l'idée qu'ils exercent un art et non pas un métier, en étudient les principes et les modèles, et ne se croient pas des Contat, des Molé, des Talma, des Mars, et des Branchu, parcequ'ils paraissent sur les mêmes théâtres, jouent les mêmes rôles, et trouvent quelquefois le moyen de se faire autant applaudir.

Pour être juste envers tout le monde, je *souhaite* aux auteurs un public plus impartial, plus attentif, qui ne se presse pas de juger avant d'avoir entendu, et qui ne siffle pas dans un auteur moderne ce qu'il applaudissait la veille dans un auteur ancien.

Je *souhaite* que les journalistes n'abusent pas de la puissance littéraire qu'ils exercent par *interim;* que l'esprit de parti, ou quelque autre esprit, moins honnête encore, ne dirige pas la plume de quelques uns de nos jurés-critiques, et que ceux qui seraient tentés d'avoir le plus d'amour-propre veuillent bien réfléchir qu'il faut après tout plus de talent, plus d'esprit, pour composer un ouvrage médiocre, dans quelque genre que ce soit, que pour desserrer, par feuilleton, dix volumes de cette critique de journal, qui serait la chose du monde la plus honteuse, si elle n'en était pas la plus lucrative.

Je *souhaite* enfin que les savants, moins occupés de sublimes théories, s'occupent un peu plus de résultats; que de leurs élucubrations il sorte, dans l'année 1812, quelque bonne découverte utile au genre humain; qu'ils ne tirent pas trop de vanité de l'avantage qu'ils ont de parler une langue inconnue, et qu'ils ne croient pas avoir créé la science dont ils ont changé la nomenclature.

RETROSPECT.

RETROSPECT[1].

AN 1811.

Un voyageur, parvenu sur un point élevé, s'arrête, s'assied et promène son regard sur les lieux qu'il vient de parcourir; la distance change l'aspect des objets; il réfléchit aux lois de la perspective aérienne, les détails lui échappent; mais il saisit mieux les masses et l'ensemble du paysage; et, comparant les impressions du moment avec les souvenirs de la veille, il se fait une idée plus juste et plus complète du pays dont il s'éloigne.

Cette situation est la mienne : depuis que je publiai le premier volume de l'Ermite, treize ans se sont écoulés dans ce court laps de temps. Lois, mœurs, coutumes, institutions, tout a changé parmi nous; et quand le rideau s'est relevé après l'entr'acte de

---

[1] Peu d'écrivains ont plus de répugnance que je n'en ai pour le néologisme. Cependant, après avoir long-temps cherché dans notre langue un mot qui rendît complètement ma pensée, qui voulût dire *coup d'œil jeté en arrière sur les choses passées que l'on peut encore apercevoir;* je me suis vu forcé de reprendre aux Anglais le mot *retrospect*, qu'ils ont emprunté à notre Montaigne.

cent jours, telle était la métamorphose qu'une décoration nouvelle avait opérée sur le grand théâtre de la France, que les spectateurs eux-mêmes avaient peine à se reconnaître.

Vers le milieu de 1811, quand je commençai l'esquisse de ce nouveau tableau de Paris, la France donnait la loi à l'Europe : Napoléon, empereur, avait démembré l'Allemagne, désarmé l'Autriche, isolé la Prusse, envahi l'Espagne, et faisait trembler l'Angleterre. L'Europe ne formait qu'une famille, rassemblée plutôt que réunie sous les lois d'un chef dont le génie, la force, et l'adresse avaient seuls fondé l'autorité.

Napoléon, après avoir répudié sa première femme, avait épousé une archiduchesse d'Autriche, petite-nièce de l'infortunée Marie-Antoinette, et la naissance d'un fils semblait placer le trône impérial au-dessus même des coups de la fortune.

La France au milieu des trophées avait oublié la liberté pour la gloire, et souveraine aux bords du Rhin, de la Sprée, et du Danube, elle portait légèrement aux rives de la Seine le joug brillant qu'elle s'était elle-même imposé.

L'esprit de conquête et la fureur de parvenir s'étaient emparés de toutes les têtes, et donnaient aux mœurs plus d'éclat que de grace et de franchise. L'audace républicaine et la licence directoriale avaient fait place à un sentiment des convenances nouvelles, où la fierté de l'homme de guerre s'unissait à la souplesse du courtisan.

Une organisation sociale qui avait eu pour but de constituer en quelque sorte le despotisme, et de confier aux mains d'un seul la terrible masse des intérêts qui se décidaient par la force des armes, exigeait de la part du gouvernement autant d'habileté que de force et d'énergie. Cependant, il faut le dire, l'autorité était attentive, et n'était point soupçonneuse : elle posait des bornes et ne tendait pas de pièges. La presse elle-même, soumise à une surveillance rigoureuse, avait ses franchises, et pourvu qu'on respectât les mystères du cabinet impérial, qu'on ne s'élevât pas contre le système politique qu'il avait adopté, qu'on ne parlât point de conscription, et que l'on ne rappelât ni directement ni indirectement à la mémoire des Français les princes vivants de la famille royale, on avait la liberté de tout écrire. Ces restrictions clairement exprimées ne se prêtaient à aucun commentaire, à aucune extension, et c'eût été en vain que les ministres et leurs agents auraient voulu y trouver un garant de leur inviolabilité personnelle. On se souvient encore de la lutte engagée publiquement entre un ministre d'état et un journaliste, et dans laquelle ce dernier abusa avec tant d'impudence du principe d'égalité devant la loi, dont le gouvernement impérial ne s'est jamais écarté.

La censure des pièces de théâtre avait les mêmes instructions que celle des écrits périodiques, et ne s'y renfermait pas avec moins de rigueur en 1811. Il était difficile de croire qu'il pût venir un temps où les Félix Nougaret et les Esmenard, comparés à leurs successeurs, passeraient pour les amis et les défenseurs de l'art dramatique : on peut donner pour exemple de ce caprice libéral qui présidait quelquefois aux jugements des censeurs impériaux, l'autorisation qu'obtint Legouvé de faire représenter sa tragédie de la mort d'*Henri IV;* autorisation qui ne lui fut pas retirée, malgré les vives acclamations qui accueillirent sur la scène l'image et le souvenir de ce grand roi.

Il n'en fut pas ainsi d'*Édouard en Écosse;* ce drame intéressant de M. Duval fut défendu; alors comme aujourd'hui les larmes et les regrets donnés à d'augustes infortunes étaient séditieux. Ainsi dans l'espace de quelques années nous avons vu les mêmes sentiments, en changeant d'objet, passer tour-à-tour pour crime et pour vertu; le bien devenir mal, et le mal devenir bien.

Foul is fair, and fair is foul,

comme disent les furies de Macbeth: nous avons vu toutes les notions du juste et de l'injuste se détruire l'une par l'autre; et, dans cette confusion de principes, l'intérêt, l'intrigue, et l'hypocrisie exploiter de concert le déplacement de la première et de la plus douce des vertus, le respect et la pitié pour le malheur.

Tout ce que pouvait faire un peintre de mœurs, au milieu de l'enivrement général, où la gloire de nos armées et de leur chef avait plongé la nation tout entière, je crois l'avoir fait.

J'ai attaqué dans mes discours intitulés : *le Parrain, la Maison d'éducation, une famille de la Chaussée-d'Antin*, les travers qui naissaient des vices du temps.

Dans plus d'une page de ce premier volume, j'ai frondé les abus intolérables que les habitudes militaires introduisaient dans les mœurs parisiennes.

Sous le titre des *Tartufes*, j'ai signalé les différentes espèces d'hypocrites, auxquels la société était alors en proie; il y manquait le Tartufe de religion; peut-être s'imaginait-on que Molière en avait détruit la race : on sait maintenant à quoi s'en tenir.

J'ai à me reprocher dans mon tableau de la *Loterie* de n'avoir pas employé des couleurs assez vigoureuses, assez sombres, pour peindre ce gouffre infernal, que les gouvernements ont ouvert à leur profit, et au moyen duquel ils spéculent honteusement sur les sueurs du pauvre, sur l'avarice privée, et sur la sottise publique.

Au moment où j'achevais ce premier volume de

l'*Ermite*, les armées et les trésors de la France allaient s'engloutir en Espagne; les Anglais recueillaient toutes leurs forces pour arrêter dans sa course le géant de la guerre, dont le regard seul ébranlait la puissance britannique jusque dans ses fondements : tout annonçait les efforts désespérés du cabinet de Saint-James; un orage terrible se formait au nord de l'Europe : dès la fin de 1811, le refroidissement de la France et de la Russie fit craindre une rupture entre ces deux puissances. Nous verrons dans les volumes suivants quelle influence les grands événements qui se préparaient exercèrent sur les mœurs nationales.

FIN DU PREMIER VOLUME.

TABLE.

Discours préliminaire...................... page	1
Avant-propos...............................	31
N° Ier. Portrait de l'auteur.....................	37
II. Le Parrain............................	45
III. Les Tartufes..........................	52
IV. La vie de Château.....................	59
V. Lettre d'un Bourgeois du Marais à l'Ermite de la Chaussée-d'Antin................	68
VI. Réponse à un Bourgeois du Marais.......	74
VII. Maison d'éducation.....................	78
VIII. Éloquence du barreau moderne..........	85
IX. Seconde lettre d'un Bourgeois du Marais à l'Ermite de la Chaussée-d'Antin........	93
X. Le nouveau Paris......................	98
XI. Correspondance de l'Ermite.............	110
XII. Mœurs des Salons.....................	120
XIII. Des Album, par M. *Arnault*, de l'Institut...	127
XIV. Mœurs parisiennes.....................	137
XV. Les Sépultures........................	154
XVI. Recherches sur l'Album et sur le Chiffonnier sentimental, par M. *Lemontey*.........	166
XVII. Paris à la campagne....................	173
XVIII. Macédoine	179
XIX. Correspondance........................	191
XX. Une Famille de la Chaussée-d'Antin......	202
XXI. Correspondance de l'Ermite, par M. *Berchoux*.................................	211

N° XXII. Pot-pourri...................... page 220
XXIII. Galerie d'originaux.................... 228
XXIV. Mœurs de l'antichambre............... 236
XXV. Correspondance de l'Ermite............. 244
XXVI. La Loterie........................... 256
XXVII. Correspondance....................... 265
XXVIII. La Journée d'un Commissionnaire....... 274
XXIX. Miscellanées......................... 283
XXX. Enterrement d'une jeune fille........... 293
XXXI. Mélanges............................. 303
XXXII. Le genre sentimental................... 311
XXXIII. Les Amis............................. 321
XXXIV. Les Noces. — Le Mariage............... 332
XXXV. Histoire d'un Schall................... 341
XXXVI. Les Journaux......................... 352
XXXVII. Correspondance, par M. *Arnault*, de l'Institut............................. 362
XXXVIII. Quelques Portraits..................... 369
XXXIX. Le Pays latin......................... 379
XL. Les Almanachs........................ 389
XLI. Les Étrennes......................... 397
Retrospect...................................... 409

FIN DE LA TABLE.

www.ingramcontent.com/pod-product-compliance
Lightning Source LLC
Chambersburg PA
CBHW052121230426
43671CB00009B/1073